金工实训

主编 燕 峰 熊亚洲
参编 文照辉 罗忠宇 屈楚柏 胡崇伟
　　 马 勇 王静毅 熊文伟 谭雨婕

机械工业出版社

本书对接《国家职业技能标准》车工（中级）、铣工（中级）和钳工（中级）的知识与技能要求，选取企业产品精密小型平口钳为教学载体，以学生为中心进行创新设计，内容涵盖了普通车床、普通铣床和钳工操作的知识与技能，满足智能制造类职业岗位的基础技能训练需求。

本书围绕精密小型平口钳的钳体、压紧滑块、锁紧旋杆、传动丝杠、传动套、支承座、活动钳口、止脱圆柱销和固定钳口这9个相互关联的零件，结合企业实际生产过程，综合设计了车工、铣工和钳工这3个工种的交叉技能训练，共设计了3个项目、15个任务。每个项目包括项目综述、学习目标和学习建议，每个任务包括任务描述、任务解析、相关知识、任务实施、任务考核、任务小结、拓展训练和课后自测，可有效培养学生的整体工作思路和创新思维。本书针对各任务技能要点，特别融入了有针对性的大国工匠技能成长案例，并配套了完整的可视数字化资源，适用于教育数字化转型中应用与技能型人才的培养。

本书可作为各类中、高等职业院校机械制造类专业的教材，也可作为相关工程技术人员及培训机构的培训教材。

本书配有电子课件和在线教学平台，使用本书作为教材的教师可登录机械工业出版社教育服务网 www.cmpedu.com 注册后下载。咨询电话：010-88379534，微信号：jjj88379534，公众号：CMP-DGJN。

图书在版编目（CIP）数据

金工实训／燕峰，熊亚洲主编． -- 北京：机械工业出版社，2025.8． -- ISBN 978-7-111-78950-5

Ⅰ．TG-45

中国国家版本馆CIP数据核字第2025YJ9378号

机械工业出版社（北京市百万庄大街22号　邮政编码100037）
策划编辑：王晓洁　　　　　　　　　　责任编辑：王晓洁　许　爽
责任校对：赵玉鑫　杨　霞　景　飞　　封面设计：张　静
责任印制：单爱军
天津嘉恒印务有限公司印刷
2025年8月第1版第1次印刷
184mm×260mm・12印张・305千字
标准书号：ISBN 978-7-111-78950-5
定价：48.60元

电话服务　　　　　　　　　　　网络服务
客服电话：010-88361066　　　机　工　官　网：www.cmpbook.com
　　　　　010-88379833　　　机　工　官　博：weibo.com/cmp1952
　　　　　010-68326294　　　金　书　网：www.golden-book.com
封底无防伪标均为盗版　　　机工教育服务网：www.cmpedu.com

前　言

本书贯彻"产教融合，工学结合"的教育理念，总结了多年金工实训课程教学改革实践经验，联合企业技能专家共同编写，是一本教改成果教材。同时，针对党的二十大报告中提出的"推进教育数字化"内容，以及中国智慧教育白皮书提出的"大力推进教育数字化，深化数字教育国际交流合作"内容，本书配套了在线课程、课件、技能操作视频等丰富多样的数字化学习资源。

本书以"够用、实用、好用、有用"为原则，细化教学载体内容，进行项目任务引领式设计，并针对党的二十大报告中提出的推进产教融合，选取企业精密小型平口钳产品组成零件为教学载体，还特别针对每个任务训练技能，引入了相应的大国工匠技能成长案例，使学生亲身感悟精益求精的工匠精神及职业素养。技能学习成果设计了产品应用检验指标，可提高学生的质量意识，综合体现了"理论够用，能力为本"的应用型和技能型人才的培养思想。

本书共设3个项目、15个任务，每个任务都配有相应的视频讲解（可扫码观看），系统讲解了车工、铣工和钳工的操作技能，语言精炼，表述明确，并为每个任务设计了拓展提高部分，内容具有高阶性、创新性和挑战性，有助于学生全面提高技能。

本书由湖南机电职业技术学院燕峰、中车株洲电机有限公司熊亚洲共同担任主编，参加编写的还有湖南机电职业技术学院罗忠宇、屈楚柏、胡崇伟、马勇、王静毅、熊文伟和谭雨婕，中车株洲电机有限公司文照辉。具体编写分工：燕峰编写项目一任务一、项目二任务一、项目三任务一；熊亚洲编写项目二任务二、项目三任务三和任务六；文照辉编写项目一任务二、项目三任务七；王静毅编写项目一任务三；屈楚柏编写项目一任务四；熊文伟编写项目二任务三；谭雨婕编写项目二任务四；马勇编写项目三任务二；胡崇伟编写项目三任务四；罗忠宇编写项目三任务五和附录。在编写过程中得到了多位同行专家、企业技术骨干以及各位同事的热情帮助和指正，在此一并致谢。

由于编者的水平有限，书中难免存在错误与不足之处，恳请读者批评指正。

编　者

二维码索引

页码	二维码	图形	页码	二维码	图形
16 页	车床操作		102 页	加工传动套四方	
16 页	加工止脱圆柱销		115 页	加工压紧滑块	
34 页	加工锁紧旋杆		128 页	加工支承座	
43 页	加工传动丝杠		135 页	加工传动丝杠四方	
53 页	加工传动套		141 页	加工传动套沉孔	
72 页	铣床操作		147 页	加工钳体孔及圆角	
76 页	加工固定钳口		156 页	加工活动钳口内孔及螺纹	
85 页	加工活动钳口		156 页	加工固定钳口内孔及螺纹	
92 页	加工钳体		167 页	装配精密小型平口钳	

目　录

前言
二维码索引

项目一　车工 ·· 1
　任务一　加工止脱圆柱销 ·· 2
　任务二　加工锁紧旋杆 ·· 21
　任务三　加工传动丝杠 ·· 38
　任务四　加工传动套 ··· 47

项目二　铣工 ·· 58
　任务一　加工固定钳口 ·· 59
　任务二　加工活动钳口 ·· 82
　任务三　加工钳体 ·· 90
　任务四　加工传动套四方 ··· 99

项目三　钳工 ··· 106
　任务一　加工压紧滑块 ··· 107
　任务二　加工支承座 ·· 120
　任务三　加工传动丝杠四方 ··· 134
　任务四　加工传动套沉孔 ·· 139
　任务五　加工钳体孔及圆角 ··· 144
　任务六　加工钳口内孔及螺纹 ·· 152
　任务七　装配精密小型平口钳 ·· 161

附录 ·· 174
　附录 A　车床组系划分及主要参数 ·· 174
　附录 B　铣床组系划分及主要参数 ·· 177
　附录 C　钻床组系划分及主要参数 ·· 179

参考文献 ·· 183

项目一　车　工

项目综述

本项目选择企业实际产品精密小型平口钳的止脱圆柱销、锁紧旋杆、传动丝杠和传动套为教学载体，并依据普通车床操作及应用所涵盖的知识与技能点要求，进行了必要的创新设计。主要介绍了普通车床的组成与结构，车削端面、车削外圆、车削台阶外圆、车削内/外螺纹、切槽、钻孔和切断等加工方法，以及游标卡尺、外径千分尺、百分表和螺纹环规等量具的识别与使用方法，符合初学者对普通车床操作学习的认知规律。

学习目标

1. 知识目标

（1）掌握普通车床的组成与结构、空运行操作及安全文明生产要求。

（2）掌握外圆车刀、切槽刀、内/外螺纹车刀、内孔车刀和麻花钻等刀具的组成与结构及应用范围。

（3）掌握使用车床车削端面、外圆柱面、内/外螺纹、沟槽以及钻孔、切断等加工方法。

（4）掌握游标卡尺、外径千分尺、百分表和螺纹环规等量具的组成、读数原理和测量方法。

2. 能力目标

（1）能使用车床主轴、进给等操作手柄，完成车床上改变主轴转速、进给速度和控制滑板移动等功能的空运行操作。

（2）能使用普通车床设备，完成零件端面、外圆面、沟槽、内/外螺纹和钻孔等的车削加工。

（3）能使用游标卡尺、外径千分尺、百分表和螺纹环规等量具，完成零件找正及长度、直径、螺纹等尺寸的检测。

3. 素质目标

（1）在零件的车削加工过程中，严格遵守设备操作规范及安全文明生产要求，具备精益求精的工匠精神。

（2）工作服穿着整洁，不迟到、不早退、不溜岗，做文明学习者。

（3）在询问零件加工相关问题时谦虚礼貌，具备良好的人文素养和学习态度。

学习建议

（1）仔细分析任务描述内容，清楚了解具体要学习的内容。

（2）在学习任务实施操作步骤时，认真分析每一步的具体操作内容，对照操作视频完成学习任务，必将有所收获。

（3）课后自测题是依据学习本任务的过程中可能产生的实际问题所编写的，有助于进一步理解和巩固重难点内容。

任务一　加工止脱圆柱销

【任务描述】

如图1-1-1所示，依据企业产品精密小型平口钳中止脱圆柱销的图样要求，完成零件端面、外圆及倒角等外轮廓的车削加工，零件的毛坯尺寸为$\phi 8mm \times 40mm$。

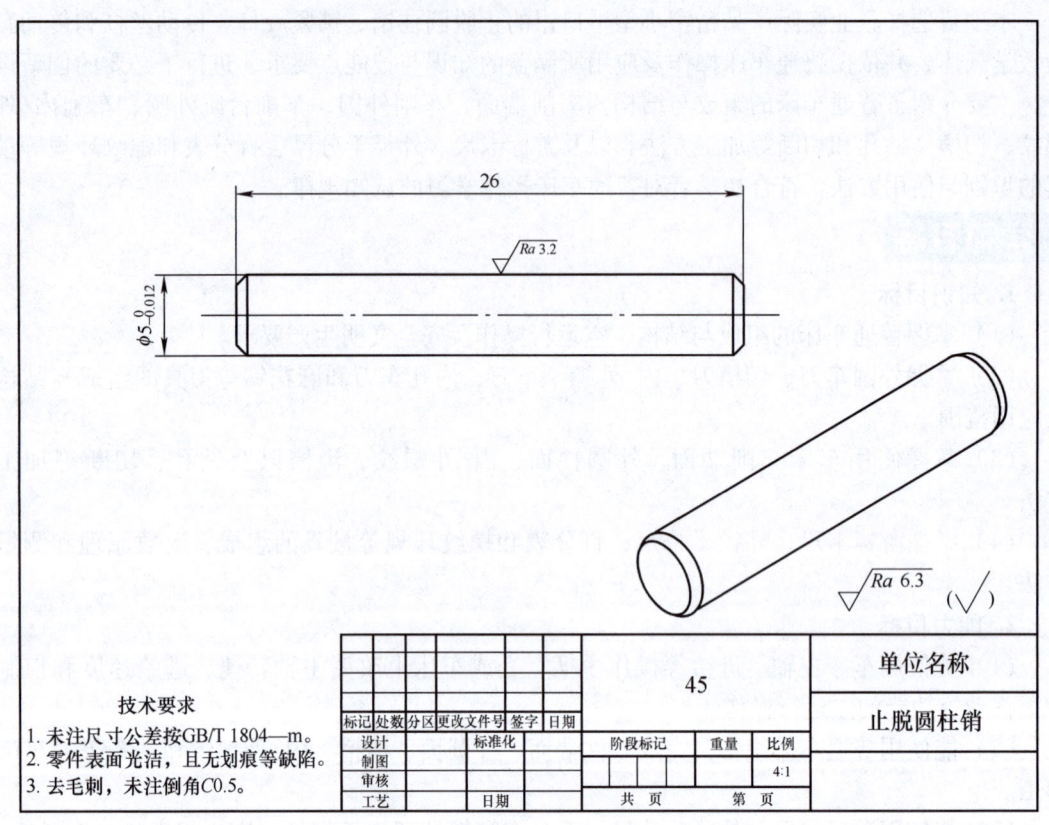

图1-1-1　止脱圆柱销

【任务解析】

止脱圆柱销主要用于连接精密小型平口钳的活动钳口和传动丝杠，如图1-1-2所示，保证活动钳口能顺利进退。零件尺寸为$\phi 5mm \times 26mm$，由于直径尺寸较小，车削时要考虑变形问题，进给量等切削参数不宜选择太大。为保证外圆的几何精度及表面质量要求，采取一次装夹完成切削的方式，因此毛坯的长度尺寸为40mm，考虑到车削完成后需切断零件，所以卡爪夹持长度应小于10mm。

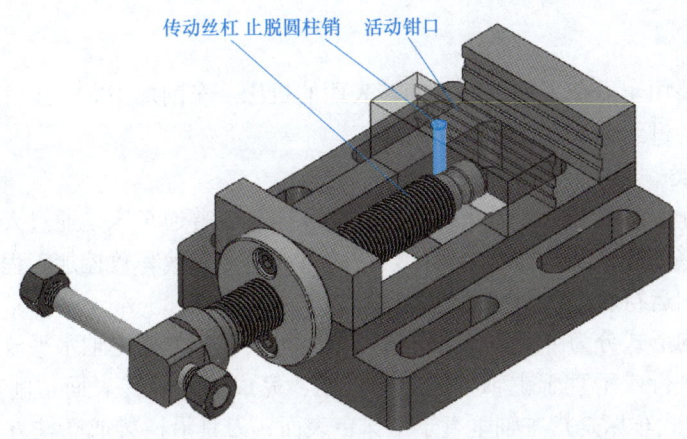

图 1-1-2　止脱圆柱销在精密小型平口钳上的位置

【相关知识】

一、车工的概念

车工是国家职业技能标准中的一种。车削主要是指运用车床设备，对工件旋转表面进行加工的一种常用的机械零件加工方法。车削加工范围包括外圆面、端面、锥面、内/外螺纹及内/外沟槽等轮廓形状，如图 1-1-3 所示。

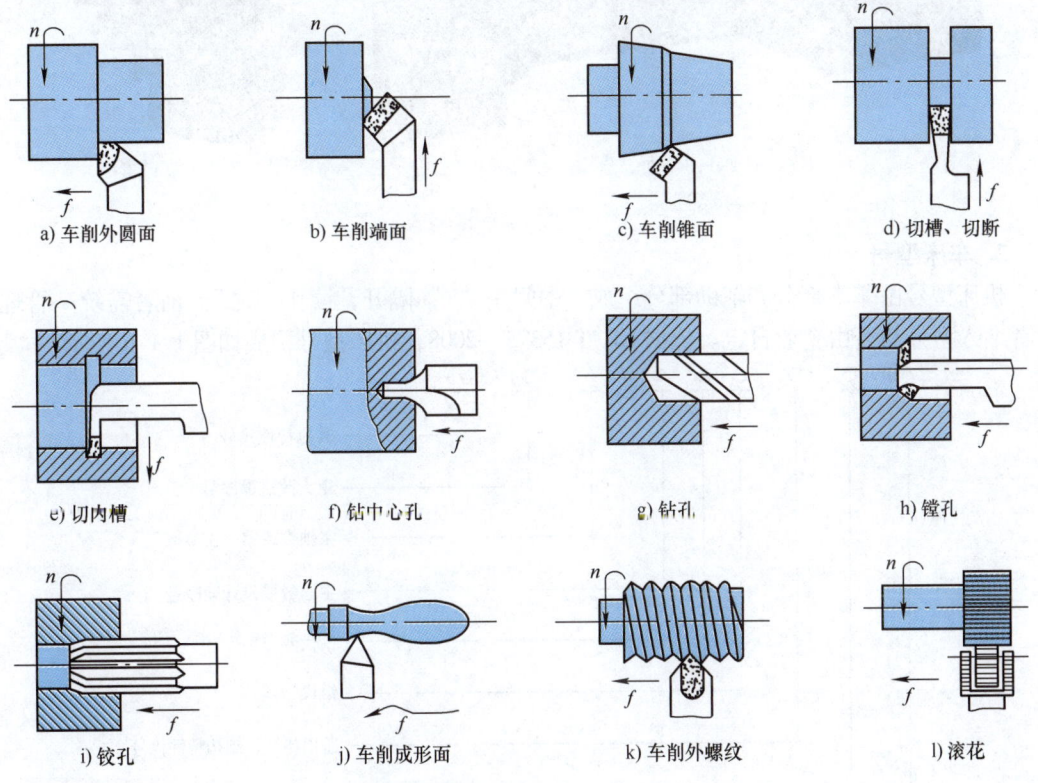

图 1-1-3　车削加工范围

二、车床设备

车床是指主要用车刀在工件上加工旋转表面的机床。车削加工时,工件的旋转运动为主运动,通过刀具的进给完成对工件的切削加工。

1. 车床的分类

车床按其操作形式可分为普通车床与数控车床两类。普通车床是通过人操作车床的旋转手柄等机构,对零件进行切削加工的车床。数控车床是通过编写数控加工程序,运用数控系统控制各坐标轴的运行轨迹,对零件进行切削加工的车床。

车床按其结构形式分为卧式车床和立式车床。卧式车床是指主轴水平放置,工件装夹在卡盘上,刀具沿平行或垂直于主轴轴线方向进给,完成工件旋转表面切削加工的车床,如图 1-1-4 所示。立式车床是指主轴垂直于工作台表面,刀具沿横梁或立柱方向进行前后或上下进给,完成工件表面切削加工的车床,如图 1-1-5 所示。

图 1-1-4 卧式车床   图 1-1-5 立式车床

2. 车床型号

机床型号由基本部分和辅助部分组成,中间用"/"隔开,读作"之"。前者需统一管理,后者纳入型号与否由企业自定。依据 GB/T 15375—2008,机床型号构成如图 1-1-6 所示。

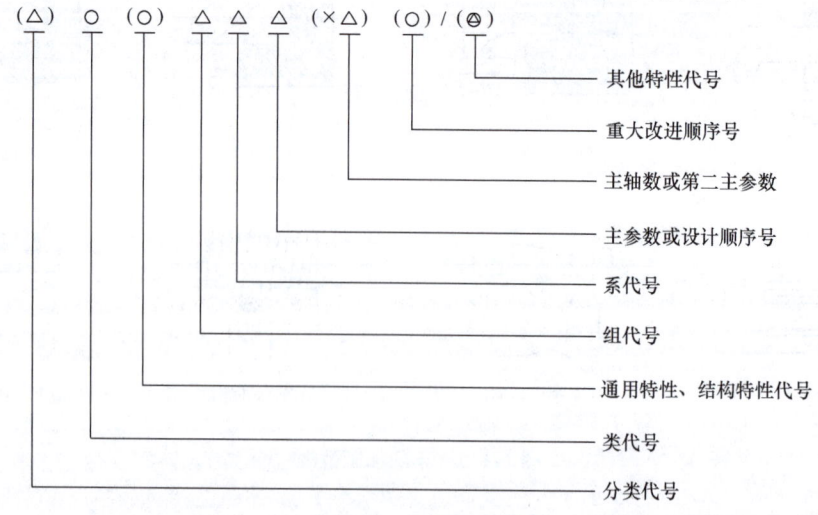

图 1-1-6 机床型号构成

其中，有"（ ）"的代号或数字，当无内容时，则不表示；若有内容，则不带括号。有"○"符号的，为大写的汉语拼音字母。有"△"符号的，为阿拉伯数字。有"⊚"符号的，为大写的汉语拼音字母，或阿拉伯数字，或两者兼有之。

(1) 分类代号　机床，按其工作原理划分为车床、钻床、镗床、磨床、齿轮加工机床、螺纹加工机床、铣床、刨插床、拉床、锯床和其他机床共11类，而每类在必要时，可分为若干分类，每一个分类的代号，即为分类代号，标注在类代号之前，作为型号的首位，用阿拉伯数字表示。第一分类代号前的"1"省略，第"2""3"分类代号则应予以表示。

(2) 类代号　机床的类代号，用大写的汉语拼音字母表示。机床的分类和代号见表1-1-1。

表1-1-1　机床的分类和代号

类别	车床	钻床	镗床	磨床			齿轮加工机床	螺纹加工机床	铣床	刨插床	拉床	锯床	其他机床
代号	C	Z	T	M	2M	3M	Y	S	X	B	L	G	Q
读音	车	钻	镗	磨	二磨	三磨	牙	丝	铣	刨	拉	割	其

(3) 通用特性代号　通用特性代号有统一的规定含义，它在各类机床的型号中，表示的意义相同。机床的通用特性代号见表1-1-2。

表1-1-2　机床的通用特性代号

通用特性	高精度	精密	自动	半自动	数控	加工中心（自动换刀）	仿形	轻型	加重型	柔性加工单元	数显	高速
代号	G	M	Z	B	K	H	F	Q	C	R	X	S
读音	高	密	自	半	控	换	仿	轻	重	柔	显	速

(4) 结构特性代号　对主参数相同，而结构、性能不同的机床，在型号中加结构特性代号予以区分。结构特性代号，用汉语拼音字母（通用特性代号已用的字母和"I""O"两个字母不能用）A、B、C、D、E、L、N、P、T、Y表示，当单个字母不够用时，可将两个字母组合起来使用，如 AD、AE 或 DA、EA 等。

(5) 机床组、系的划分原则及其代号

1) 机床组、系的划分原则。将每类机床划分为十个组，每个组又划分为十个系（系列）。在同一类机床中，主要布局或使用范围基本相同的机床，即为同一组。在同一组机床中，其主参数相同、主要结构及布局型式相同的机床，即为同一系。

2) 机床的组、系代号。机床的组，用一位阿拉伯数字表示，位于类代号或通用特性代号、结构特性代号之后。机床的系，用一位阿拉伯数字表示，位于组代号之后。

(6) 机床主参数和设计顺序号　机床主参数表示床身上最大回转直径，单位为mm。机床型号中主参数用折算值表示，位于系代号之后。当折算值大于1时，则取整数，前面不加"0"；当折算值小于1时，则取小数点后第一位数，并在前面加"0"。车床的统一名称和组、系划分，以及型号中主参数的表示方法，详见附录A。

某些通用机床，当无法用一个主参数表示时，则在型号中用设计顺序号表示。设计顺序号由1起始，当设计顺序号小于10时，由01开始编号。

(7) 机床主轴数和第二主参数

1) 主轴数的表示方法。对于多轴车床、多轴钻床、排式钻床等机床，其主轴数应以实际数值列入型号,置于主参数之后,用"×"分开,读作"乘"。单轴可省略,不予表示。

2)第二主参数的表示方法。第二主参数是指针对多轴机床,除第一主轴外的主轴参数,一般不予表示,如有特殊情况,需在型号中表示。一般以折算成两位数为宜,最多不超过三位数。以长度、深度值等表示的,其折算系数为1/100;以直径、宽度值表示的,其折算值为1/10;以厚度、最大模数值等表示的,其折算系数为1。当折算值大于1时,则取整数;当折算值小于1时,则取小数点后第一位数,并在前面加"0"。

(8) 机床的重大改进顺序号　当机床的结构、性能有更高的要求,并需按新产品重新设计、试制和鉴定时,才按改进的先后顺序选用A、B、C等汉语拼音字母(但I、O两个字母不得选用),加在型号基本部分的尾部,以区别原机床型号。凡属局部的小改进,或增减某些附件、测量装置及改变装夹工件的方法等,因对原机床的结构、性能没有作重大的改变,故不属重大改进,其型号不变。

(9) 其他特性代号及其表示方法

1)其他特性代号。其他特性代号主要用以反映各类机床的特性。对于数控机床,可用来反映不同的控制系统等;对于加工中心,可用以反映控制系统、联动轴数、自动交换主轴头、自动交换工作台等;对于柔性加工单元,可用以反映自动交换主轴箱;对于一机多能机床,可用以补充表示某些功能;对于一般机床,可以反映同一型号机床的变型等。

2)其他特性代号表示方法。其他特性代号,置于辅助部分之首。其中同一型号机床的变型代号,一般应放在其他特性代号之首位。可以用汉语拼音字母(I、O两个字母除外)表示,其中L表示联动轴数,F表示复合。当单个字母不够用时,可将两个字母组合起来使用,如AB、AC、AD或BA、CA、DA等;也可以用阿拉伯数字表示,还可用阿拉伯数字和汉语拼音字母组合表示。

(10) 通用机床型号表示示例　以CA6140普通车床型号为例。其中,类代号为C,表示车床;结构特性代号为A;组代号为6,表示落地及卧式车床;系代号为1,表示卧式车床;主参数为40,折算系数1/10,即表示床身上最大回转直径为400mm。

3. 车床的结构与组成

车床主要由床脚、床身、交换齿轮箱、进给箱、主轴箱、溜板箱、刀架、尾座、丝杠、光杠和操纵杆等组成,以CA6140型车床为例,其结构与组成如图1-1-7所示。

4. 车床传动系统

车床传动的动力源为电动机,通过V带轮、交换齿轮箱等完成传动,其传动路线如图1-1-8所示。

三、车削刀具

1. 车削刀具的概念

车削刀具是指安装在车床设备的刀架上,对工件进行车削加工的刀具。

2. 车削刀具的分类

车削刀具按结构可分为整体式车刀、焊接式车刀和机夹式(可转位)车刀,如图1-1-9所示。整体式车刀的刀体和刀片是一个整体;焊接式车刀的刀体和刀片是焊接在一起的;机夹式车刀的刀片是用压紧机构夹紧在刀体上的,且使用时刀片可以转换方位。

车削刀具按加工用途可分为外圆车刀、切槽刀和内孔车刀等,具体见表1-1-3。

项目一 车 工

图 1-1-7 CA6140型卧式车床的结构与组成

1—床脚 2—交换齿轮箱 3—进给箱 4—主轴箱 5—自定心卡盘 6—刀架 7—小溜板 8—照明灯 9—横向溜板 10—尾座 11—丝杠 12—光杠 13—操纵杆 14—床身 15—纵向溜板 16—溜板箱 17—切屑盘

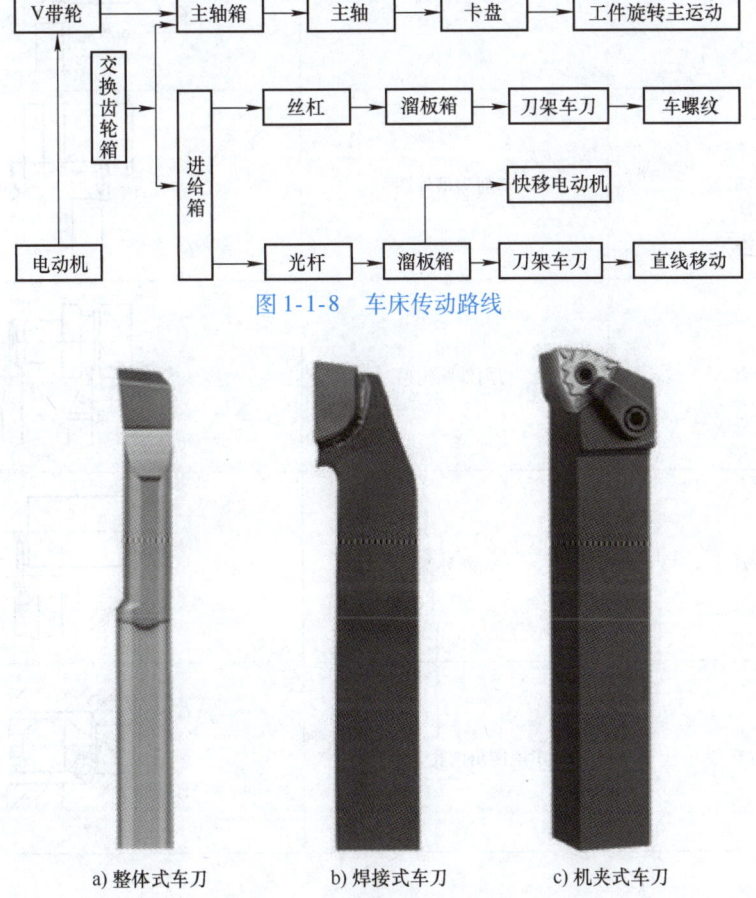

图 1-1-8 车床传动路线

a) 整体式车刀　　　b) 焊接式车刀　　　c) 机夹式车刀

图 1-1-9 按结构分类的车削刀具

7

表 1-1-3　按加工用途分类的车削刀具

车刀类型	主要用途	车削示意图
75°外圆车刀	车削外圆	
90°端面车刀	车削台阶面、端面	
45°端面车刀	车削外圆、端面	
90°外圆车刀	车削外圆	
93°仿形车刀	车削沟槽外圆	
切槽刀	切削外圆沟槽	
切断刀	切断外圆	
75°内孔车刀	车削倒角内孔、通孔	

（续）

车刀类型	主要用途	车削示意图
90°内孔车刀	车削平底内孔	
外螺纹车刀	车削外螺纹	
内螺纹车刀	车削内螺纹	
内切槽刀	车削内沟槽	
中心钻	钻中心孔	
麻花钻	钻孔	
铰刀	铰孔	
丝锥	攻螺纹	
成形车刀	车削成形面	
滚花刀	滚花	

3. 车削刀具的组成

车削刀具由刀头和刀柄组成，其中刀头主要应用于切削加工，故称为切削部分；刀柄装夹在车床的刀架上，故称为夹持部分。车削刀具的组成如图 1-1-10 所示。

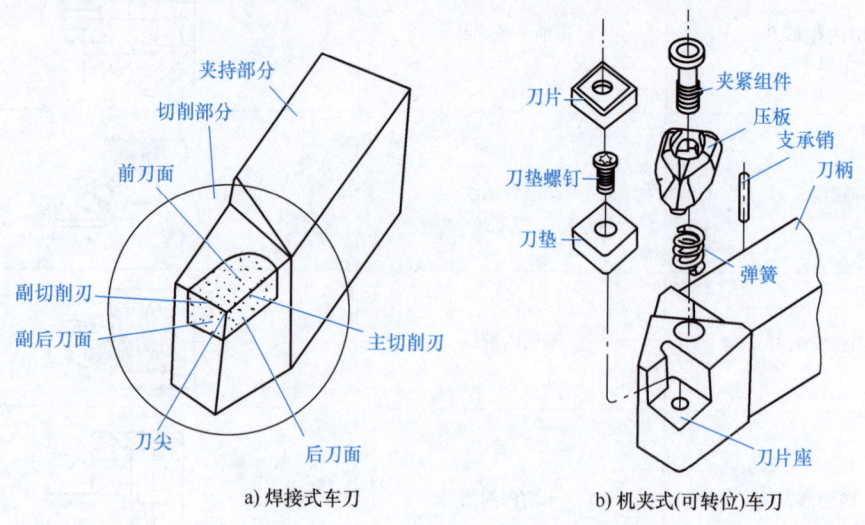

a) 焊接式车刀　　　　b) 机夹式(可转位)车刀

图 1-1-10　车削刀具的组成

四、车工量具

1. 游标卡尺

游标卡尺是利用游标原理对两同名测量面相对移动分隔的距离进行读数的测量器具。游标卡尺由主标尺（尺身）、游标尺、深度尺、刀口内/外测量爪和制动螺钉等组成，如图 1-1-11 所示。游标卡尺主要用来测量工件的内径、外径、长度、宽度、厚度、深度和孔距等，使用方便且应用广泛。

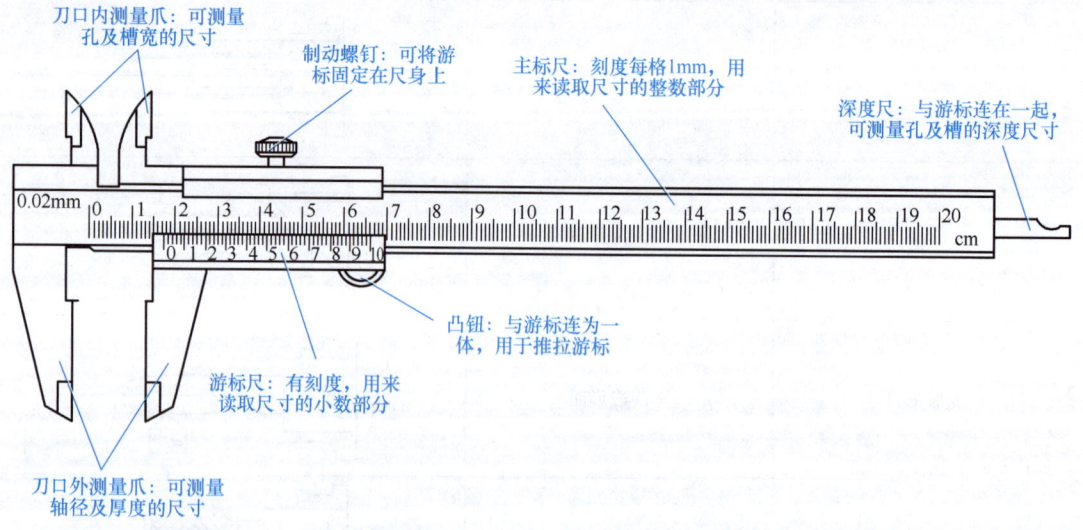

图 1-1-11　游标卡尺的组成

(1) 游标卡尺的分类 按结构形式,游标卡尺可分为单面游标卡尺、双面游标卡尺和三用游标卡尺。按显示方式,游标卡尺分为普通游标卡尺、带表游标卡尺和数显游标卡尺。游标卡尺还可按测量范围分类,如 0~150mm 游标卡尺、0~200mm 游标卡尺和 0~300mm 游标卡尺等,不同测量范围的游标卡尺,适用于测量不同尺寸大小的零件。以上分类方式并非相互独立的,一把游标卡尺可能同时属于多个分类。例如,一把测量范围为 0~150mm 的游标卡尺,可以同时按结构形式、显示方式和测量范围进行分类。

(2) 游标卡尺的使用方法

1) 测量准备。清洁游标卡尺的测量面和量爪,确保无灰尘、油污等杂质。检查游标卡尺的零位,即当两测量面紧密贴合时,游标上的零线应与尺身上的零线对齐。根据测量需求选择合适的量程和游标卡尺类型。

2) 测量步骤。松开制动螺钉,移动游标尺,将被测物体放置在测量爪的测量面之间,轻轻压紧,确保物体与测量面紧密接触。

3) 读数方法。首先,读取主标尺上靠近游标零线的整数值,主标尺上刻线之间每格表示 1mm。其次,观察游标尺上刻线与主标尺刻线对齐的刻度值,游标尺上的刻线之间每格表示 0.02mm。先读取标尺上的整数值,再读取游标尺上的小数值,将两部分相加得到被测物体的实际尺寸。

工件测量尺寸为 2.42mm 的读数示例如下:游标尺零线超过标尺的第 2 格,每格为 1mm,所以整数值为 2mm;游标尺第 21 格与主标尺的刻线对齐,读数值为 21×0.02mm = 0.42mm,则此读数值为 2mm + 0.42mm = 2.42mm,如图 1-1-12 所示。

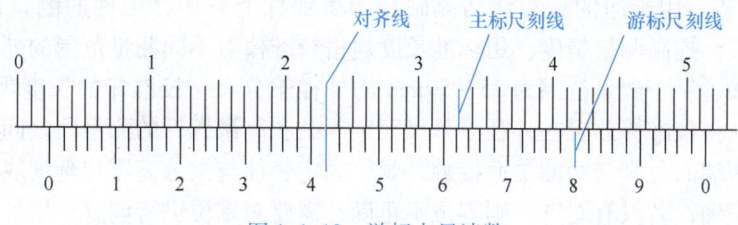

图 1-1-12 游标卡尺读数

2. 外径千分尺

外径千分尺是利用螺旋副原理,对尺架上两测量面间分隔的距离进行读数的外尺寸测量器具,测量数值可读取到小数点后 3 位。外径千分尺主要由固定测砧、测微螺杆等组成,如图 1-1-13 所示。

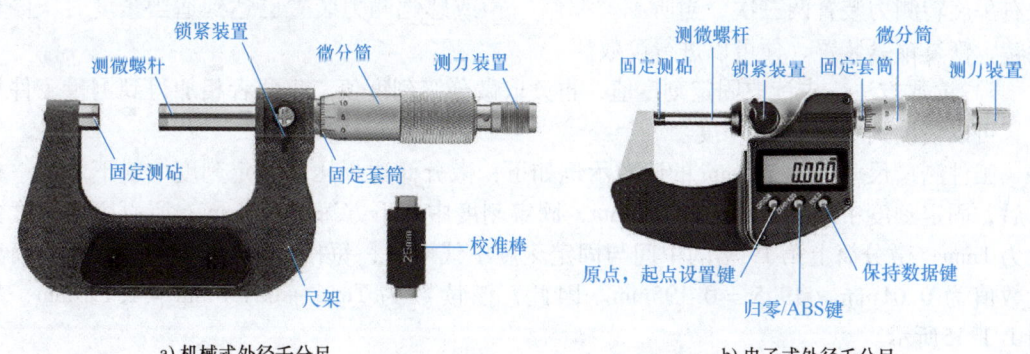

a) 机械式外径千分尺　　　　b) 电子式外径千分尺

图 1-1-13 外径千分尺的组成

(1) 外径千分尺的分类 按照读数形式，外径千分尺分为机械式和电子式。按照测量范围，外径千分尺分为 0～25mm、25～50mm、50～75mm、75～100mm 和 100～125mm 等多种规格。按照测砧形式，外径千分尺分为双/单尖头外径千分尺、刀口外径千分尺（叶片外径千分尺）和公法线外径千分尺等，如图 1-1-14 所示。

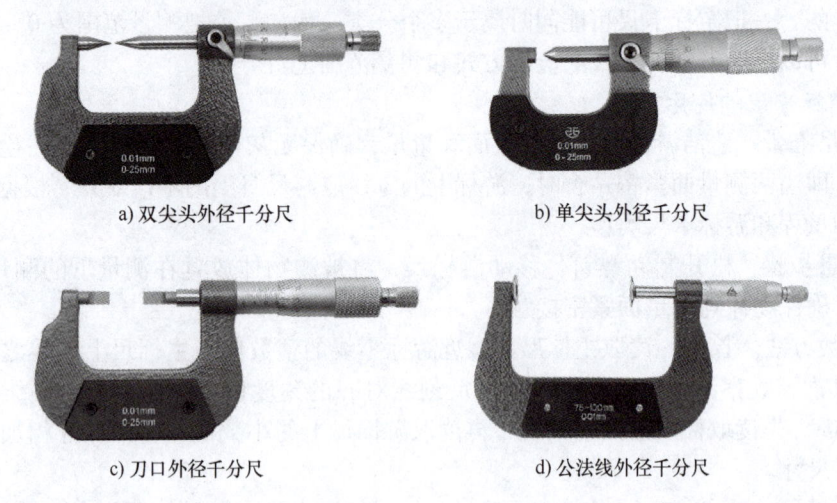

a) 双尖头外径千分尺　　　　b) 单尖头外径千分尺

c) 刀口外径千分尺　　　　d) 公法线外径千分尺

图 1-1-14　外径千分尺分类

(2) 外径千分尺的使用方法

1）测量准备。用干净的抹布清洁测砧和测微螺杆上与接触工件的测量面，确保无灰尘、油污等杂质，提高测量精度。用标准长度规格校准棒对不同测量范围的外径千分尺进行零位校准。例如，对于测量范围为 25～50mm 的外径千分尺，校准棒的长度为 25mm。在进行零件校准时，将校准棒放置在外径千分尺固定测砧和测微螺杆的测量面之间，拧动测力装置，使校准棒两端面分别与两测量面接触，观察固定套筒与微分筒零位刻度线是否对齐，若对齐，则零位正确；若没有对齐，则零位不正确，需要对零位进行调整。用外径千分尺配套的小型钩形扳手旋转固定套筒，直到两零位刻度线对齐为止，完成零位校准。

2）测量步骤。左手握住尺架，右手松开外径千分尺的锁紧装置，旋转微分筒，使测砧与测微螺杆之间的距离大于被测物体的尺寸数值，将被测物体轻轻放置在测砧与测微螺杆之间，确保物体平稳地位于测砧与测微螺杆测量面的中心位置，将测砧测量面贴着被测物体一端，用右手旋转微分筒，确保测微螺杆缓慢地接触并紧贴被测物体的另一端后进行预紧，再用右手旋转测力装置两三次，当听到"咯嗒"声或感觉测力装置已达到适当紧度时，停止旋转，恢复锁紧装置，便可以进行读数。

3）读数方法。先读取固定刻度值，再读取微分筒刻度值，将两者相加得到测量工件尺寸，可以估读到 0.001mm 精度。

工件测量尺寸为 1.195mm 的读数示例如下：微分筒边界压在固定刻度中线下方的一格以后，固定刻度中线上方每格为 0.5mm，固定刻度中线下方每格为 1mm，所以固定刻度数值为 1mm；微分筒上第 19 格的中间与固定刻度中线对齐，每格为 0.01mm，所以微分筒刻度数值为 0.01mm × 19.5 = 0.195mm。因此，该读数为 1mm + 0.195mm = 1.195mm，如图 1-1-15 所示。

3. 划线盘

划线盘可以用于在车床上装夹工件时的粗略找正，能基本保证工件回转中心线和主轴回转中心线同轴；也可以用于钳工操作中，在工件表面进行划线。划线盘主要由底座、划针、锁紧螺母和立柱组成，如图 1-1-16 所示。

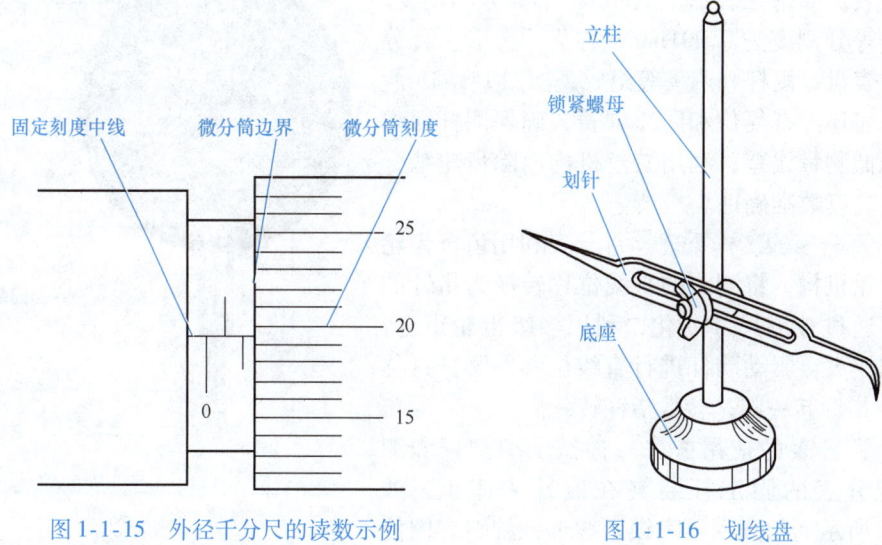

图 1-1-15 外径千分尺的读数示例　　　　图 1-1-16 划线盘

在普通车床上对装夹工件粗略找正的操作步骤如下：

第一步，将工件装夹在自定心卡盘上并进行手动夹紧，确保工件不掉落，在敲击时能有微小的移动间隙。

第二步，将底座平稳地放在普通车床的中滑板上。

第三步，松开锁紧螺母调节划针，使其与被找正的工件表面接触后锁紧该螺母。

第四步，用手转动卡盘，使工件进行旋转，观察划针头与工件在一个圆周内的间隙，若均匀，则说明工件回转中心线与主轴中心线重合。若不均匀，则需找到间隙小的一端，用铜棒轻轻敲击工件，再次转动卡盘，重复进行观察，直至间隙均匀为止。

第五步，均匀使力夹紧被找正工件，完成找正工件的操作。

4. 百分表

百分表是指用于测量工件的形状、位置误差和小位移的长度测量的器具。百分表类型如图 1-1-17 所示。

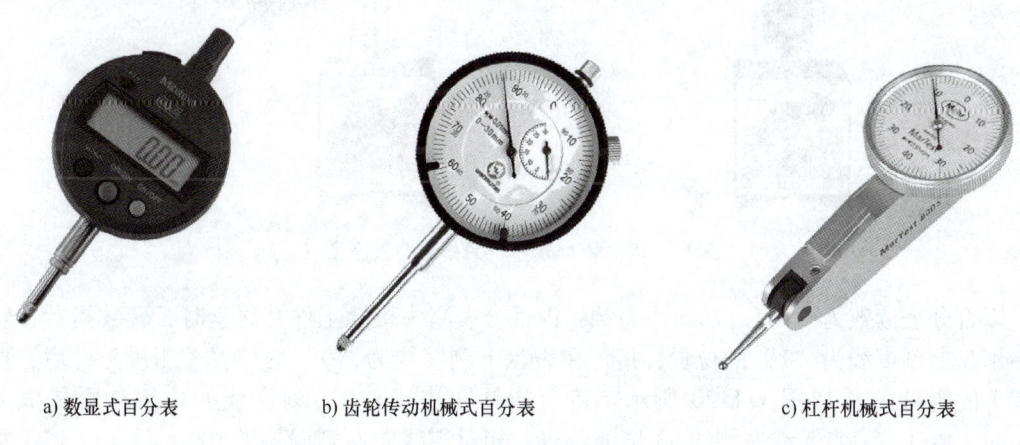

a) 数显式百分表　　　b) 齿轮传动机械式百分表　　　c) 杠杆机械式百分表

图 1-1-17 百分表类型

(1) 百分表的组成　百分表的表盘上有 100 个等分的刻度,则每一个等分刻度为 0.01mm,所以称为百分表。如果在表盘上有 1000 个等分的刻度,则每一个等分刻度为 0.001mm,称为千分表。百分表主要由表盘、测杆和测头等组成,如图 1-1-18 所示。百分表还配有复位和防震弹簧,确保测杆回弹稳定,降低测量误差;利用游丝机构消除齿轮啮合间隙,提高读数准确性。

(2) 百分表的工作原理　百分表利用齿条齿轮或杠杆齿轮机构,将测头的直线位移转换为指针的角位移,通过被测尺寸变化,利用多级齿轮组合,将传动比放大,驱动测杆进行直线位移,测杆每移动 1mm,指针转一圈,转数指针转一格。

(3) 百分表的使用方法　擦拭干净测杆和测头,将百分表的固定杆装夹在磁性表座上,如图 1-1-19 所示。松开百分表锁紧螺母,旋转表圈使表盘上的零线与指针对齐。将测头接触并轻压被测工件,使转数指针压在转数指示盘约 1mm 处,依据使用要求进行测量,观察指针相对表盘上零线的位置并进行读数。在读数时,先读转数指针转过的刻度线,再读指针转过的刻度线,将两者相加即得到所测量的数值。数显百分表通过电子传感器替代机械传动,将位移信号转换为数字显示,可以直接进行读数。

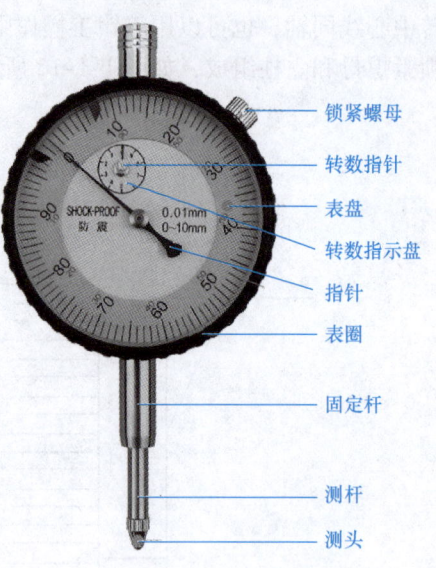

图 1-1-18　百分表的组成

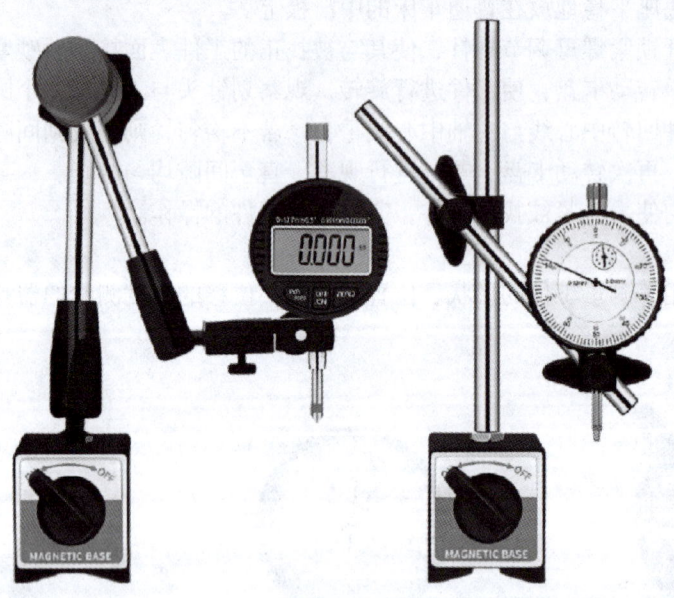

图 1-1-19　将百分表装夹在磁性表座上

以百分表读数为 "-1.17mm" 为例:设百分表测头接触工件并压紧时,转数指针在转数指示盘上刻度线为 "1" 的位置,指针在表盘上刻度线为 "0" 的位置。测量工件后,百分表上的指针位置如图 1-1-20 所示,转数指针在小于 "0" 刻度线的位置,测量值为 -1mm,指针在表盘零线左侧约 83 格的位置,相对零线向左侧偏移了 100 - 83 = 17 格,每格为0.01mm，则偏移值为0.01mm×17=0.17mm。由于是向小于零线方向偏移，所以偏移值应为-0.17mm。百分表的最终读数为(-1)mm+(-0.17)mm=-1.17mm。

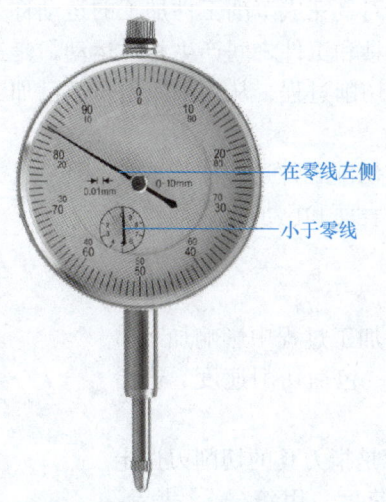

图1-1-20　百分表的读数

（4）**百分表的应用**　百分表可以搭配不同的表架等工具，完成工件的找正、内孔直径等尺寸的测量等，如图1-1-21所示。

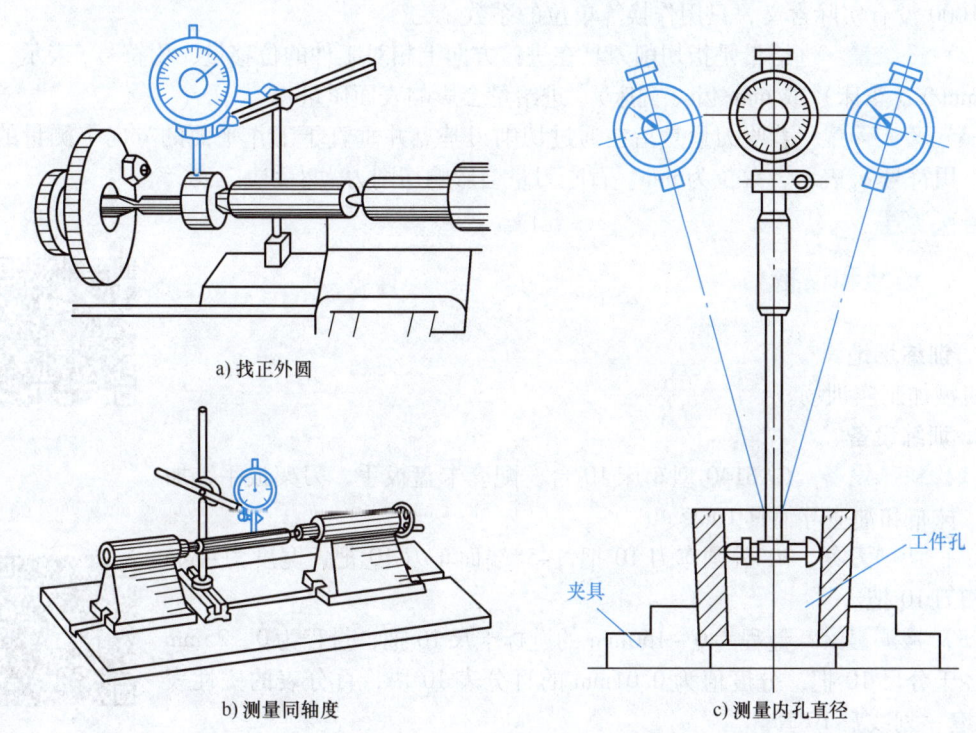

图1-1-21　百分表的应用

五、车削运动

在车床设备上,使用车削刀具完成车削工件加工的运动称为车削运动。车削运动分为主运动和进给运动,主运动使刀具和工件之间产生相对运动,是进行切削的最基本运动;进给运动是不断地把待切金属投入切削过程,从而加工出全部已加工表面的运动。

1. 切削成形表面

切削成形表面是指刀具在切削工件过程中形成的表面,包括待加工表面、过渡表面和已加工表面,如图 1-1-22 所示。

2. 切削用量

切削用量是指刀具在切削加工过程中影响加工质量的因素(也称切削三要素),包括切削速度、进给量和背吃刀量。

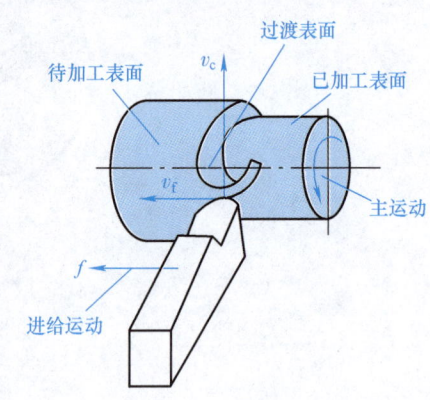

图 1-1-22 切削成形表面

(1) **切削速度** 切削速度是指刀具的切削刃选定点相对于工件主运动的瞬时速度,用符号 v_c 表示,单位为 m/min。切削速度会直接影响刀具使用寿命、加工效率和表面质量,其计算公式为

$$v_c = \pi d n / 1000$$

式中,v_c 是切削速度(m/min);π 是圆周率;d 是工件直径(mm);n 是主轴转速(r/min);数值 1000 没有实际含义,只用作换算单位的系数。

(2) **进给量** 进给量是指切削刀具在进给方向上相对工件的位移量,用符号 f 表示,单位为 mm/r(车床)或 mm/齿(铣床)。进给量会影响表面质量。

(3) **背吃刀量** 背吃刀量是指在通过切削刃基点并垂直于工作平面的方向上测量的吃刀量,用符号 a_p 表示,单位为 mm。背吃刀量会影响切削力大小和加工效率。

【任务实施】

一、场地和设备

1. 训练场地
机械加工实训场。

2. 训练设备

(1) **机床设备** CA6140 型车床 10 台,配套卡盘扳手、刀架扳手、加力杆、抹布和油壶等辅具 10 套。

(2) **切削刀具** 90°外圆车刀 10 把,45°端面车刀 10 把,宽度为 4mm 的切槽刀 10 把。

(3) **检测量具** 量程为 0~150mm 的游标卡尺 10 把,量程为 0~25mm 的外径千分尺 10 把,分度值为 0.01mm 的百分表 10 块,百分表的磁性表座 10 套,划线盘 10 套。

车床操作

加工止脱圆柱销

二、实施步骤

止脱圆柱销的车削操作步骤见表 1-1-4。

表 1-1-4　止脱圆柱销的车削操作步骤

步骤	内容	成果
车端面与外圆	1）装夹工件，夹持长度为 8mm 2）安装外圆车刀、4mm 宽切槽刀、端面车刀，确保刀尖与主轴回转中心线等高 3）调整普通车床的转速、进给量，起动车床 4）车削工件端面，主轴转速为 500r/min 5）粗车 φ5mm×31mm 外圆，留出 0.5～1mm 的精加工余量，主轴转速为 500r/min，用游标卡尺检测 6）精车 φ5mm×31mm 外圆至尺寸要求，主轴转速为 800r/min，用外径千分尺检测 7）端面倒角 C0.5mm	（加工面）
切断	切断工件，保证总长度为 27mm，主轴转速为 400r/min	（加工面）
车端面与倒角	1）调头找正装夹工件，用百分表找正工件并夹紧，夹持长度为 15mm 2）车削工件端面，使工件总长度为 26mm，用游标卡尺检测 3）端面倒角 C0.5mm	（加工面）

三、大国工匠技能成长案例

文照辉，工作于中车株洲电机有限公司，是中车首席技能专家、数控车工特级技师、高级工程师。他先后获得了"全国劳动模范""全国技术能手"、国务院政府特殊津贴、中央企业劳动模范，还入选了中央企业"大国工匠"培养支持计划名单、第二届"湖湘杰出工匠"。

1994 年，文照辉职高毕业后入职中车株洲电机有限公司成为一名车工。上班的第一天，曾获中国铁路机车车辆工业集团劳动模范的父亲就告诫他:"车工是门细致活,一丝之差,优劣分家……",文照辉将这句教诲牢牢记在了心上。多年来,他继承了父辈的工匠精神,一步一步成长为大家敬重的"文大师",并将这种工匠精神持续传承了下去。

2021年,在"雅万高铁"动车组电动机转轴的加工中,设计指标与精度要求近乎苛刻,许多员工出现畏难情绪。文照辉带领工作室的骨干展开技术攻关,通过制订合理的工艺路线,反复进行加工试切与试验,最终发现问题主要出在刀具上,他及时与工艺人员沟通,将组合式刀具改为整体刀具,并改进了刀具的夹紧方式,不断调整切削参数,最终成功通过首件评审,为后续的批量生产铺平了道路。

【任务考核】

车削止脱圆柱销的考核表见表1-1-5。

表1-1-5 车削止脱圆柱销的考核表

序号	考核内容	要求	配分	评分标准	检测结果	得分	备注
1	产品装配验证	能安装到企业产品"精密小型平口钳"上,满足装配标准要求	20	装配完整,得满分;装配不上,不得分			
2	外圆	$\phi 5_{-0.012}^{0}$ mm	20	超差不得分			
3	总长度	26mm	10	超差0.1mm扣5分,扣完为止			
4	倒角	C0.5mm(2处)	10	超差1处扣5分			
5	表面粗糙度	Ra 3.2μm(1处)	10	超差不得分			
		Ra 6.3μm(4处)	10	超差1处扣5分			
6	安全文明生产	遵守安全操作规程等	10	未穿劳保服扣2分/次;未打扫卫生或打扫得不干净扣5分/次;不遵守安全操作规程扣5分/次;用语不文明扣10分/次。扣完为止			
7	学习态度	听课、出勤等	10	上课使用手机做与任务学习无关的事情扣5分/次;迟到、早退扣5分/次;无故旷课扣10分/次;听课不认真扣5分/次。扣完为止			
		合计	100	—		—	
	评价人签字		日期		复核人签字		日期
	企业导师评价						

【任务小结】

本任务以CA6140型车床为例,总结了加工止脱圆柱销时所用到的知识与技能。

项目一 车 工

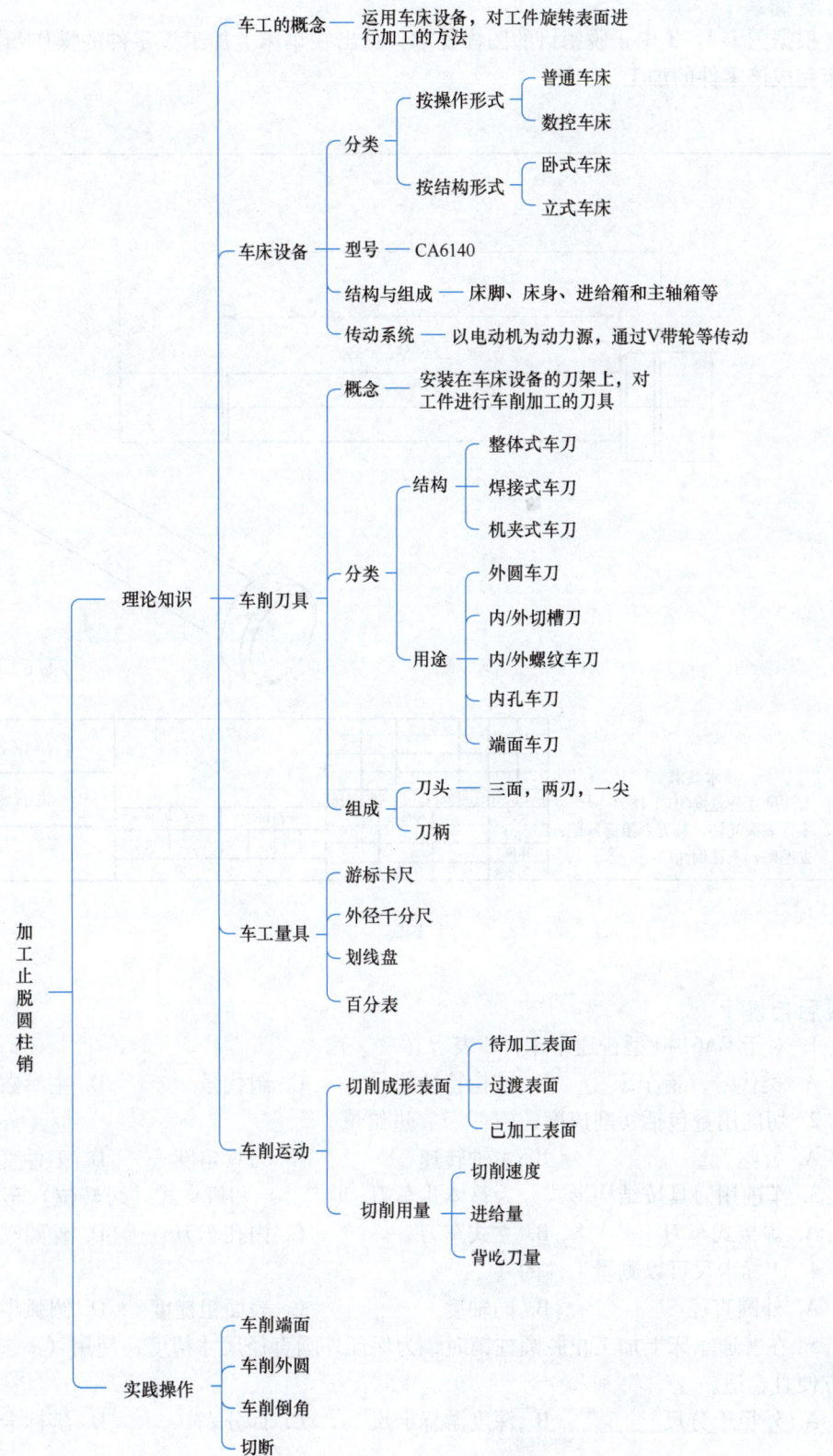

【拓展训练】

根据图 1-1-23 中止脱销钉的图样要求，写出在车床上加工该零件的操作步骤，并运用车床完成该零件的加工。

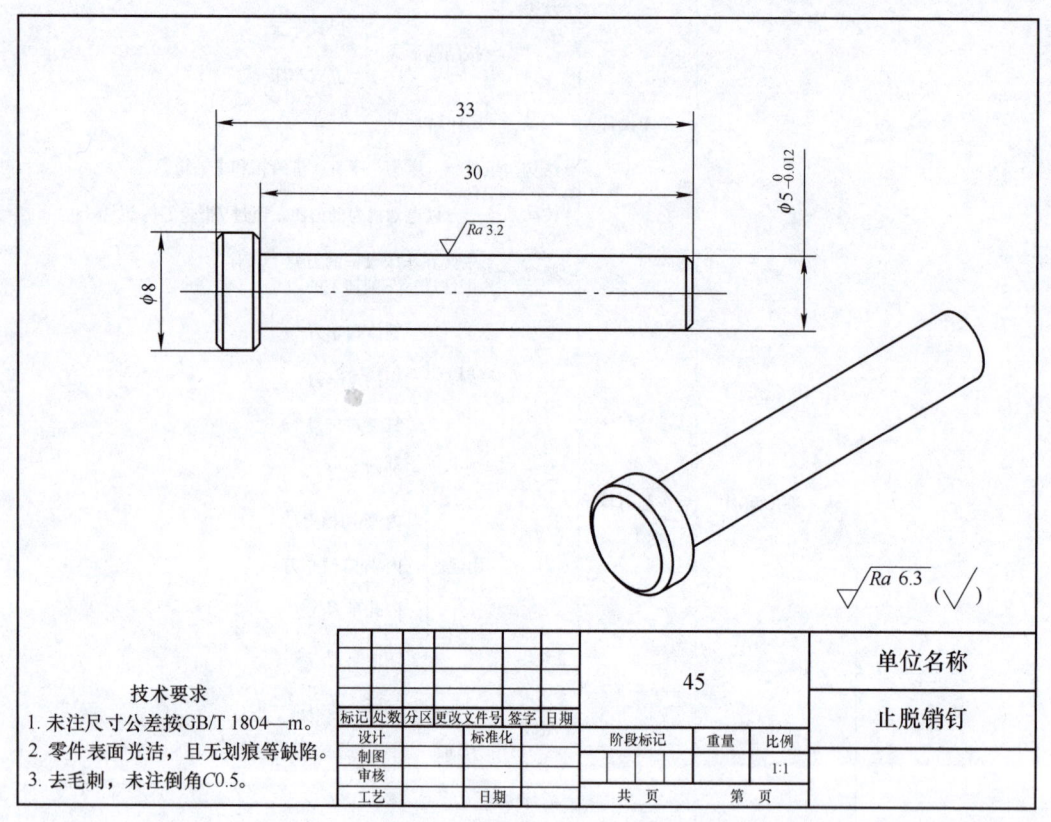

图 1-1-23　止脱销钉

【课后自测】

1. 对于 CA6140 型普通车床，C 表示（　　）。
   A. 类代号，指车床　　　B. 结构特性代号　　　C. 组代号　　　D. 主参数
2. 切削用量包括切削速度、（　　）、进给量。
   A. 背吃刀量　　　B. 主轴转速　　　C. 刀具角度　　　D. 工件直径
3. 车削用刀具按结构形式分为整体式车刀、（　　）和机夹式（可转位）车刀。
   A. 焊接式车刀　　　B. 立式车刀　　　C. 内孔车刀　　　D. 外圆车刀
4. 游标卡尺可以测量工件的（　　）。
   A. 外圆直径　　　B. 同轴度　　　C. 表面粗糙度　　　D. 圆弧半径
5. 在普通车床上加工止脱圆柱销时，为保证外圆直径尺寸精度，使用（　　）检测最为方便且合适。
   A. 外径千分尺　　　B. 深度游标卡尺　　　C. 百分表　　　D. 游标卡尺

任务二 加工锁紧旋杆

【任务描述】

如图 1-2-1 所示，依据企业产品精密小型平口钳中锁紧旋杆的图样要求，完成零件外圆及外螺纹等结构的车削加工，零件的毛坯尺寸为 $\phi 10\text{mm} \times 90\text{mm}$。

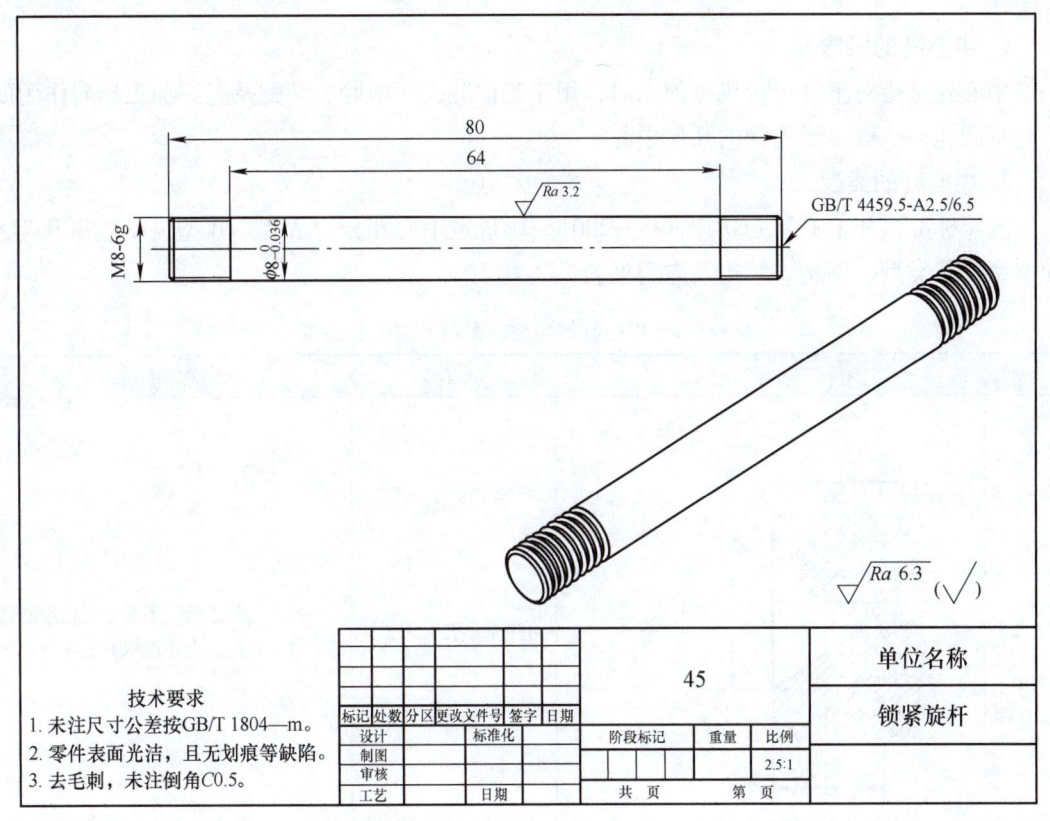

图 1-2-1 锁紧旋杆

【任务解析】

锁紧旋杆主要用于与精密小型平口钳的传动丝杠上的孔进行配合，从而实现传动丝杠的旋转功能，如图 1-2-2 所示，锁紧旋杆的两端用 M8 螺母锁紧，可防止其脱落。锁紧旋杆零

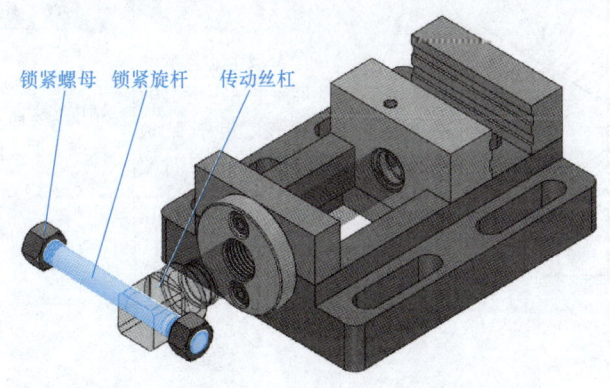

图 1-2-2 锁紧旋杆在精密小型平口钳上的位置

件的长度为80mm,而直径仅为φ8mm,为防止其在车削时出现变形,可采用一夹一顶的装夹方案。锁紧旋杆两端的螺纹为M8,由于未标注螺距,可知其属于粗牙普通螺纹,标准螺距为1.25mm。在加工该零件上的螺纹时,可选择使用板牙进行套螺纹加工。

【相关知识】

一、中心孔

1. 中心孔的概念

中心孔是指对工件进行机械加工时,用于工件装夹、检验、装配及起到加工导向作用的工艺基准孔,一般位于工件的几何中心。

2. 中心孔的类型

国家标准《中心孔》(GB/T 145—2001)中规定中心孔分为A型、B型、C型和R型4种类型,其类型、图示、结构及应用见表1-2-1。

表1-2-1 中心孔的类型、图示、结构及应用

类型	图示	结构	应用
A型	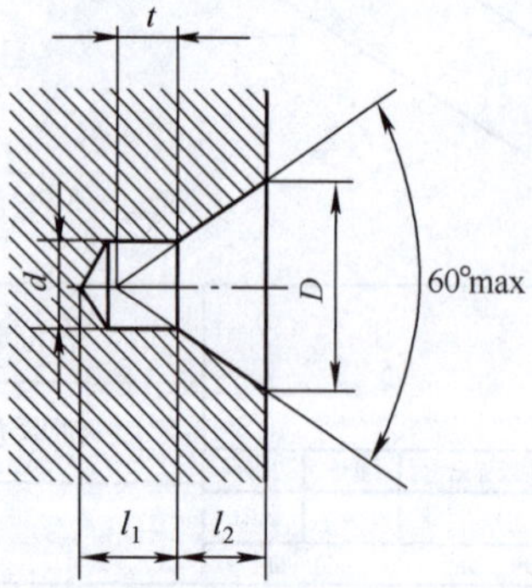	60°锥形孔,无护锥	一次装夹加工后,不需要保留中心孔的工件,常用于中小型轴类工件
B型	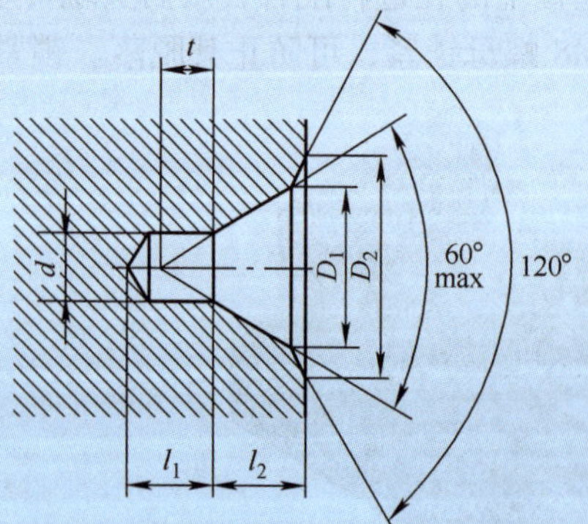	在A型中心孔的端部再加工出一个120°的锥面,用于保护60°锥面,并使工件端面容易加工	精度要求高,需要经过多工序加工的工件或大型工件

（续）

类型	图示	结构	应用
C 型	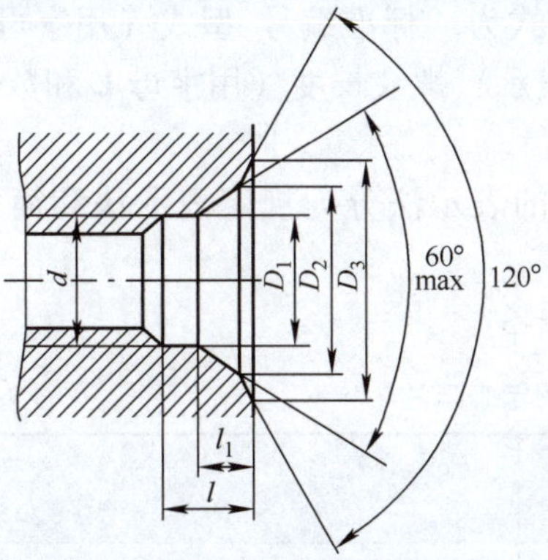	在 B 型中心孔的 60°锥孔后面，加工出一个短圆柱孔，里面再用丝锥攻出内螺纹	需要把其他零件轴向固定在轴端的工件
R 型	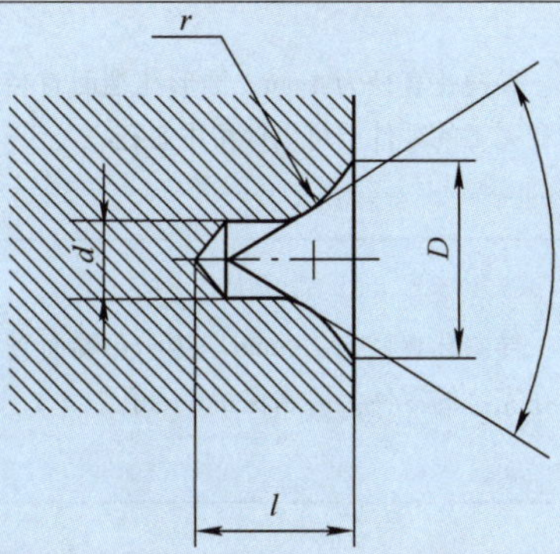	将 A 型中心孔的 60°锥面改成圆弧面，使其与顶尖的配合变成线接触	轻型或高精度轴类工件

3. 中心孔的表示法

根据国家标准《机械制图 中心孔表示法》（GB/T 4459.5—1999）的要求，中心孔表示法属于机械图样中的特殊表示法。

(1) 中心孔的符号 在机械图样中，依据加工完成零件上是否保留中心孔的要求，中心孔的表示符号通常分为 3 种情况，具体见表 1-2-2。

表 1-2-2 中心孔符号

要求	符号
在完工的零件上要求保留中心孔	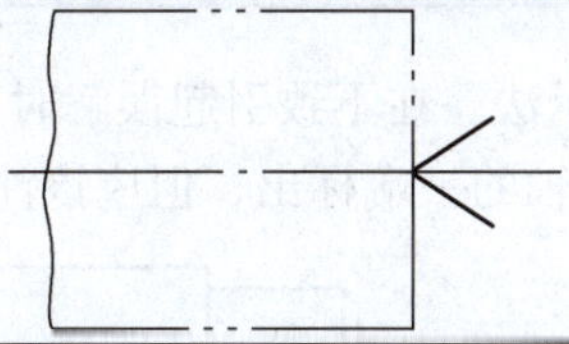
在完工的零件上可以保留中心孔	
在完工的零件上不允许保留中心孔	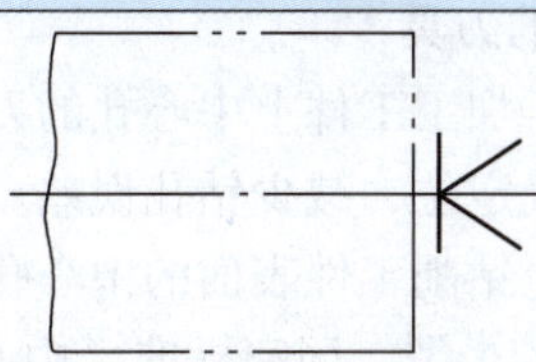

(2) 中心孔的标记　中心孔标记在图样上分为两类。第一类为 R、B 和 A 型中心孔，其标记格式为"标准编号-型式（用字母 R、A 或 B 表示）导向孔直径 D/锥形孔端面直径 D_1"；第二类为 C 型（带螺纹）中心孔，其标记格式为"标准编号-型式（用字母 C 表示）螺纹代号 D（用普通螺纹特征代号 M 和公称直径表示）螺纹长度（用字母 L 和数值表示）/锥形孔端面直径 D_2"。

(3) 中心孔的规定表示法　中心孔在图样上的表示法分为规定表示法和简化表示法两类。

1) 规定表示法。中心孔的规定表示法见表 1-2-3。

表 1-2-3　中心孔的规定表示法

中心孔类型	示例	说明
A 型 （不带护锥）	GB/T 4459.5-A4/8.5	导向孔直径为 4mm，锥形孔端面直径为 8.5mm。在完工的零件上可以保留中心孔
B 型 （带护锥）	GB/T 4459.5-B2.5/8	导向孔直径为 2.5mm，锥形孔端面直径为 8mm。在完工的零件上要求保留中心孔
C 型 （带螺纹）	CM10L30/16.3 GB/T 4459.5	螺纹公称直径为 M10，螺纹长度为 30mm，锥形孔端面直径为 16.3mm。在完工的零件上要求保留中心孔
R 型 （弧形）	GB/T 4459.5-R3.15/6.7	导向孔直径为 3.15mm，锥形孔端面直径为 6.7mm。在完工的零件上不允许保留中心孔

2) 简化表示法。在不致引起误解时，可省略标记中的标准编号。如同一轴的两端中心孔相同，可只在轴的一端标出，但应该注出其数量，如图 1-2-3 所示。

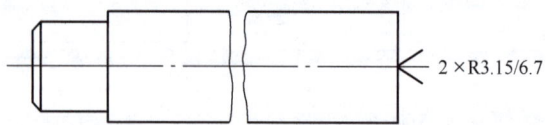

图 1-2-3　轴两端中心孔的简化表示法

4. 钻中心孔的刀具

中心钻是用于加工工件上中心孔的刀具，目的是在用麻花钻对零件进行钻孔加工前，对其进行引导并精确定位，减少钻孔误差。中心钻主要用于在车床上钻削轴类工件的中心孔，也可用于在铣床上钻削工件表面的中心孔。

(1) 中心钻的类型　国家标准《中心钻》（GB/T 6078—2016）中规定，中心钻分为 A

型、B 型和 R 型 3 种类型，具体见表 1-2-4。

表 1-2-4　中心钻的类型

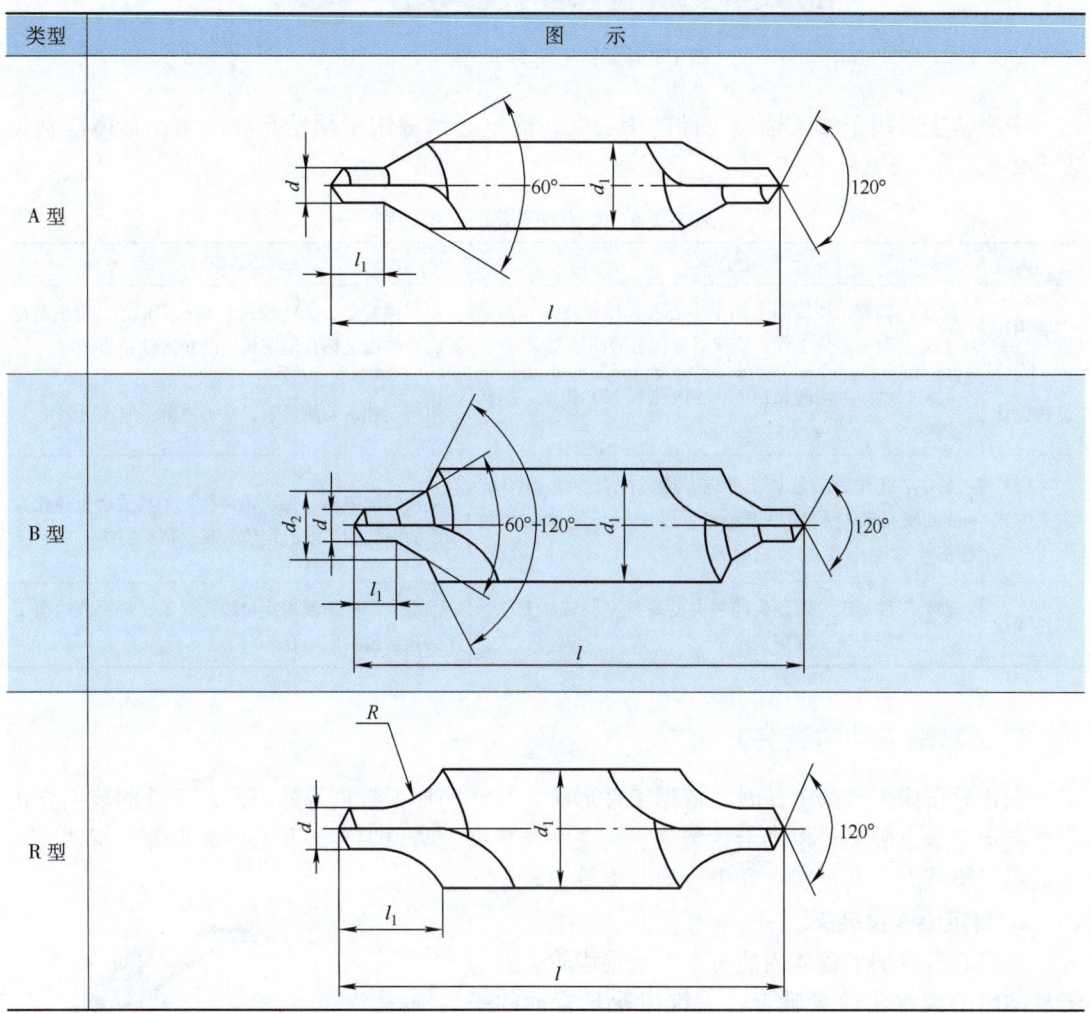

类型	图　示
A 型	
B 型	
R 型	

（2）中心钻的标记　中心钻容屑槽可为直槽、螺旋槽或斜槽，由制造厂家自行确定，除另有说明外均制成右切削槽形。中心钻的标记示例见表 1-2-5。

表 1-2-5　中心钻的标记示例

内　容	标　记
公称直径为 4mm，柄部直径为 10 mm，直槽右切 A 型中心钻	中心钻 A4/10　GB/T 6078—2016
公称直径为 6.3mm，柄部直径为 16mm，螺旋槽右切 A 型中心钻	螺旋槽中心钻 A6.3/16　GB/T 6078—2016
公称直径为 6.3mm，柄部直径为 20mm，斜槽左切 B 型中心钻	斜槽中心钻 B6.3/20-L　GB/T 6078—2016（L 表示中心钻全长）

（3）中心钻和定心钻的区别　定心钻集中心钻和锪钻的功能于一身，可一次成形加工出中心孔及倒角，但不可代替麻花钻进行钻孔，根据顶角不同，定心钻分为 60°、90° 和 120° 3 类。钻尖角为 90° 的定心钻如图 1-2-4 所示。

图 1-2-4　钻尖角为 90°的定心钻

中心钻主要用于加工轴类工件的中心孔，而定心钻多用于预钻孔和倒角，具体区别见表 1-2-6。

表 1-2-6　中心钻与定心钻的区别

具体内容	中心钻	定心钻
主要用途	用于在轴类工件端面上加工中心孔，以便在车床或磨床上通过顶尖定位工件，确保后续加工的同轴度	用于预钻定心孔（浅孔）和孔口倒角，特别是在斜面或曲面上钻孔前定位，防止后续钻头偏移
结构设计	呈阶梯状，可同时钻出 60°导向孔和 120°护锥，结构复杂	短粗设计，容屑槽短，横刃更薄，刚性更强
加工方式	钻中心孔作为后续加工导向，通常配合 500～1000r/min 的较高转速和较小进给量，强调端面平整与尾座找正	直接钻削表面，无须预钻孔，尤其适合长径比大于 5 的深孔加工前的定位，减少钻头挠曲
应用领域	轴类工件加工、两顶尖间装夹的高精度回转体工件加工，常见于车削和磨削工序	批量生产中需倒角定位的孔加工、斜面或曲面工件钻孔前预钻定心孔

二、车削工件的装夹方式

在普通车床上车削工件时，依据工件形状、尺寸和加工数量等的不同，工件的装夹方式分为自定心卡盘装夹、单动卡盘装夹、一夹一顶装夹、两顶尖装夹和心轴装夹等。特殊装夹包括跟刀架装夹、花盘装夹和中心架装夹等。

1. 自定心卡盘装夹

自定心卡盘的卡盘体内装有 3 个小锥齿轮，并与卡盘体内的大锥齿轮盘啮合，大锥齿轮盘背面的平面螺旋槽与 3 个卡爪的螺旋槽相互啮合，当操作人员将卡盘扳手插入任意一个小锥齿轮的四方孔中并转动时，大锥齿轮盘会随之旋转，其背面的平面螺旋槽会驱动 3 个卡爪同步在卡盘体的径向槽内向心或离心移动，从而实现工件的夹紧或松开。由于 3 个卡爪是同步运动的，在夹紧回转体类工件时能自动定心，使得工件装夹后无须找正，工件的回转中心线与主轴的回转中心线也能保持同轴，如图 1-2-5 所示。自定心卡盘适用于装夹形状规则、对称的回转类工件，能实现自动定心且方便快捷。

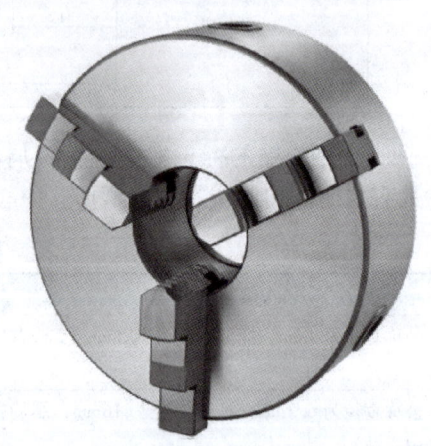

图 1-2-5　自定心卡盘

2. 单动卡盘装夹

单动卡盘上安装有 4 个小锥齿轮和大锥齿轮盘啮合，其工作原理与自定心卡盘类似，不同的是单动卡盘上的每个小锥齿轮都可以单独调整，因此不具备自动定心功能，如图 1-2-6 所示。单动卡盘可应用于四方形、形状不规则或偏心类工件的装夹。

3. 一夹一顶装夹

一夹一顶装夹是指在车床设备上，用自定心卡盘夹持工件的一端，用安装在尾座上的顶尖顶在工件另一端的零件装夹方式，如图1-2-7所示。一夹一顶装夹主要应用于细长轴类工件的车削加工。

采用一夹一顶的方式装夹工件时，需要准备车床辅助工具顶尖，顶尖分为回转顶尖和固定顶尖两类，如图1-2-8所示。同时，需要提前在被加工零件的一端预先钻好中心孔。

图1-2-6 单动卡盘

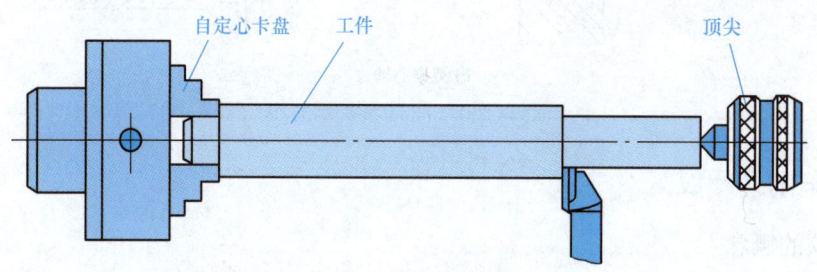

图1-2-7 一夹一顶装夹示意图

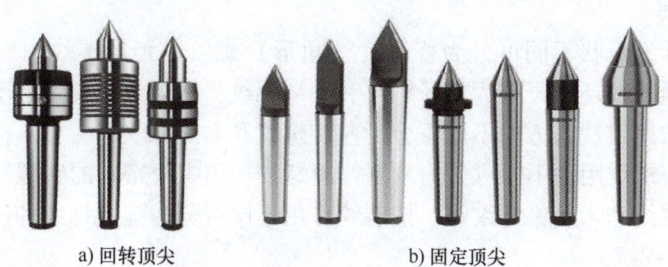

a) 回转顶尖　　　　b) 固定顶尖

图1-2-8 顶尖的分类

4. 两顶尖装夹

两顶尖装夹是指在卡盘和尾座上各安装一个顶尖，将工件安装在两顶尖之间的装夹方式，如图1-2-9所示。因工件两端都用顶尖顶着工件的中心孔，在卡盘旋转时，工件不能随之旋转，所以需要在卡盘顶尖处安装一个鸡心夹头，一端与工件夹紧，另一端与卡盘或拨盘相接触，用来带动工件旋转。

5. 心轴装夹

心轴装夹是指在车削套类零件时，为保证内孔和外圆的同轴度，在零件内孔内放置心轴的装夹方式，如图1-2-10所示。

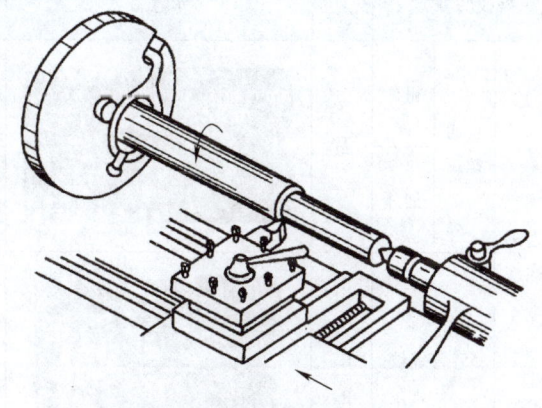

图1-2-9 两顶尖装夹示意图

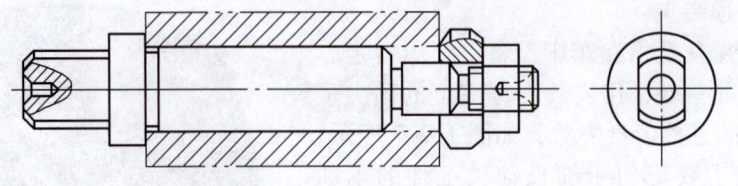

a) 圆柱心轴

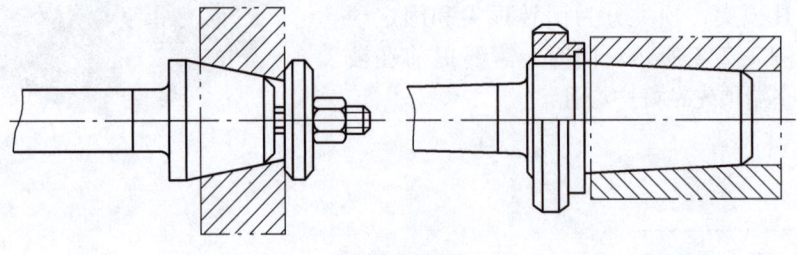

b) 圆锥心轴

图 1-2-10　心轴装夹示意图

三、车削外螺纹

1. 螺纹的概念

螺纹分为外螺纹和内螺纹两种，外螺纹是指在圆柱或圆锥外表面上所形成的螺纹，内螺纹是指在圆柱或圆锥内表面上所形成的螺纹。

2. 螺纹的分类

按螺纹截面牙型形状不同可分为普通（三角形）螺纹、矩形螺纹、梯形螺纹和锯齿形螺纹等，其中普通螺纹还可再分为粗牙螺纹和细牙螺纹；按螺纹螺旋线数不同可分为单线螺纹和多线螺纹；按螺纹旋入方向不同可分为左旋螺纹和右旋螺纹，右旋不标注，左旋螺纹标注时加"LH"；按螺纹用途不同可分为米制普通螺纹、用螺纹密封的管螺纹、非螺纹密封的管螺纹、圆锥管螺纹和米制锥螺纹等；按螺纹作用不同可分为连接螺纹和传动螺纹。螺纹的种类及用途见表 1-2-7。

表 1-2-7　螺纹的种类及用途

螺纹的种类		特征代号	示意图	用途
连接螺纹	普通螺纹 粗牙	M		零件之间连接
	普通螺纹 细牙	M		细小的精密零件或薄壁零件连接
	55°管螺纹	R_1 R_p R_c R_2 G		水管、油管、气管等管路连接

(续)

螺纹的种类		特征代号	示意图	用途
传动螺纹	梯形螺纹	TR		各种机床的丝杠传动
	锯齿形螺纹	B		传递单方向动力

3. 螺纹的参数

螺纹的主要参数包括牙型、大径（公称直径）、中径、小径、线数、螺距（或导程）和旋向等，外螺纹用小写字母表示，内螺纹用大写字母表示，如图1-2-11所示。

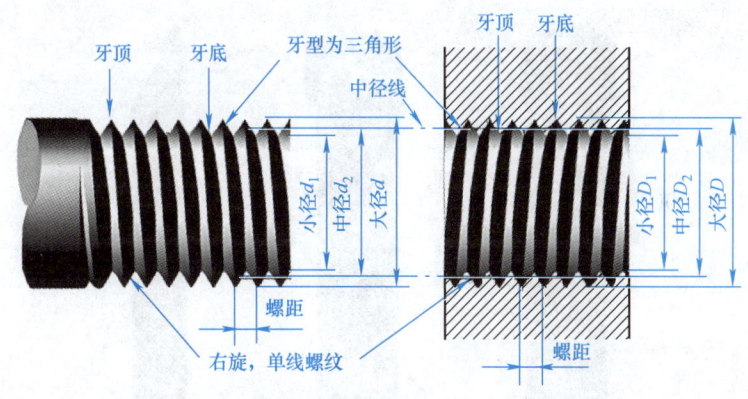

图1-2-11　螺纹的参数

4. 螺纹的标记与标注

图样上需要按照国家标准所规定的标注格式和相应代号标注螺纹，普通螺纹标记格式如下：

螺纹特征代号 公称直径 × 螺距 （单线螺纹为螺距，多线螺纹为 Ph 导程 P 螺距）－

公差代号 － 旋合长度代号 － 旋向代号

其中右旋螺纹省略不标注，左旋螺纹标注 LH。螺纹标注示例见表1-2-8。

5. 切削外螺纹的刀具

外螺纹车刀是指在车床上加工外螺纹的刀具，如图1-2-12所示；板牙是一种套螺纹的刀具，该刀具需要配套铰杠使用，如图1-2-13所示。

表 1-2-8 螺纹标注示例

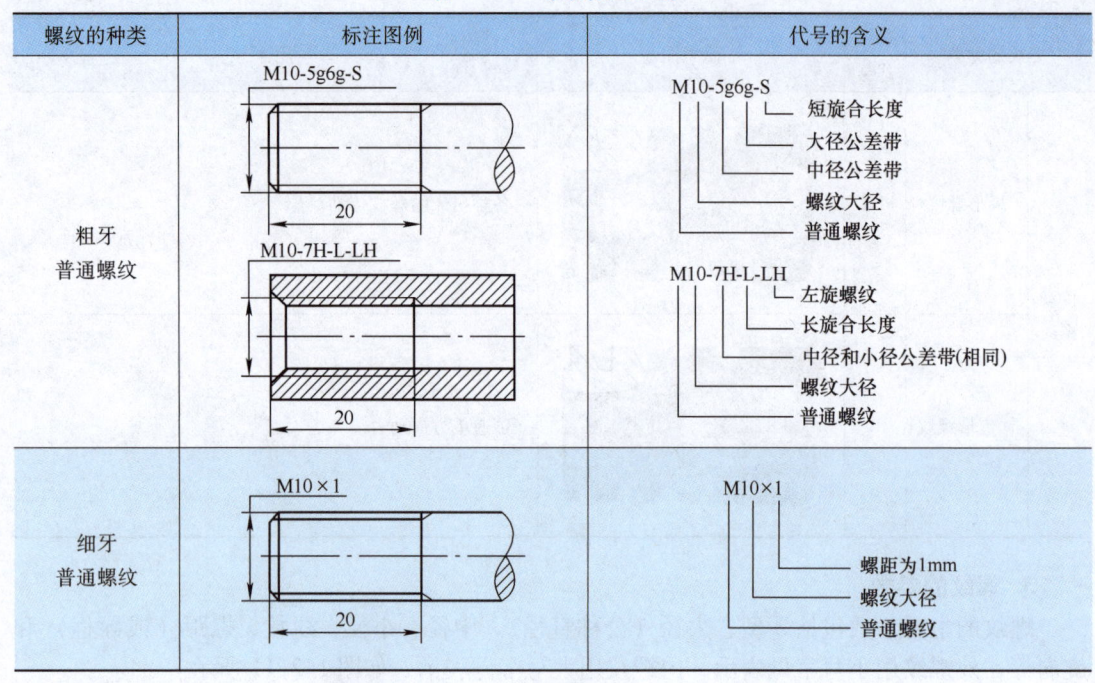

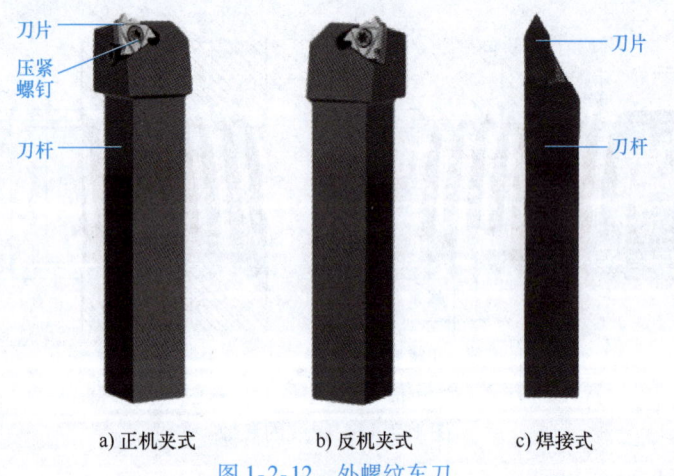

a) 正机夹式　　b) 反机夹式　　c) 焊接式

图 1-2-12 外螺纹车刀

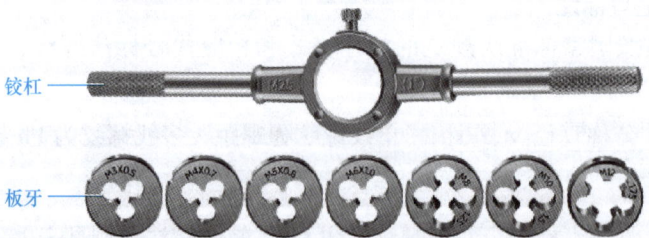

图 1-2-13 铰杠及板牙

6. 外螺纹的加工方法

外螺纹的加工方法包括车削、铣削、磨削和滚压等，这里重点介绍在车床上车削外螺纹和用板牙套螺纹的两种加工方法。

(1) 在车床上车削外螺纹

1) 车削外螺纹的原理。利用车床车削外螺纹时，主轴（工件）每转一圈，车刀沿工件轴向准确而均匀地移动一个导程（单线螺纹为螺距）的距离，工件转动和车刀移动都是通过主轴旋转带动实现的，从而保证了工件和刀具之间准确的运动关系，确保加工螺纹的精确性。通过径向不断进刀，最终车削到螺纹牙底。

2) 车削外螺纹的进刀方法。依据外螺纹车刀完成螺纹牙型的切削加工时进刀方法不同，可分为径向进刀法、轴向进刀法和斜向进刀法等，具体进刀方法及应用见表1-2-9。

表1-2-9　车削外螺纹的进刀方法及应用

进刀方法	示意图	说明	应用范围
径向进刀法	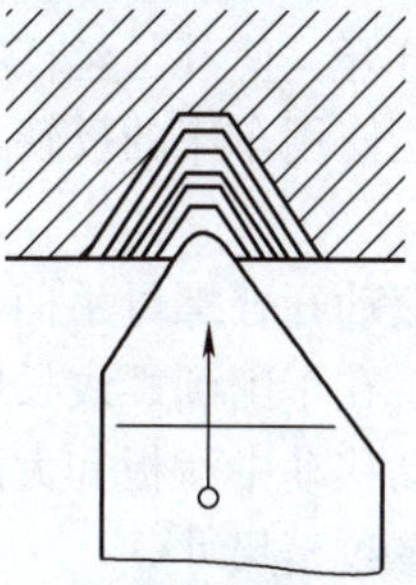	也称直进刀法，车刀左右两侧的切削刃都参加切削，由中滑板横向进给	车削螺距 $P<3mm$ 的三角形螺纹，也适用于精车 $P\geq 3mm$ 的三角形螺纹
轴向进刀法	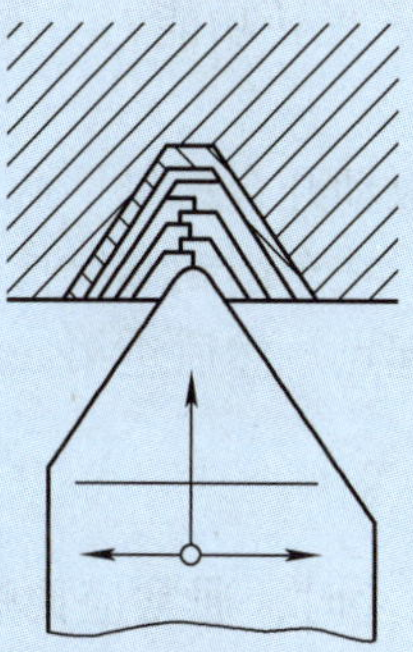	也称左右进刀法，车刀只用一侧切削刃进行切削。除了中滑板做横向进给外，同时用小滑板将车刀向左或向右做微量进给	精车螺纹 $P\geq 3mm$ 的三角形螺纹
斜向进刀法	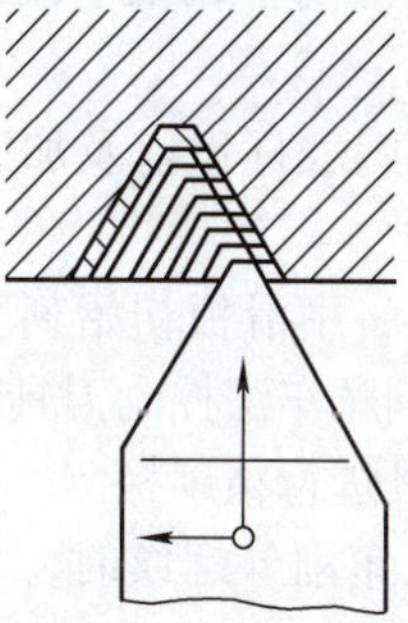	除中滑板做横向进给外，小滑板只向一个方向做微量进给	粗车大螺距的三角形螺纹

3) 车削外螺纹的操作方法

① 提开合螺母法。开合螺母由上、下两个半螺母组成，每个半螺母的背面都装有一个圆柱销，其伸出端分别嵌在曲线槽盘的两条曲线槽中。上、下两个半螺母装在溜板箱体后壁的燕尾形导轨中，可上下移动，其结构如图1-2-14所示。当扳动手柄使曲线槽盘沿逆时针转动时，曲线槽迫使两圆柱销互相靠近，带动上、下两个半螺母合拢，与丝杠啮合，刀架便由丝杠开合螺母经溜板箱进给移动。而当曲线槽盘顺时针转动时，曲线槽通过圆柱销使上、

下两个半螺母分开，与丝杠脱开啮合，刀架便停止进给。

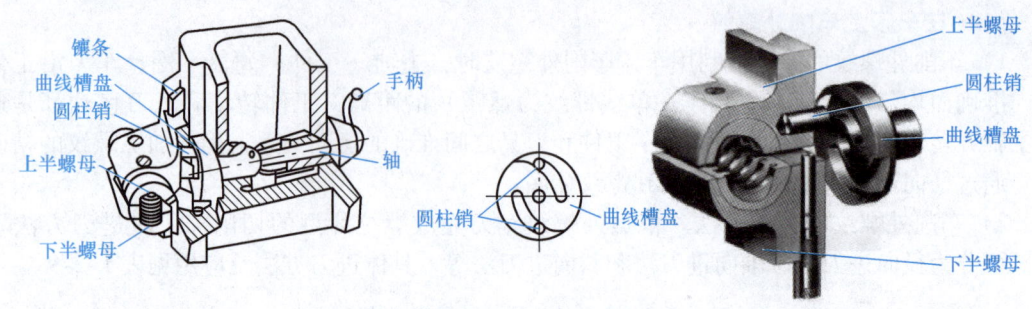

图 1-2-14　开合螺母结构

提开合螺母法车削螺纹是指运用开合螺母的合拢与分开，使其与丝杠啮合与脱开，从而带动刀架进给与停止进给。用这种方法切削螺纹时，不能使用车床的反转功能，且需要丝杠的螺距与工件的螺距成整数倍，否则会造成螺纹乱牙。

具体操作步骤如下：起动主轴正转，中滑板进刀，扳动开合螺母手柄，使其上、下两个半螺母合拢与丝杠啮合，车刀轴向进行螺纹切削第一刀，在车削到螺纹长度位置后，立即扳动开合螺母手柄，使其上、下两个半螺母脱开，依次手动移动中滑板和大滑板，迅速退刀回到初始位置。然后中滑板进第二刀，如此反复直到车削螺纹至尺寸。

② 倒顺车法。倒顺车法是指利用普通车床的主轴正、反转功能，实现大滑板轴向的正、反向移动车削螺纹的方法。

具体操作步骤如下：起动主轴正转，中滑板进刀，扳动开合螺母手柄，使其上、下两个半螺母合拢与丝杠啮合，车刀轴向进行螺纹切削第一刀，在车削到螺纹长度位置后，快速移动中滑板退刀，同时操作离合器杆使主轴反转退回刀具起点。然后进第二刀，如此反复直到车削螺纹至尺寸。

4）车削外螺纹的操作步骤

① 准备工作。车削用于车削外螺纹的外圆的直径尺寸时，通常应比螺纹大径尺寸小约 $0.13P$，P 为螺纹的螺距。车削外螺纹的端面倒角时，通常倒至螺纹小径或更小，便于在外螺纹车刀切入及螺母旋紧时起到导向作用。

② 调整机床参数。根据所车削螺纹的螺距、车床铭牌表标识以及加工需求，选择对应螺纹类型，调整车床交换齿轮箱和进给箱的齿轮组合。

③ 车削操作。用外螺纹车刀的刀尖轻触工件外圆，将中滑板初始刻度调零并记录，计算车削外螺纹小径时的刻度变动量，使用开合螺母法或倒顺车法控制刀具移动，选择合适的进刀方式，分层车削至螺纹尺寸要求，用螺纹环规等量具进行精度检测。

5）车削外螺纹时常见的问题及解决方法。在车床上车削外螺纹时，常见的问题、产生原因及解决方法见表 1-2-10 所示。

表 1-2-10　车削外螺纹时常见的问题、产生原因及解决方法

常见问题	产生原因	解决方法
打刀	1. 车刀安装高于主轴中心 2. 工件装夹不牢固 3. 车刀后角小 4. 进刀方式不合适	1. 调整车刀中心高度 2. 夹紧工件 3. 增大车刀后角 4. 改变进刀方式，比如斜向进刀法

（续）

常见问题	产生原因	解决方法
乱牙	1. 车刀刀尖位置与上一次进给时不一致 2. 重新装刀	1. 检测丝杠螺距与工件螺距是否成整数倍，如不成整数倍，则用倒顺车法车削外螺纹，而不用提开合螺母法 2. 刀具装好后，要保证对刀时车刀在已车好的螺旋槽内
螺纹表面粗糙	1. 车刀切削刃不锋利 2. 切削速度快 3. 车刀角度小 4. 切削时有振动	1. 用磨石研磨车刀切削刃 2. 降低转速等切削参数 3. 磨大螺纹精车刀后角 4. 调整车床配合处的间隙

（2）套螺纹 利用套螺纹刀具板牙与工件做相对旋转运动，从先在工件端部形成的螺纹沟槽，引导板牙或工件做轴向移动，完成套螺纹操作，其操作示意如图 1-2-15 所示。套螺纹前外圆直径可以按以下经验公式计算，当螺距 $P = 0.5 \sim 1.25$mm 时，外圆直径为 $d - 0.2P$；当螺距 $P = 1.5 \sim 3$mm 时，外圆直径为 $d - 0.13P$，式中，d 是螺纹大径值。

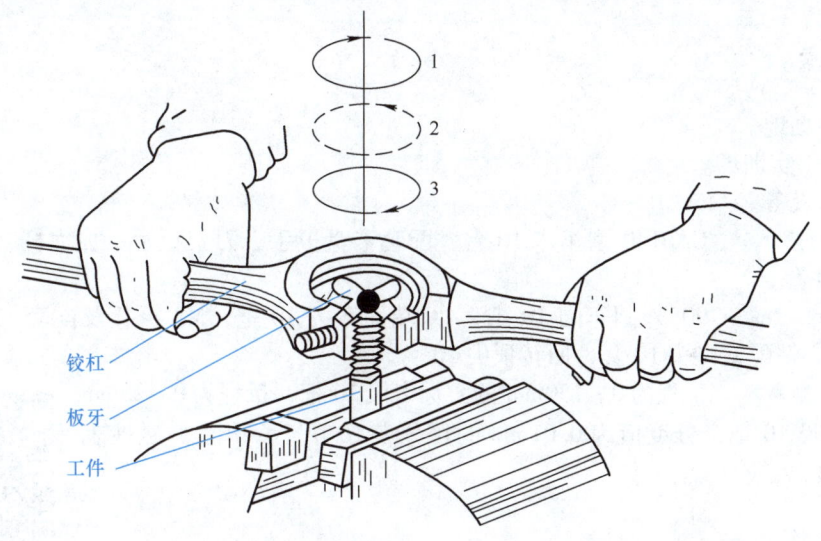

图 1-2-15 套螺纹操作示意图

7. 外螺纹量具

用来测量外螺纹精度的量具，称为外螺纹量具，主要包括螺纹环规、螺纹样板和螺纹千分尺等，具体见表 1-2-11。

表 1-2-11 外螺纹量具

量具名称	示意图	说明
螺纹环规		螺纹环规由通规和止规成套组成，在其表面上标识有字母 T 和 Z，分别表示通规（T）和止规（Z），用于测量螺纹精度 测量螺纹时，先用通规旋入被测螺纹，再用止规旋入被测螺纹，如果通规能过，且止规能过 2~3 牙，则被测螺纹合格，除此之外的情况均不合格

(续)

量具名称	示意图	说明
螺纹样板		螺纹样板分为60°、55°等牙型，用于测量螺纹牙型。将螺纹样板的牙型放在被测螺纹的牙型上，观察是否吻合，从而判断被测螺纹牙型是否合格
螺纹千分尺		螺纹千分尺分为机械式和数显式两类，用于测量螺纹中径值。依据被测螺纹螺距，选择不同测量头，可在千分尺上直接读出螺纹中径数值

【任务实施】

一、场地和设备

1. 训练场地

机械加工实训场。

2. 训练设备

（1）**机床设备** CA6140型车床10台，配套卡盘扳手、刀架扳手、加力杆、抹布和油壶等辅具10套。

（2）**切削刀具** 90°外圆车刀10把，45°端面车刀10把，M8板牙及配套铰杠10套，ϕ2.5mm中心钻配钻夹头10套，回转顶尖10套。

（3）**检测量具** 量程为0~150mm的游标卡尺10把，量程为0~25mm的外径千分尺10把，分度值为0.01mm的百分表10块，百分表的磁性表座10套，M8螺纹环规10套。

加工锁紧旋杆

二、实施步骤

锁紧旋杆的车削操作步骤见表1-2-12。

表1-2-12 锁紧旋杆的车削操作步骤

步骤	内容	成果
车削端面和钻中心孔	1）找正装夹工件，伸出长度为75mm，安装外圆车刀、端面车刀 2）车削工件端面，主轴转速为500r/min 3）用ϕ2.5mm中心钻，钻中心孔至锥形部分2~3mm，主轴转速为800r/min	加工面

34

（续）

步骤	内容	成果
车削外圆和倒角	1）一夹一顶装夹工件，伸出长度为82mm 2）粗车 $\phi 8mm \times 81mm$ 外圆，留出 0.5～1mm 的精加工余量 3）精车外圆至图样尺寸要求 4）端面倒角 C0.5	加工面
定总长和倒角	1）测量工件总长 2）调头装夹工件，伸出长度为12mm 3）车削端面，保证工件总长为80mm 4）端面倒角 C0.5	加工面
套右端外螺纹	1）找正装夹工件左端，伸出长度为12mm 2）安装板牙至铰杠上，将其靠在尾座套筒前，摇动套筒前进，使其对中并靠紧工件 3）用手转动卡盘，直至板牙伸入工件，将铰杠一端放在刀架上卡住 4）起动车床正转，转速为28r/min以内，进行套螺纹，观察套螺纹距离，在距螺纹长度值2mm时，停止主轴旋转，用手扳动铰杠，直至达到螺纹长度要求 5）起动主轴反转，将板牙取出，完成右端套螺纹 6）用 M8 螺纹环规检测	加工面
套左端外螺纹	1）找正装夹工件右端，伸出长度为12mm 2）依据第4步套螺纹的方法，套左端外螺纹 3）用 M8 螺纹环规检测	加工面

三、大国工匠技能成长案例

龙小平，国机重型装备集团股份有限公司二重装备高级技师，先后荣获中央企业技术能手、全国技术能手、中国重型机械行业大工匠、四川工匠、四川省技术能手、四川省劳动模范、享受国务院政府津贴等多项荣誉称号。

在重型装备制造加工行业，有一个对于大型轴类件精深加工的精度指标 μ 级，即微米级（0.001mm）。一般来说，通过普通数控车床的切削加工，使重达上百吨的大型轴类件产品的加工精度达到 μ 级，几乎是不可能完成的事。

要将大型轴类件产品的加工精度控制在微米级，是非常困难的。龙小平举了一个例子，2014 年加工 300MW 发电机转子时，要求架口圆度控制在 0.0075mm 之内，"就是在磨床上都达不到这个精度，更何况是在车床上"。因此，突破架口精度加工瓶颈是首要技术难点。龙小平回忆这段经历时说，他的团队有一种不认输的劲，"大家就憋着一口气，一定要把这个技术突破"。在之后的日子里，龙小平带领团队夜以继日，经过了无数次的尝试，终于研发出了利用双托静压系统加工架口的全新工艺方案，不仅达到微米级，还非常稳定，成功实现了 300MW 发电机转子精加工批量生产。

【任务考核】

车削锁紧旋杆的考核表见表 1-2-13。

表 1-2-13 车削锁紧旋杆的考核表

序号	考核内容	要求	配分	评分标准	检测结果	得分	备注
1	产品装配验证	能安装到企业产品"精密小型平口钳"上，满足装配标准要求	20	装配完整，得满分；装配不上，不得分			
2	外圆	$\phi 8_{-0.036}^{0}$ mm	10	超差不得分			
3	外螺纹	M8-6g	10	螺纹环规检测，不合格不得分			
4	总长度	80mm	10	超差 0.1mm 扣 5 分，扣完为止			
5	倒角	C0.5mm（2 处）	10	超差 1 处扣 5 分			
6	表面粗糙度	$Ra\ 3.2\mu m$（1 处） $Ra\ 6.3\mu m$（4 处）	10	超差不得分 超差 1 处扣 5 分			
7	安全文明生产	遵守安全操作规程等	10	未穿劳保服扣 2 分/次；未打扫卫生或扫得不干净扣 5 分/次；不遵守安全操作规程扣 5 分/次；用语不文明扣 10 分/次。扣完为止			
8	学习态度	听课、出勤等	10	上课使用手机做与任务学习无关的事情扣 5 分/次；迟到、早退扣 5 分/次；无故旷课扣 10 分/次；听课不认真扣 5 分/次。扣完为止			
	合计		100	—		—	
评价人签字		日期		复核人签字		日期	
	企业导师评价						

【任务小结】

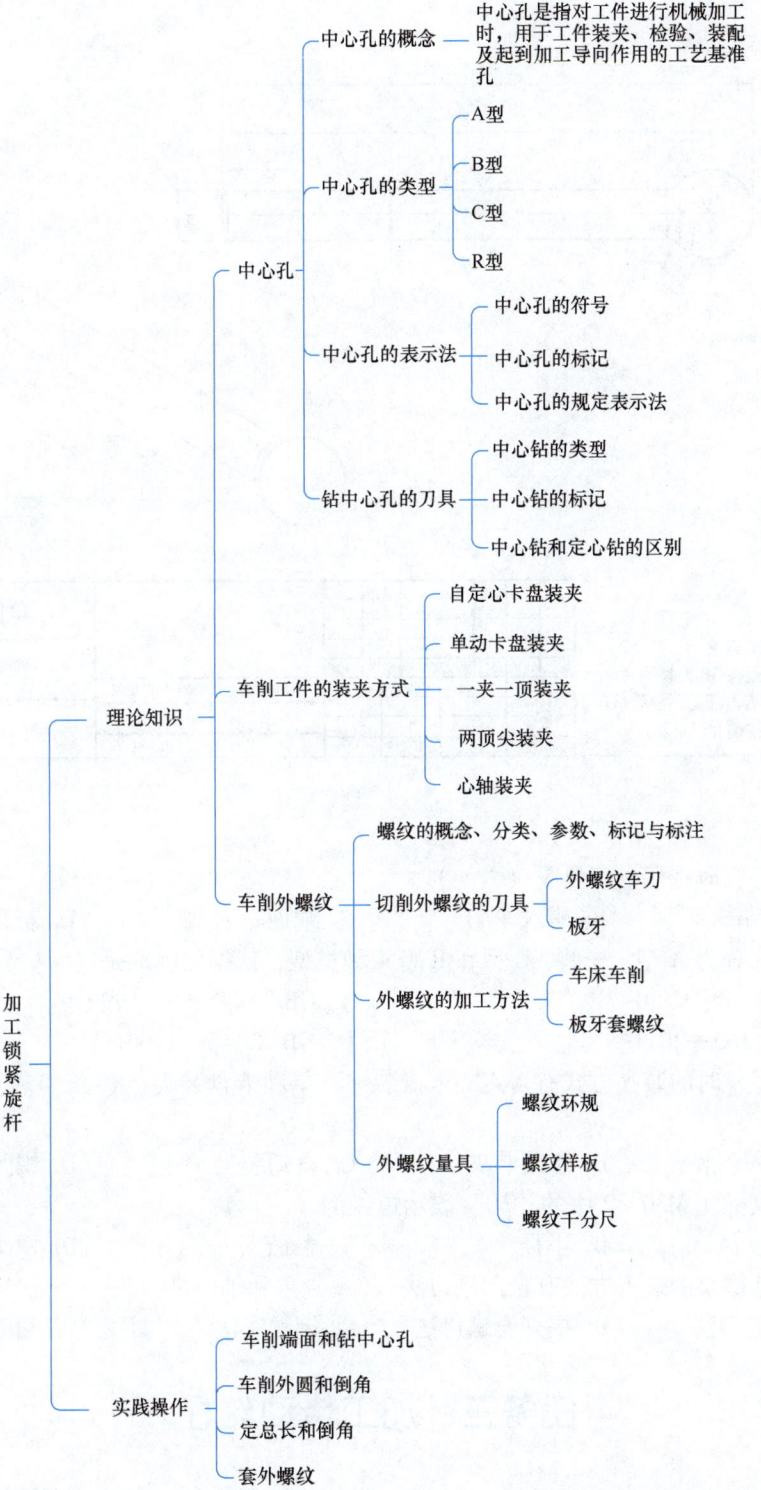

【拓展训练】

根据图 1-2-16 中锁紧旋杆的图样要求，写出在车床上加工该零件的操作步骤，并运用车床完成该零件的加工。

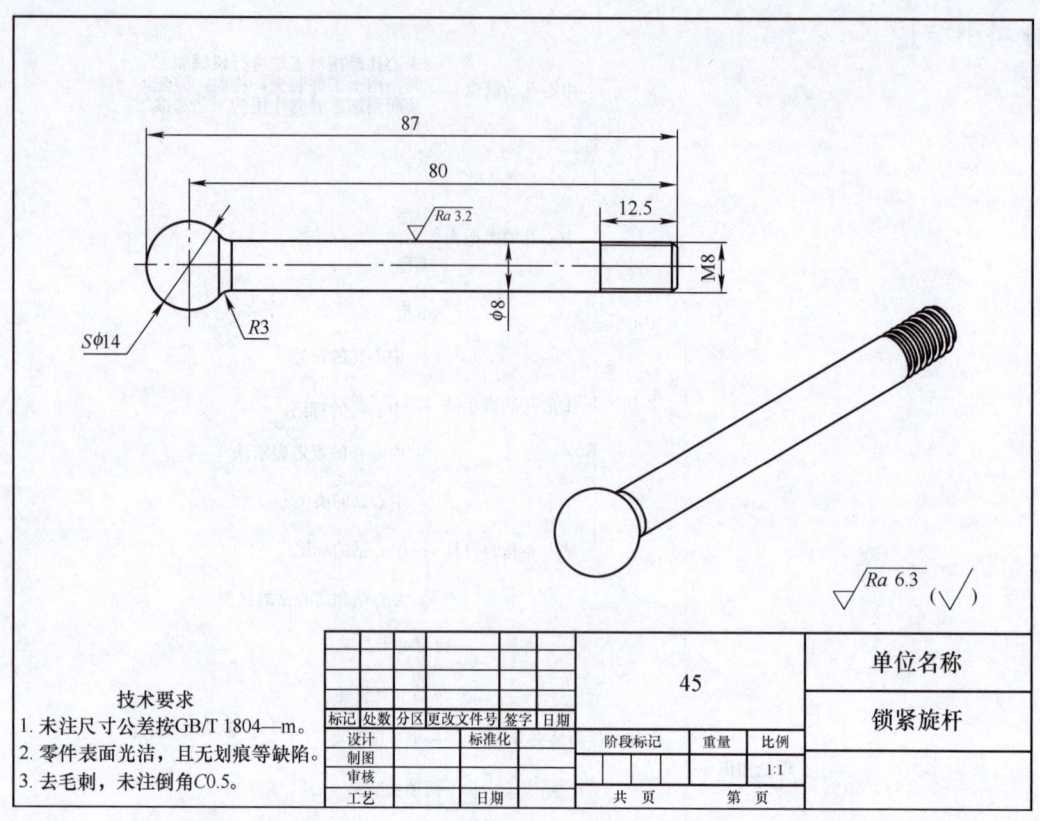

图1-2-16　锁紧旋杆

【课后自测】

1. 钻中心孔时选用的刀具是（　　）。
　A. 中心钻　　　　B. 螺纹车刀　　　　C. 端面车刀　　　　D. 板牙
2. 中心孔分为A型、B型、C型和R型4种类型，依据的标准是（　　）。
　A. GB/T 145—2001　　　　　　B. GB/T 4459.5—1999
　C. GB/T 145—2011　　　　　　D. GB/T 145—1996
3. 车削零件时的装夹方式有自定心卡盘装夹、单动卡盘装夹、（　　）、两顶尖装夹和心轴装夹。
　A. 一夹一顶装夹　　B. 手动装夹　　C. 自动装夹　　D. 螺纹装夹
4. 外螺纹标注M30×2中的"30"表示螺纹的（　　）。
　A. 公称直径　　　　B. 小径　　　　C. 中径　　　　D. 螺距
5. 车削外螺纹的进刀方法有径向进刀法、（　　）和轴向进刀法。
　A. 斜向进刀法　　B. 提开合螺母法　　C. 倒顺车法　　D. 端面车法

任务三　加工传动丝杠

【任务描述】

如图1-3-1所示，依据企业产品精密小型平口钳中传动丝杠的图样要求，完成零件的外圆柱面、台阶外圆柱面、外螺纹、外圆沟槽加工，17mm×17mm四方及ϕ8mm孔加工。毛坯尺寸规格为ϕ24mm×150mm。

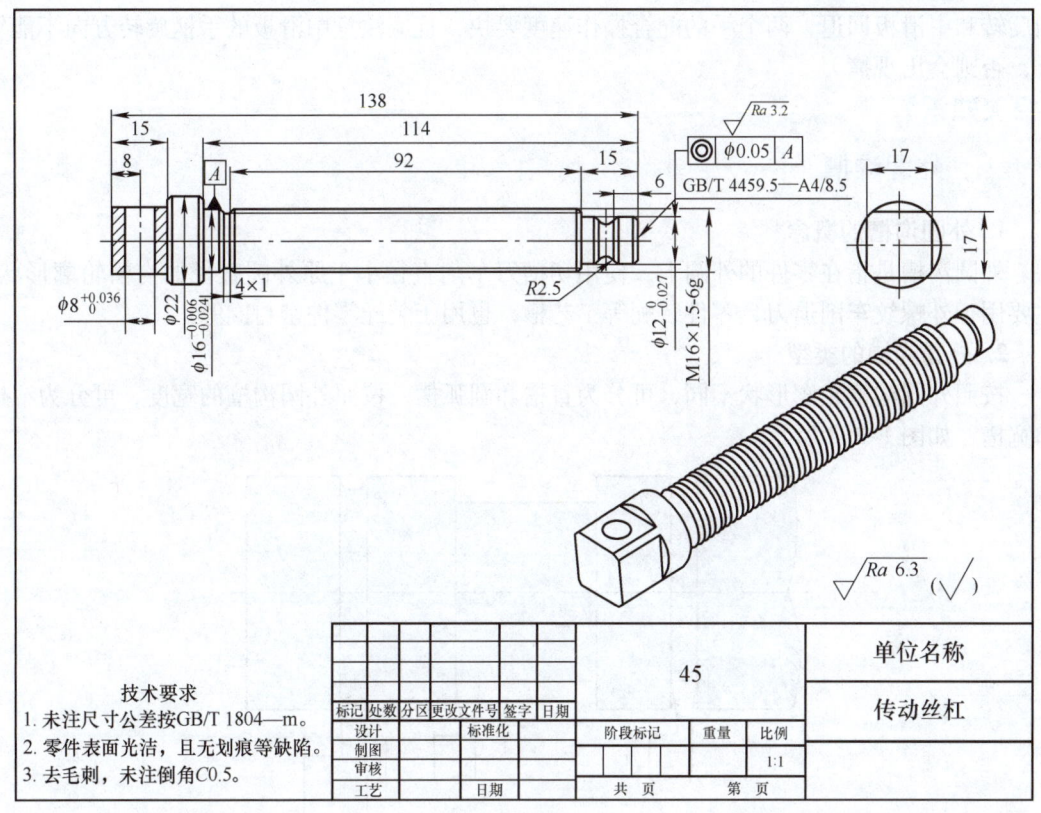

图 1-3-1 传动丝杠

【任务解析】

传动丝杠主要用于推动精密小型平口钳的活动钳口，使其向固定钳口的方向移动，如图 1-3-2 所示，使其实现零件夹紧。传动丝杠上的圆弧槽半径为 $R2.5 \text{mm}$，用于和止脱圆柱销相配合，保证在推动活动钳口前后移动时不脱落，加工时还要保证尺寸精度。安装外螺纹车刀时，要用对刀样板进行装刀，保证外螺纹车刀的牙型垂直于工件回转中心线。在车削外螺纹时，如用倒顺车法进行加工，则当本次外螺纹长度车削到尺寸要求时，需要同时操作主

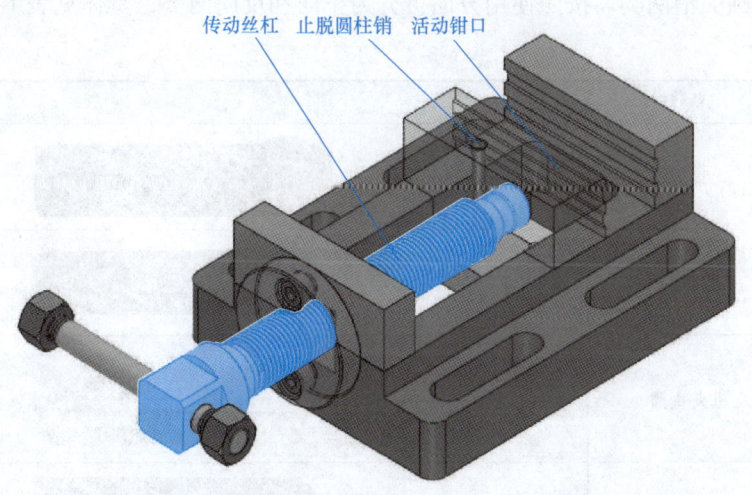

图 1-3-2 传动丝杠在精密小型平口钳上的位置

轴反转和中滑板回退,两个手的配合操作速度要快,且应注意中滑板的手柄旋转方向不能转反,否则会出现撞刀。

【相关知识】

一、外圆沟槽

1. 外圆沟槽的概念

外圆沟槽是指在零件的外圆上,使用切槽刀车削直径小于原外圆直径的沟槽轮廓形状,主要用于外螺纹车削退刀、零件装配等工艺槽,也用于装配零件密封圈等。

2. 外圆沟槽的类型

按照外圆沟槽轮廓形状不同,可分为直槽和圆弧槽;按照外圆沟槽的宽度,可分为窄槽和宽槽,如图1-3-3所示。

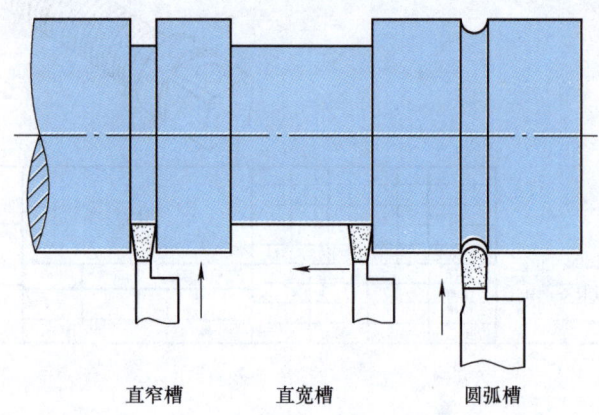

图1-3-3 外圆沟槽的类型

3. 切槽刀

切槽刀是指安装在车床的刀架上,在工件外圆上,沿平行或垂直于工件轴线的方向进行切削,以车削形成凹槽的刀具,主要用于车削外圆沟槽和切断外圆。

(1) 切槽刀的类型 切槽刀按其结构形式可分为机夹式和焊接整体式两类,按其用途可分为直槽和圆弧槽两类。按照使用方向可分为正向和反向两类,具体见表1-3-1。

表1-3-1 切槽刀类型

使用方向	类型	示意图
正向	直槽	
	圆弧槽	
反向	机夹直槽	
	机夹圆弧槽	

(2) 切槽刀的组成　切槽刀主要由刀杆和刀片组成,其中刀杆安装在车床刀架上,刀片由"三面、两刃、一尖"组成,切槽刀各组成部分的含义见表1-3-2。

表1-3-2　切槽刀各组成部分的含义

组成部分	含义
前刀面	刀具上切屑流过的表面
主后刀面	刀具上同前刀面相交形成主切削刃的后面
副后刀面	刀具上同前刀面相交形成副切削刃的后面
主切削刃	起始于切削刃上主偏角为零的点,并至少有一段切削刃拟用来在工件上切出过渡表面的那个整段切削刃
副切削刃	切削刃上除主切削刃以外的刃,亦起始于主偏角为零的点,但它向背离主切削刃的方向延伸
刀尖	主切削刃与副切削刃的连接处相当少的一部分切削刃

切槽刀的组成结构如图1-3-4所示。

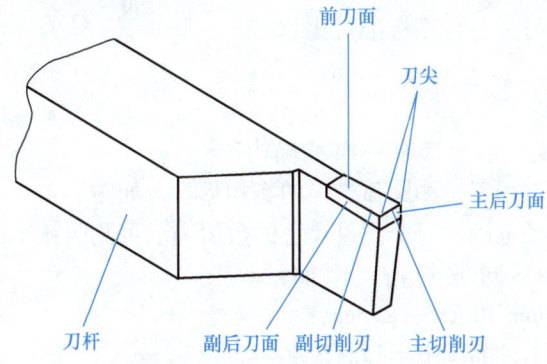

图1-3-4　切槽刀的组成结构

(3) 切槽刀的规格　切槽刀的规格主要是针对刀杆和刀片进行划分的。

焊接整体式切槽刀的常用刀杆规格为20mm×20mm、25mm×25mm,刀片宽度为4mm,也可以根据需要进行刃磨。

机夹式切槽刀常用刀杆型号为MGEHR-2020-4、MGEHR-2525-4,其中MGEH表示仿形切槽刀杆,R表示正向,反向用L表示,前面的20表示刀杆高度,后面的20表示刀杆宽度,4表示安装刀片宽度,单位均为mm。

机夹式切槽刀常用刀片型号为MCCN400R-LH,MG表示系列名称,G表示精度,N表示方向,400表示刀片宽度为4mm,R表示正向,LH表示刀片前刀面的槽型。若是圆弧形刀片,则应在刀片宽度后面加半径R值,例如,刀片型号MRMN300(R1.5)表示半径为1.5mm、刀片宽度为3mm的圆弧形刀片。

4. 外圆沟槽的切削方法

车削外圆沟槽前装夹切槽刀时,要确保刀具主切削刃与工件轴线平行。车削窄沟槽时,应选择合适宽度的刀片,通过多次径向分层切削进给完成。车削宽沟槽时,应先沿横向方向采用多步粗切槽,留出0.1~0.2mm的精加工余量,再沿纵向方向精切槽至尺寸要求,如图1-3-5所示。

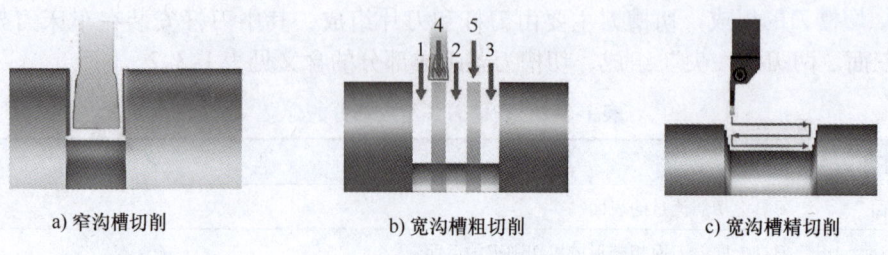

a) 窄沟槽切削   b) 宽沟槽粗切削   c) 宽沟槽精切削

图 1-3-5　窄、宽外圆沟槽的切削方法

二、螺纹车刀角度样板

螺纹车刀角度样板是测量螺纹车刀牙型标准的一种对比工具，如图 1-3-6 所示，样板上的数值表示螺纹牙型角度。这种工具主要用于安装螺纹车刀时校正牙型，保证与工件回转中心线垂直，也可用于刃磨螺纹车刀时进行牙型标准对比。

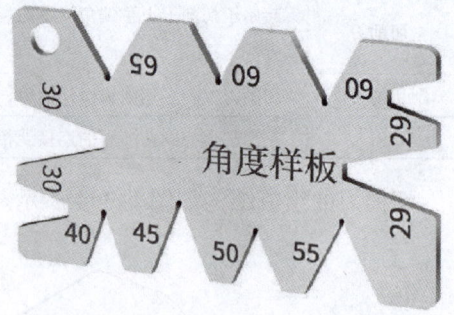

图 1-3-6　螺纹车刀角度样板

三、半径样板

半径样板也称 R 规，是指带有一组准确内、外圆弧半径尺寸的薄板，用于检测圆弧半径的实物量具，如图 1-3-7 所示。半径样板主体上的数值表示测量圆弧半径范围，每个测量尺上的数值表示可测圆弧半径值。按照圆弧半径的大小，半径样板分为不同的规格，例如，$R1\sim6.5$mm、$R7\sim14.5$mm 和 $R15\sim25$mm 等。

使用半径样板检测工件的圆弧半径时，必须使半径样板的测量面与被检测工件的圆弧面紧密接触；检测轴类零件的圆弧半径时，样板要放在工件径向面内；检验平面形圆弧半径时，样板应平行于被检测平面，不得向前、后倾倒。检测时透过光线，观察半径样板圆弧测量面与被检测工件的圆弧面之间的间隙，若无间隙且接触紧密，则圆弧质量较好。

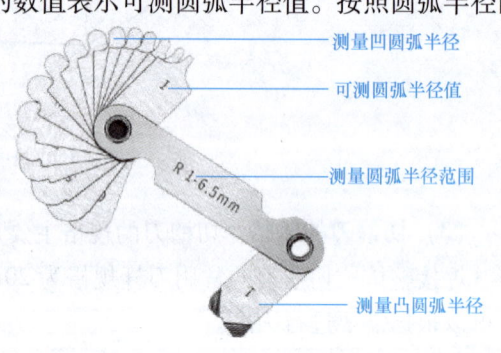

图 1-3-7　半径样板

【任务实施】

一、场地和设备

1. 训练场地
机械加工实训场。

2. 训练设备

(1) **机床设备**　CA6140 型车床 10 台，配套卡盘扳手、刀架扳手、加力杆、抹布和油壶等辅具 10 套。

(2) **切削刀具**　90°外圆车刀 10 把，45°端面车刀 10 把，宽度为 4mm 的切槽刀 10 把，60°外螺纹车刀 10 把，$R2.5$mm 圆弧切槽刀 10 把，$\phi2.5$mm 中心钻配钻夹头 10 套，回转顶尖 10 套。

（3）检测量具 量程为 0~150mm 的游标卡尺 10 把，量程为 0~25mm 的外径千分尺 10 把，分度值为 0.01mm 的百分表 10 块，百分表的磁性表座 10 套，M16×1.5 螺纹环规 10 套，量程为 R1~6.5mm 的半径样板 10 个，螺纹车刀角度样板 10 个。

二、实施步骤

传动丝杠的车削操作步骤见表 1-3-3。

加工传动丝杠

表 1-3-3 传动丝杠的车削操作步骤

步骤	内容	成果
车削端面和钻中心孔	1）装夹工件毛坯外圆，伸出长度为 20mm 2）车削端面，倒角 3）钻 φ2.5mm 中心孔，深度至中心钻锥度部分	加工面
车削台阶外圆、外圆槽、外螺纹	1）一夹一顶装夹工件毛坯外圆，夹持长度 8mm，用顶尖顶住工件中心孔 2）粗、精车削 φ22mm×140mm 外圆 3）粗、精车削 φ16mm×114mm 外圆 4）粗、精车削 φ12mm×15mm 外圆，检测尺寸精度 5）车削 R2.5mm 圆弧槽，主轴转速为 400r/min，用半径样板检测 6）车削退刀槽 4mm×1mm，主轴转速为 500r/min 7）对各台阶外圆倒角，螺纹起始端倒角 C0.5 8）车削 M16×1.5 外螺纹，主轴转速为 500r/min 9）用锉刀去除外螺纹毛刺	加工面 加工面 加工面 加工面

(续)

步骤	内容	成果
车削端面定总长	1）工件调头，找正装夹 φ22 外圆面，夹持长度为 8mm 2）车削端面，确定总长为 138mm，倒角	加工面

三、大国工匠技能成长案例

洪家光，中国航发沈阳黎明航空发动机有限责任公司首席技能专家，先后获得第七届"振兴杯"全国青年职业技能大赛车工组冠军、国务院政府特殊津贴、全国最美青工、全国技术能手、中国青年五四奖章、全国五一劳动奖章、中华技能大奖、全国劳动模范、大国工匠年度人物等荣誉。

从职校毕业后，洪家光成了一名围绕着车床加工零件、精益求精的普通车工，他用 20 余年的时光潜心打磨技术，从一名普通的车工成长为一名高级技师，走上了一条技能成才、技能报国之路。

他刚入职时的一个清晨，看到车床前当了 40 多年车工的"老八级"张凤义穿着白汗衫工作。令人惊讶的是，一天工作下来，张师傅的白汗衫上竟一个污点都没有。张凤义告诉他，制造航空发动机零部件时，即使是比头发丝还细得多的东西掉进去，也会酿成大灾难。自那以后，洪家光每天坚持擦拭车床 3 遍，时时清理切削下来的碎屑，衣服也洗得干干净净，养成了在工作中一丝不苟的好习惯。

有一次公司承接了加工修正金刚石滚轮工具的任务，恰逢掌握此项技术的师傅生病住院，洪家光就主动承担起这项任务。为了提高工具加工精度，由于当时使用的车床无法满足加工要求，他开始了一项项的改进工作，例如，减小托盘与操作台的间隙，改造传动机构中齿轮间咬合的紧密程度，原有的刀台抗震性不强，他就重做刀台，小托盘与下面的托盘有间隙，他就想办法将小托盘固定。四年多的时间，无数次的尝试，洪家光终于研发出一套用于打磨叶片砂轮的滚轮工具，这一工具被叶片加工厂使用后，加工的叶片质量得到了明显提升。

洪家光说，他的心中有一个"大国工匠梦"，梦想的背后就是"航发人"代代传承的家国情怀——"国为重，家为轻，择一事，终一生"。

【任务考核】

车削传动丝杠零件的考核表见表 1-3-4。

表 1-3-4　车削传动丝杠零件的考核表

序号	考核内容	要求	配分	评分标准	检测结果	得分	备注
1	产品装配验证	能安装到企业产品"精密小型平口钳"上，满足装配标准要求	20	装配完整，得满分；装配不上，不得分			
2	外圆	$\phi 12_{-0.027}^{0}$ mm	6	超差不得分			
3		$\phi 22$mm	2	超差0.02mm扣1分，扣完为止			
4		$\phi 16_{-0.024}^{-0.006}$ mm	2	超差不得分			
5	外螺纹	M16×1.5-6g	10	螺纹环规检测，不合格不得分			
6	长度	138mm	4	超差0.1mm扣1分，扣完为止			
7		114mm	4	超差0.1mm扣1分，扣完为止			
8		15mm	4	超差0.1mm扣1分，扣完为止			
9		92mm	4	超差0.1mm扣1分，扣完为止			
10		6mm	4	超差0.1mm扣1分，扣完为止			
11	外圆沟槽	4mm×1mm	5	超差0.1mm扣2分，扣完为止			
12	外圆弧槽	$R2.5$mm	5	超差不得分			
13	倒角	$C0.5$mm（2处）	3	超差1处扣1分			
14	表面粗糙度	Ra 3.2μm（1处）	2	超差不得分			
15		Ra 6.3μm（5处）	5	超差1处扣5分			
16	安全文明生产	遵守安全操作规程等	10	未穿劳保服扣2分/次；未打扫卫生或打扫得不干净扣5分/次；不遵守安全操作规程扣5分/次；用语不文明扣10分/次。扣完为止			
17	学习态度	听课、出勤等	10	上课使用手机做与任务学习无关的事情扣5分/次；迟到、早退扣5分/次；无故旷课扣10分/次；听课不认真扣5分/次。扣完为止			
		合计	100	—		—	
	评价人签字		日期		复核人签字		日期
	企业导师评价						

【任务小结】

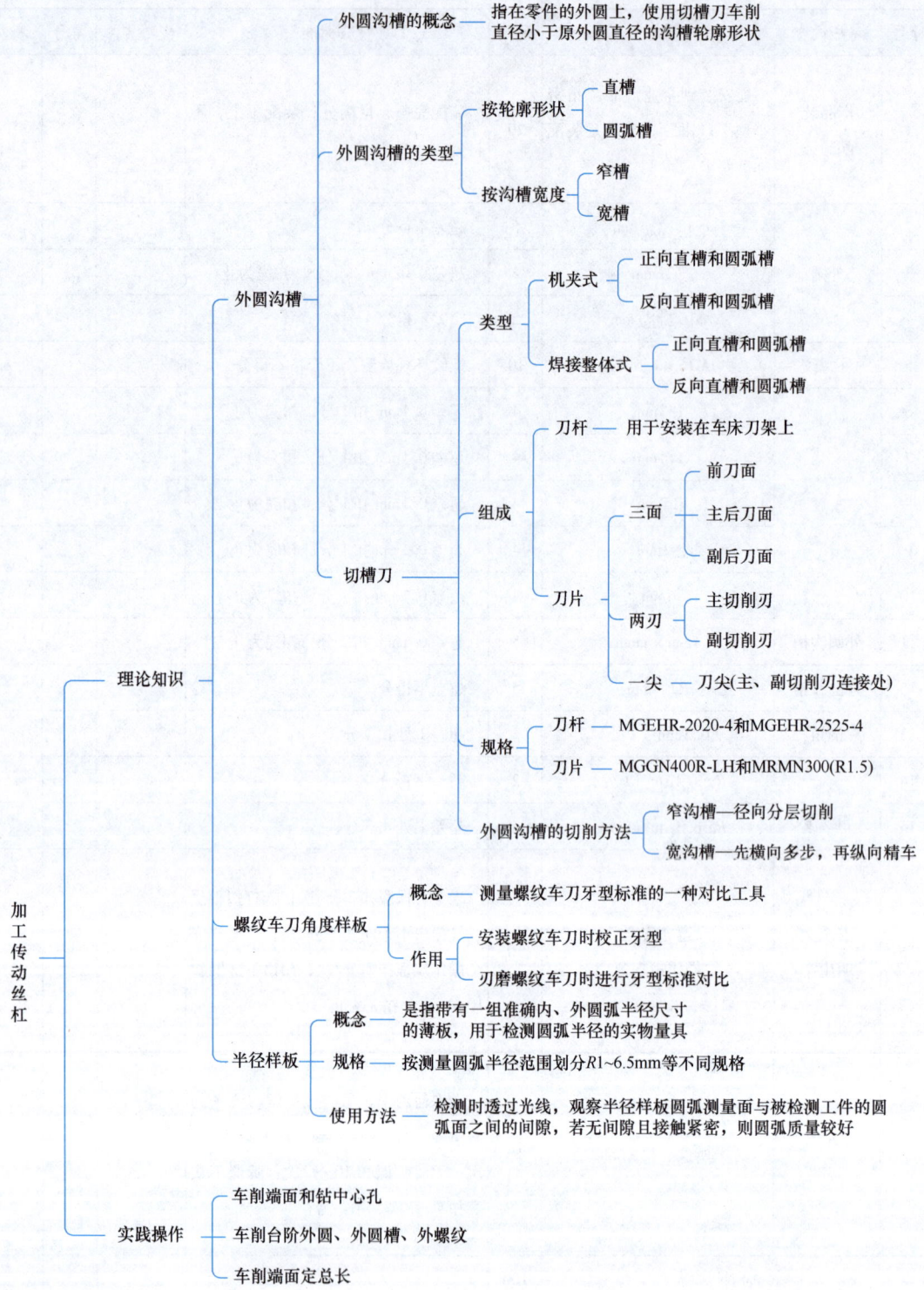

【拓展训练】

根据图 1-3-8 中传动丝杠的图样要求，写出在车床上加工该零件的操作步骤，并运用车床完成该零件的加工，六棱柱和 $\phi 8mm$ 孔不加工。

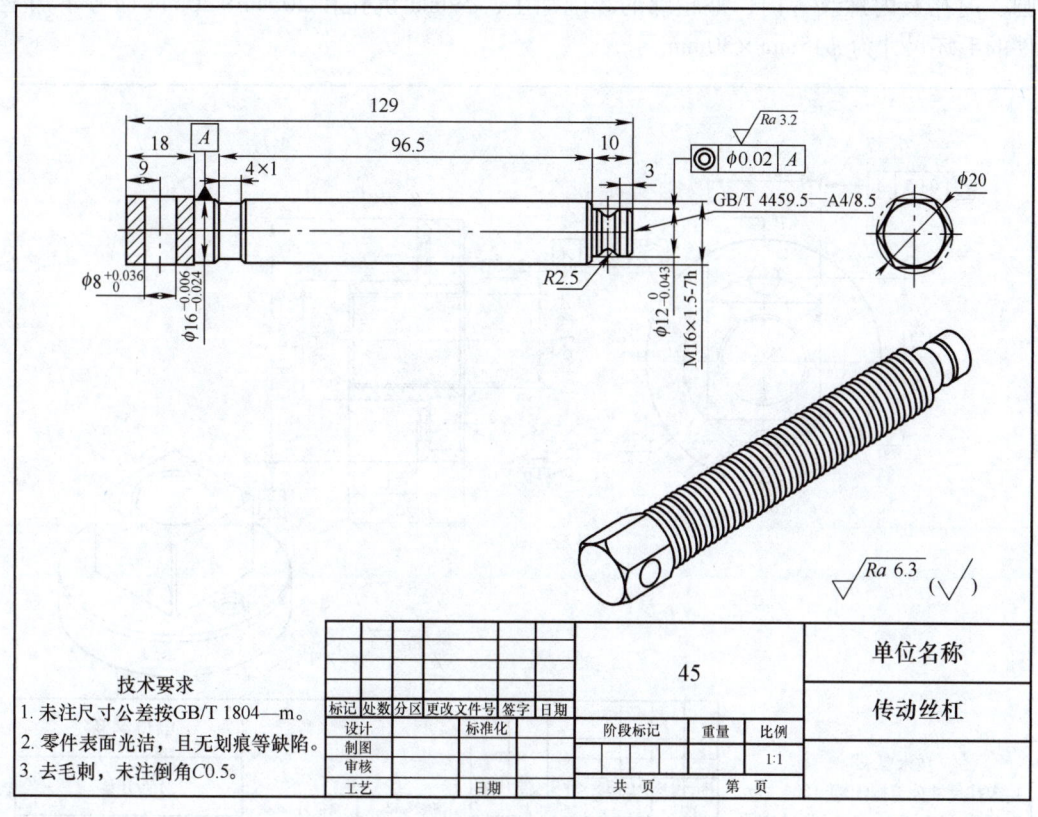

图 1-3-8 传动丝杠

【课后自测】

1. 在车床设备上加工外圆沟槽时，选用的刀具是（　　）。
   A. 切槽刀　　　B. 外圆车刀　　　C. 端面车刀　　　D. 外螺纹车刀
2. 根据轮廓形状，外圆沟槽分为（　　）。
   A. 直槽和圆弧槽　　　　　　　B. 窄槽和宽槽
   C. 机夹式和焊接整体式　　　　D. 刀柄和刀片
3. 切槽刀的刀片由"三面、两刃、一尖"组成，其中"三面"是指（　　）。
   A. 前刀面、主后刀面、副后刀面　　B. 上刀面、下刀面、侧刀面
   C. 主切削面、副切削面、辅助切削面　D. 主面、副面、尖面
4. 螺纹车刀角度样板可用于（　　）。
   A. 安装螺纹车刀时校正牙型　　　B. 测量螺纹中径
   C. 测量螺纹大径　　　　　　　　D. 计算螺纹螺距
5. 车削传动丝杠上直径为 $\phi 12mm$ 的外圆时，采用的装夹方式是（　　）。
   A. 一夹一顶装夹　B. 自定心卡盘装夹　C. 单动卡盘装夹　D. 心轴装夹

任务四　加工传动套

【任务描述】

如图 1-4-1 所示，依据企业产品精密小型平口钳中传动套的图样要求，完成零件端面、

外圆、内孔及内螺纹等内、外轮廓的车削加工，$\phi 9mm$ 沉孔和 $20mm \times 20mm$ 四方不加工，零件的毛坯尺寸为 $\phi 45mm \times 30mm$。

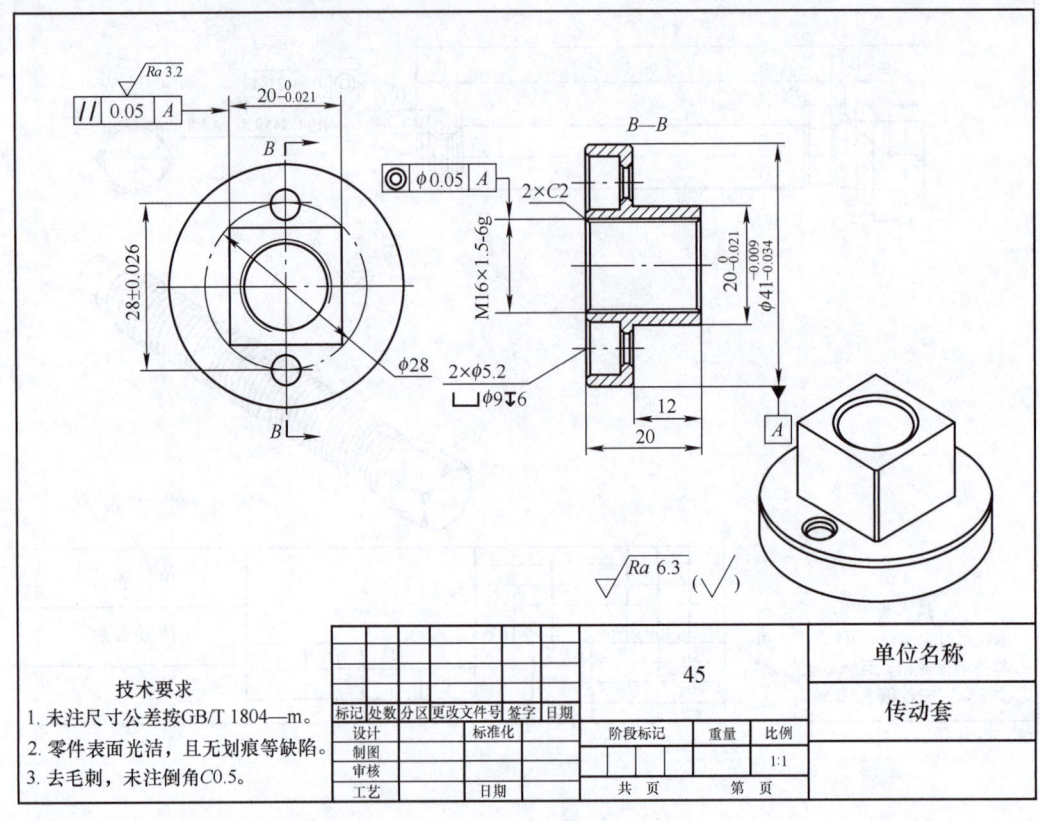

图1-4-1　传动套

【任务解析】

传动套内螺纹与精密小型平口钳中传动丝杠的外螺纹配合，主要起到支承和传动的作用，如图1-4-2所示。传动套的内螺纹为 $M16 \times 1.5$，要保证尺寸精度，否则会导致与传动丝杠外螺纹配合不良，影响传动效果。$\phi 28mm \times 12mm$ 的外圆要在直径和长度尺寸上达到要求，满足接下来在铣床上铣削四方的余量。

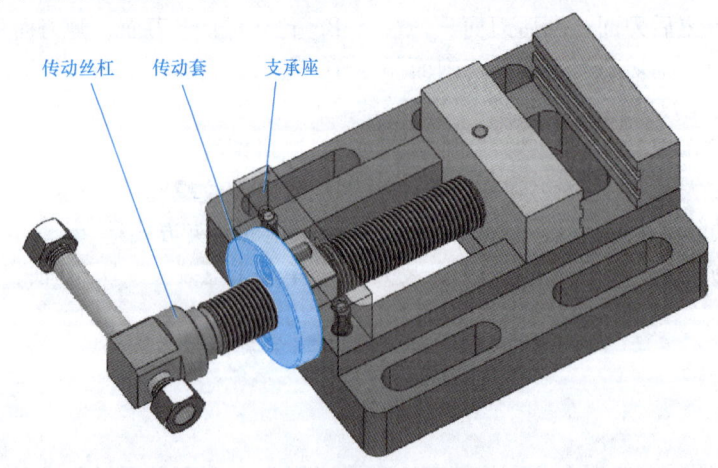

图1-4-2　传动套在精密小型平口钳产品中的位置

【相关知识】

一、内孔的车削加工

1. 内孔的概念

内孔是指在工件实体上加工的内轮廓形状,可通过车削、铣削和钻削等加工方法加工得到。

2. 内孔的类型

根据内孔在工件上的是否贯通,可分为不通孔和通孔;根据内孔的用途,可分为螺纹底孔和销孔等;根据内孔形式,可分为圆柱孔、锥孔、沉孔和台阶孔等,具体见表1-4-1。

表1-4-1 内孔的类型和示意图

内孔的类型	示意图
不通孔	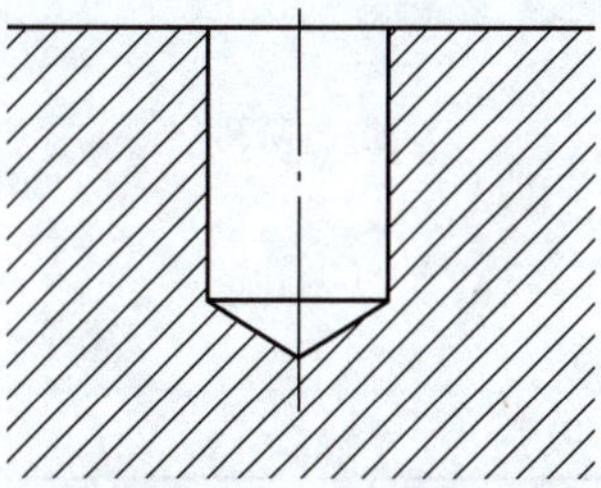
通孔(圆柱孔)	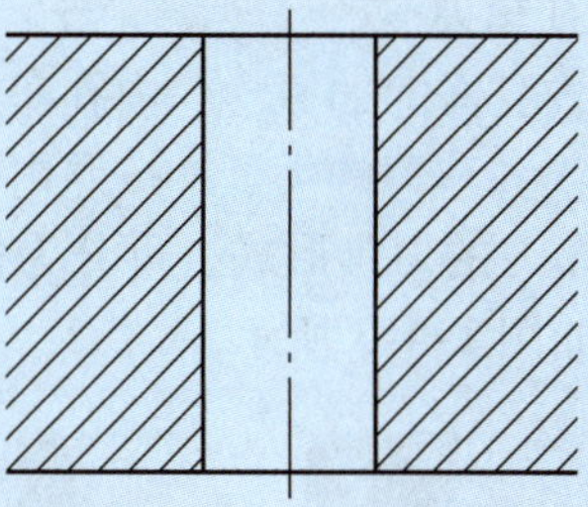
螺纹底孔	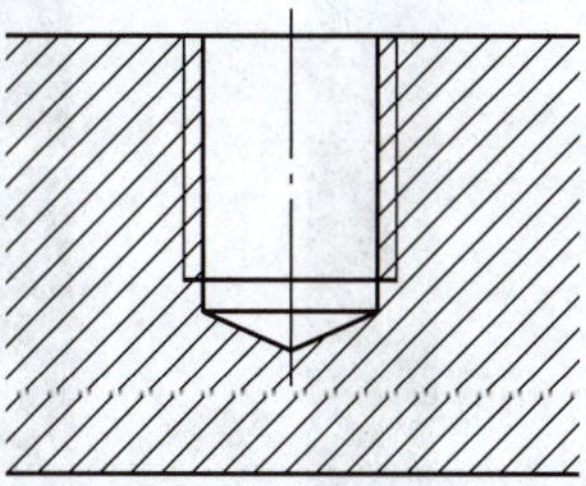
锥孔(销孔)	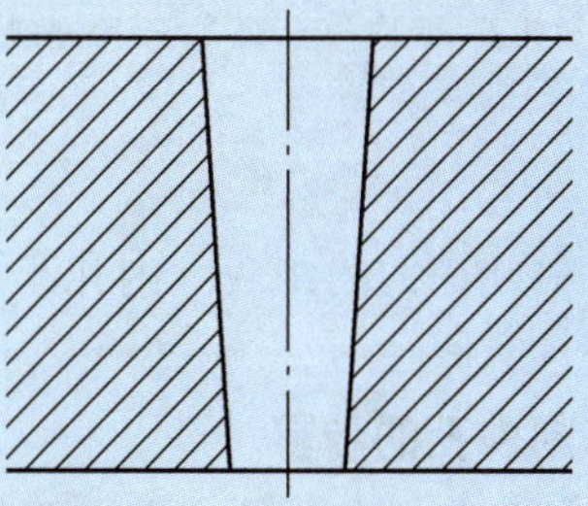

(续)

内孔的类型	示意图
沉孔	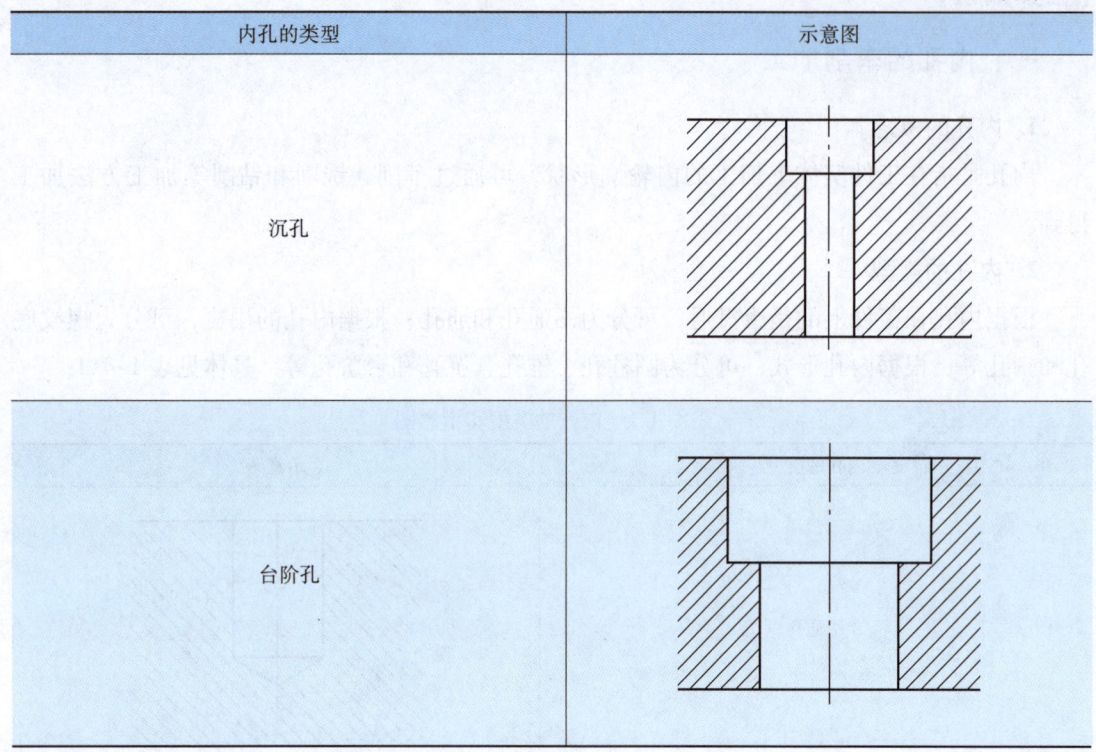
台阶孔	

3. 内孔车刀

(1) **内孔车刀的概念** 内孔车刀是指用于车削工件内轮廓的刀具。

(2) **内孔车刀的类型** 按照内孔车刀车削内孔的类型,可分为不通孔车刀和通孔车刀;按照内孔车刀的刀具形式,可分为整体式和焊接式;按照内孔车刀的车削方向,可分为正向和反向,如图1-4-3所示。

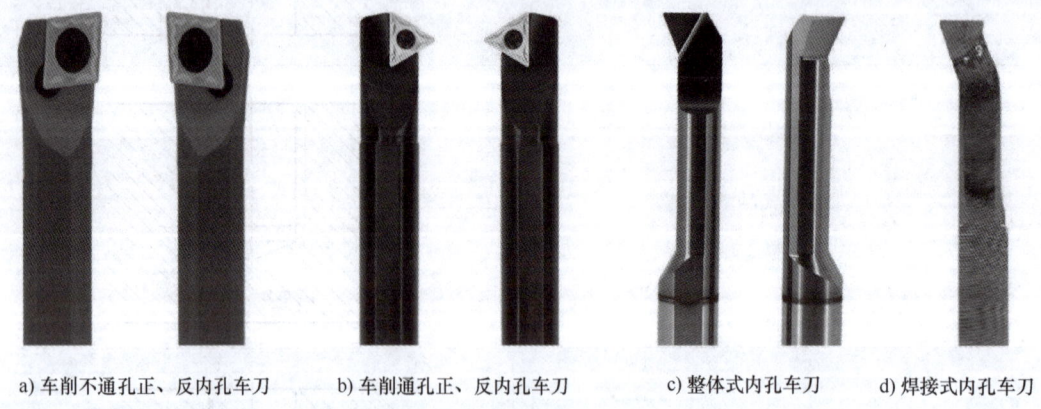

a) 车削不通孔正、反内孔车刀　b) 车削通孔正、反内孔车刀　c) 整体式内孔车刀　d) 焊接式内孔车刀

图1-4-3　内孔车刀的类型

(3) **内孔车刀的组成** 内孔车刀主要由刀柄、刀面、切削刃和刀尖等组成,如图1-4-4所示。

4. 车削内孔的步骤

在车床上车削内孔的步骤主要包括钻中心孔、钻内孔、车内孔等,具体操作步骤如下:

（1）钻中心孔和内孔　在被车削内孔的零件端面上钻中心孔，确定孔的中心位置。根据零件图样中内孔的尺寸要求，用麻花钻钻内孔，留出车削内孔的精加工余量，保证内孔车刀能伸入内孔中进行车削。

（2）选择内孔车刀　根据零件的钻孔尺寸，选择内孔车刀的刀杆尺寸，注意刀杆尺寸要小于上一步骤中所钻内孔的尺寸。

（3）车削内孔

1）起动车床主轴正转，将内孔车刀的主切削刃接触零件端面，进行车削内孔长度方向上的对刀。

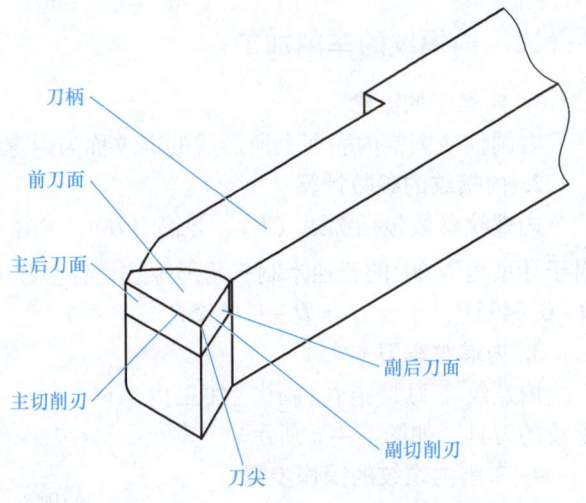

图 1-4-4　内孔车刀的组成

2）内孔车刀沿工件直径方向进刀，确保试切后的直径小于零件图样上的内孔尺寸；再沿长度负方向试切内孔表面约 10mm 的距离，保持径向不移动，沿长度正方向退刀；测量试切内孔直径，依据零件内孔图样尺寸要求，计算需要切削的径向尺寸数值。

3）依据需要切削的径向尺寸数值，计算在中滑板上需要旋转进给的格数，分多次从径向方向进刀，沿长度方向进给切削，直至切削到内孔图样要求尺寸。

5. 内孔的量具

依据被测内孔的尺寸精度要求对加工出的内孔进行检测，当内孔尺寸精度要求较低时，常用游标卡尺进行测量；当内孔尺寸精度要求较高时，常用塞规、内径百分表和内径千分尺等量具进行测量，如图 1-4-5 所示。

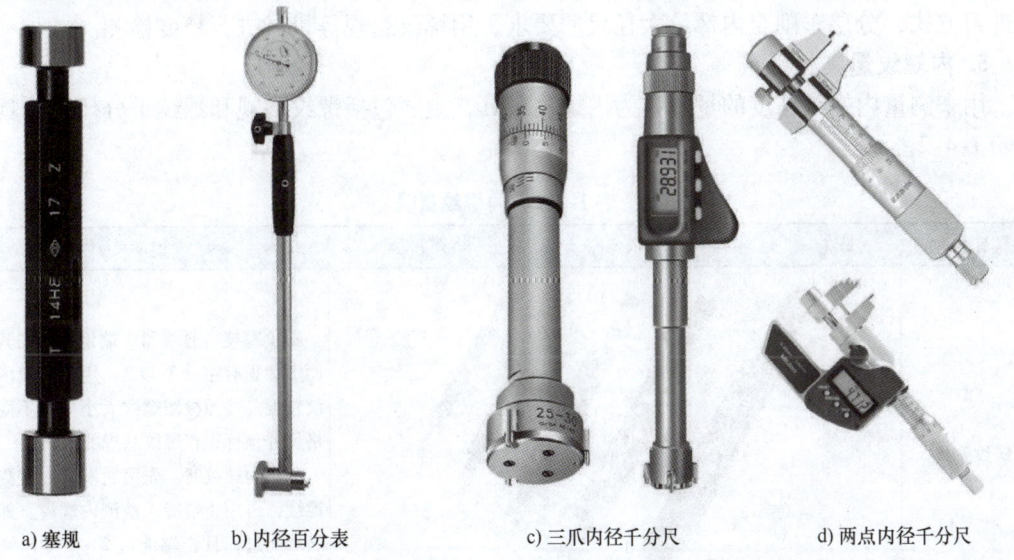

a) 塞规　　　b) 内径百分表　　　c) 三爪内径千分尺　　　d) 两点内径千分尺

图 1-4-5　内孔尺寸精度要求较高时常用的量具

二、内螺纹的车削加工

1. 内螺纹的概念

在圆柱或圆锥内表面上所形成的螺纹称为内螺纹。

2. 内螺纹的参数计算

内螺纹参数包括螺距（P）、牙高（H）、大径（D）、中径（D_2）、小径（D_1）等参数。对于牙型角为60°的普通米制三角形螺纹，各参数的计算公式为牙高 $H=0.866P$，中径 $D_2 = D - 0.6495P$，小径 $D_1 = D - 1.0825P$。

3. 内螺纹车刀

内螺纹车刀是指在内孔上加工内螺纹的刀具，如图1-4-6所示。

4. 车削内螺纹的操作步骤

（1）准备工作　车削用于车削内螺纹的内孔的直径尺寸时，通常应比内螺纹小径尺寸大出约0.2~0.4mm，因车削内螺纹时会有挤压，使得内孔变小，所以应将内孔直径车削得稍大些。车削内螺纹的端面倒角时，通常倒至螺纹大径或更大，便于在内螺纹车刀切入及与其配合外螺纹旋入时起到导向作用。

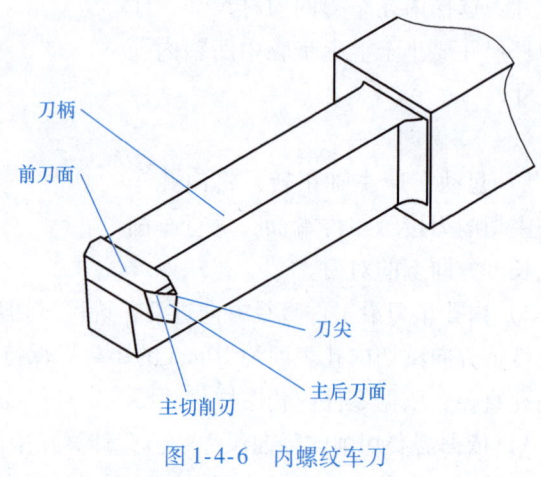

图1-4-6　内螺纹车刀

（2）调整机床参数　根据所车削螺纹的螺距、车床铭牌表标识以及加工需求，选择对应螺纹类型，调整车床交换齿轮箱和进给箱的齿轮组合。

（3）车削操作　用内螺纹车刀的刀尖轻触工件内孔，将中滑板初始刻度调零并记录，计算车削内螺纹小径时的刻度变动量，使用开合螺母法或倒顺车法控制刀具移动，选择合适的进刀方式，分层车削至内螺纹大径尺寸要求，用螺纹塞规等量具进行精度检测。

5. 内螺纹量具

用来测量内螺纹精度的量具称为内螺纹量具，主要包括螺纹塞规和螺纹千分尺等，具体见表1-4-2。

表1-4-2　内螺纹量具

量具名称	示意图	说明
螺纹塞规		螺纹塞规由通端和止端组成，在其表面上标识有字母T和Z，用于测量内螺纹精度。按照被测螺纹大小分为不同规格尺寸，标识在螺纹塞规的中间 测量内螺纹时，先用通端旋入被测内螺纹，再用止端旋入被测内螺纹，如果通端能过，且止端能过2~3牙，则被测内螺纹合格，除此之外，均为不合格

（续）

量具名称	示意图	说明
螺纹千分尺	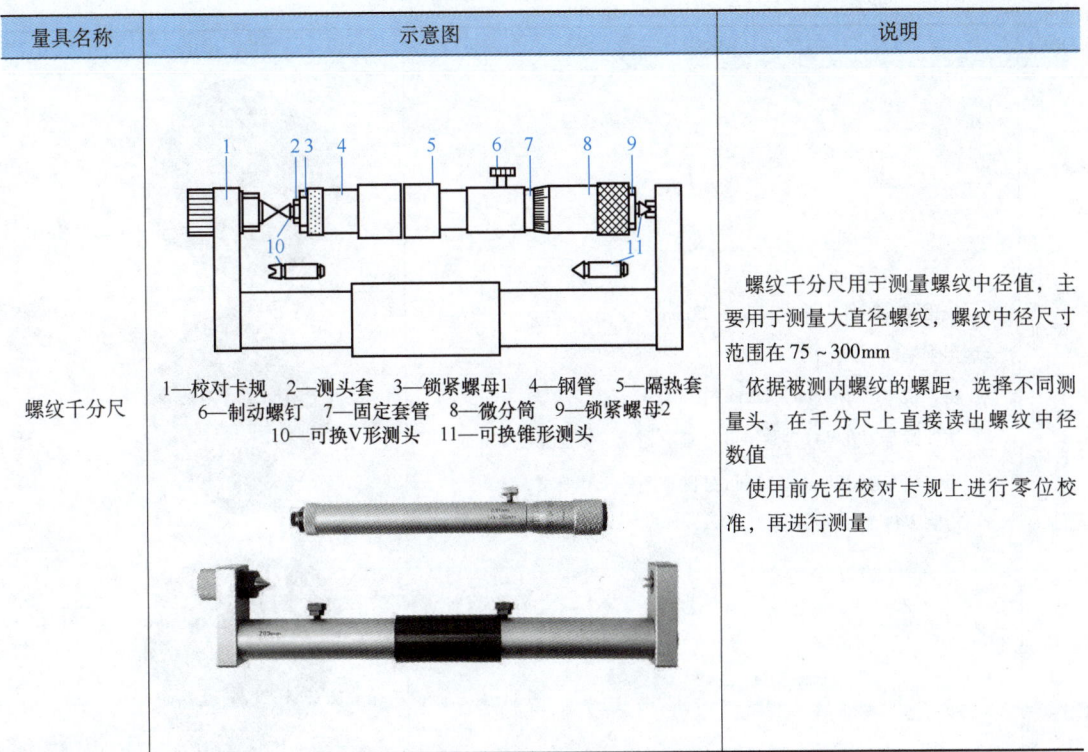 1—校对卡规 2—测头套 3—锁紧螺母1 4—钢管 5—隔热套 6—制动螺钉 7—固定套管 8—微分筒 9—锁紧螺母2 10—可换V形测头 11—可换锥形测头	螺纹千分尺用于测量螺纹中径值，主要用于测量大直径螺纹，螺纹中径尺寸范围在75～300mm 依据被测内螺纹的螺距，选择不同测量头，在千分尺上直接读出螺纹中径数值 使用前先在校对卡规上进行零位校准，再进行测量

【任务实施】

一、场地和设备

1. 训练场地

机械加工实训场。

2. 训练设备

（1）**机床设备** CA6140型车床10台，配套卡盘扳手、刀架扳手、加力杆、抹布和油壶等辅具10套。

（2）**切削刀具** 90°外圆车刀10把，45°端面车刀10把，60°外螺纹车刀10把，刀柄侧面至刀尖直径小于14mm的内孔车刀10把，内螺纹车刀10把，φ2.5mm中心钻配钻夹头10套，φ14mm麻花钻10把。

（3）**检测量具** 量程为0～150mm的游标卡尺10把，量程为0～25mm的外径千分尺10把，量程为25～50mm的外径千分尺10把，分度值为0.01mm的百分表10块，百分表的磁性表座10套，M16×1.5螺纹塞规10支。

加工传动套

二、实施步骤

传动套的车削操作步骤见表1-4-3。

表 1-4-3　传动套的车削操作步骤

步骤	内容	成果
车削外圆柱和台阶圆柱	1）找正装夹工件，伸出长度为 23mm 2）车削端面 3）粗、精车削 $\phi 41mm \times 21mm$ 外圆 4）用外圆车刀在 $\phi 41_{-0.034}^{-0.009}$ mm 外圆上划线，保证长度 12mm 5）粗、精车削 $\phi 28mm \times 12mm$ 外圆至图样尺寸要求 6）检测零件尺寸精度	加工面 加工面
定总长和车削内孔、内螺纹	1）工件调头，找正装夹 $\phi 28mm$ 外圆，以台阶圆柱面定位 2）车削端面，确定工件总长为 20mm 3）钻 $\phi 2.5mm$ 中心孔 4）钻 $\phi 14mm$ 通孔，主轴转速 280r/min 5）车削螺纹小径至 $\phi 14.5mm$，主轴转速 500r/min 6）车削内螺纹 M16×1.5mm 7）检测零件尺寸精度	加工面 加工面 加工面

三、大国工匠技能成长案例

王尚典，中国石油锦西石化公司维运中心车工高级技师，车工技能专家，先后获得全国五一劳动奖章、全国技术能手、国务院特殊津贴和中国好人等多项荣誉称号。

宝剑锋从磨砺出,王尚典的成功之路中包含了旁人无法体会的艰辛。2000年参加工作时,他初次感受到零件在自己手中诞生的成就感,从此深深迷上了车工技术。凭着这股对工作的热情与执着,他在工作后的第一年就摘取了中国石油锦西石化公司车工状元的桂冠,并连续三年获此殊荣。2004年,他参加了中国石油天然气集团公司举办的职工技能大比武,获得了第二名,并代表集团参加了全国中央企业职工技能大赛,获得了银奖,凭借着高超的技术和平时的优异表现,他被企业树立为"钻研技术、爱岗敬业"的青年楷模,那时他只有24岁。

也许是上天要考验这个年轻人,在王尚典获得银奖的8个月后,一场意外让他失去了右手的大拇指。"由于伤口情况比较复杂,被评定为四级伤残。医生说接不上了,只能将左脚的第二个脚趾移植到手上,替代大拇指的抓握功能,躺在病床上的我手疼、脚疼,心更疼",王尚典在接受采访时回忆到。

恢复后的右手只能完成基本操作,但加工速度比原来慢了许多。大拇指没有知觉会影响到精密操作时的手感和精度,甚至整个测量过程都无法完成,他差一点就放弃了。

"用我的食指与中指来掌控主导,用食指指背和指尖的触觉来掌握操控的精度",王尚典创造出了自己独有的测量手法,跨越了技能路上的最大一条鸿沟。就这样,他又一次从头练起。

王尚典以创新工作室为依托,带领团队一起解决了许多生产难题,完成了几十项技改革新,其中,《大直径波齿垫磨环工艺的改进》《大直径波齿垫夹具的改造》和《波齿垫、缠绕垫车削加工专用夹具设计》等多项创新成果已应用到实际生产中并获奖。

【任务考核】

车削传动套的考核表见表1-4-4。

表1-4-4 车削传动套的考核表

序号	考核内容	要求	配分	评分标准	检测结果	得分	备注
1	产品装配验证	能安装到企业产品"精密小型平口钳"上,满足装配标准要求	20	装配完整,得满分;装配不上,不得分			
2	外圆	$\phi 41_{-0.034}^{-0.009}$ mm	10	超差0.01mm扣1分,扣完为止			
		$\phi 28$mm	5	超差0.1mm扣1分,扣完为止			
		$\phi 9$mm	5	超差0.1mm扣1分,扣完为止			
3	内螺纹	M16×1.5	10	螺纹塞规检测,不合格不得分			
4	长度	20mm	5	超差0.1mm扣1分,扣完为止			
		12mm	5	超差0.1mm扣1分,扣完为止			
		6mm	5	超差0.1mm扣1分,扣完为止			
5	倒角	C0.5mm(2处)	10	超差1处扣5分			
6	表面粗糙度	Ra 6.3μm	5	超差1处扣1分,扣完为止			
7	安全文明生产	遵守安全操作规程等	10	未穿劳保服扣2分/次;未打扫卫生或打扫得不干净扣5分/次;不遵守安全操作规程扣5分/次;用语不文明扣10分/次。扣完为止			
8	学习态度	听课、出勤等	10	上课使用手机做与任务学习无关的事情扣5分/次;迟到、早退扣5分/次;无故旷课扣10分/次;听课不认真扣5分/次。扣完为止			
		合计	100	—			
评价人签字		日期		复核人签字		日期	
	企业导师评价						

【任务小结】

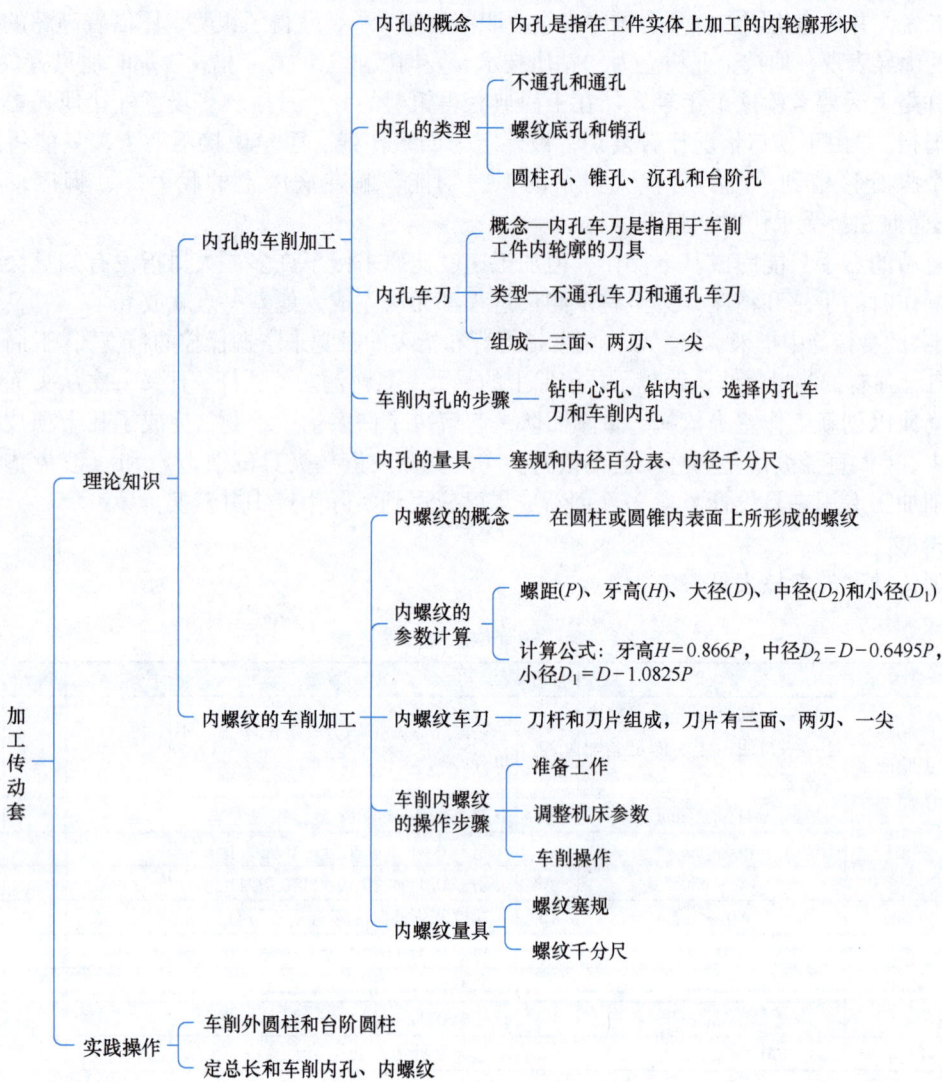

【拓展训练】

根据图 1-4-7 中传动套的图样要求，写出在车床上加工该零件的操作步骤，并运用车床完成该零件的加工，$\phi 9mm$ 沉孔和 $20mm \times 20mm$ 四方不加工。

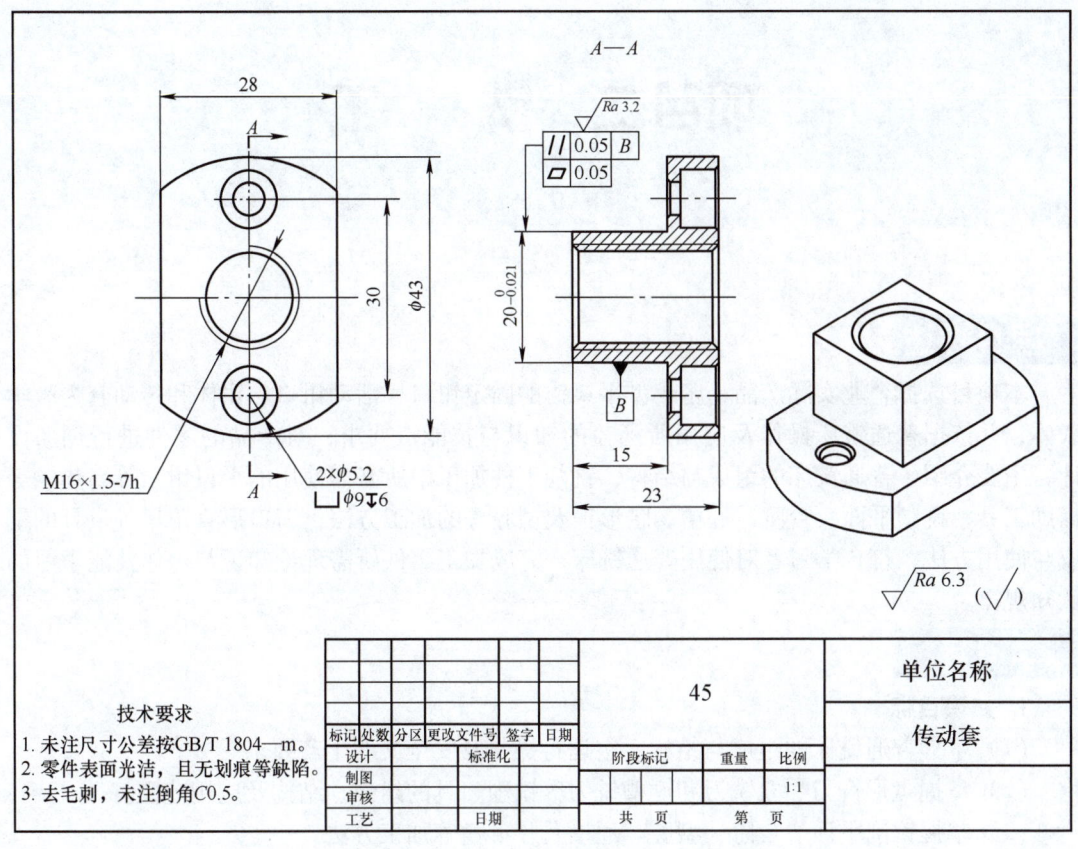

图 1-4-7 传动套

【课后自测】

1. 车削内孔所用的刀具为（　　）。
A. 内孔车刀　　　B. 内螺纹车刀　　　C. 端面车刀　　　D. 外圆车刀

2. 车削内螺纹 M16×1.5 时，螺纹小径的计算公式是（　　）。
A. $D_1 = D - 1.0825P$　B. $D_1 = 0.866P$　C. $D_1 = D - 0.6495P$　D. $D_1 = D - 1.3P$

3. 内孔的检测量具包括内径百分表、（　　）和塞规等。
A. 内径千分尺　　　B. 外径千分尺　　　C. 螺纹塞规　　　D. 高度尺

4. 传动套零件图中的几何公差"∥"符号代表的含义是（　　）。
A. 平行度　　　B. 同轴度　　　C. 直线度　　　D. 垂直度

5. 车削内孔时，当精加工内孔直径值小于图样尺寸 0.1mm 时，中滑板进给格数为（　　）。
A. 1 格　　　B. 2 格　　　C. 3 格　　　D. 4 格

项目二 铣 工

项目综述

本项目选择企业实际产品精密小型平口钳的固定钳口、活动钳口、钳体和传动套为教学载体，并依据普通铣床操作及应用所涵盖的知识与技能点要求，对产品的零件进行创新设计，主要介绍了普通铣床的组成与结构，铣削工件加工中所必需使用的平口钳、等高垫铁等辅助工具，铣削平面、台阶、通槽、腰形槽及型腔等的加工方法，刀口形直角尺等量具的组成与使用方法，符合学习者对使用普通铣床，完成加工零件所需理论知识与操作技能学习的认知规律。

学习目标

1. 知识目标

（1）掌握普通铣床的组成与结构、空运行操作及安全文明生产要求。
（2）掌握盘形铣刀、立铣刀和键槽铣刀等铣削刀具的组成、结构及应用范围。
（3）掌握铣削平面、台阶、型腔、通槽及腰形槽等加工方法。
（4）掌握刀口形直角尺量具的组成、使用方法及应用。

2. 能力目标

（1）能使用普通铣床主轴、进给等操作手柄，完成普通铣床上改变主轴转速、进给速度和装拆铣刀等功能的空运行操作。
（2）能使用普通铣床设备，完成零件平面、台阶面、通槽、腰形槽及型腔等的铣削加工。
（3）能使用游标卡尺、外径千分尺、百分表和刀口形直角尺等量具，完成零件找正及线性和径向等尺寸检测。

3. 素质目标

（1）在零件的铣削加工过程中，严格遵守设备安全操作规程，秉持精益求精的工匠精神，确保零件加工质量和安全文明生产。
（2）工作服穿着整洁，不迟到、不早退、不溜岗，做文明学习者。
（3）在询问零件加工相关问题时谦虚礼貌，具备良好的人文素养和学习态度。

学习建议

（1）仔细分析任务描述内容，清楚了解具体要学习的内容。
（2）在学习任务实施操作步骤时，认真分析每一步的具体操作内容，对照操作视频完成学习任务，必将有所收获。
（3）课后自测试题是依据学习本任务的过程中可能产生的实际问题所编写的，有助于进一步理解和巩固重难点内容。

任务一　加工固定钳口

【任务描述】

如图 2-1-1 所示，依据企业产品精密小型平口钳中固定钳口的图样要求，完成零件六面体、通槽的铣削加工，两个 M5 螺纹孔不加工，毛坯尺寸为 63mm×25mm×25mm。

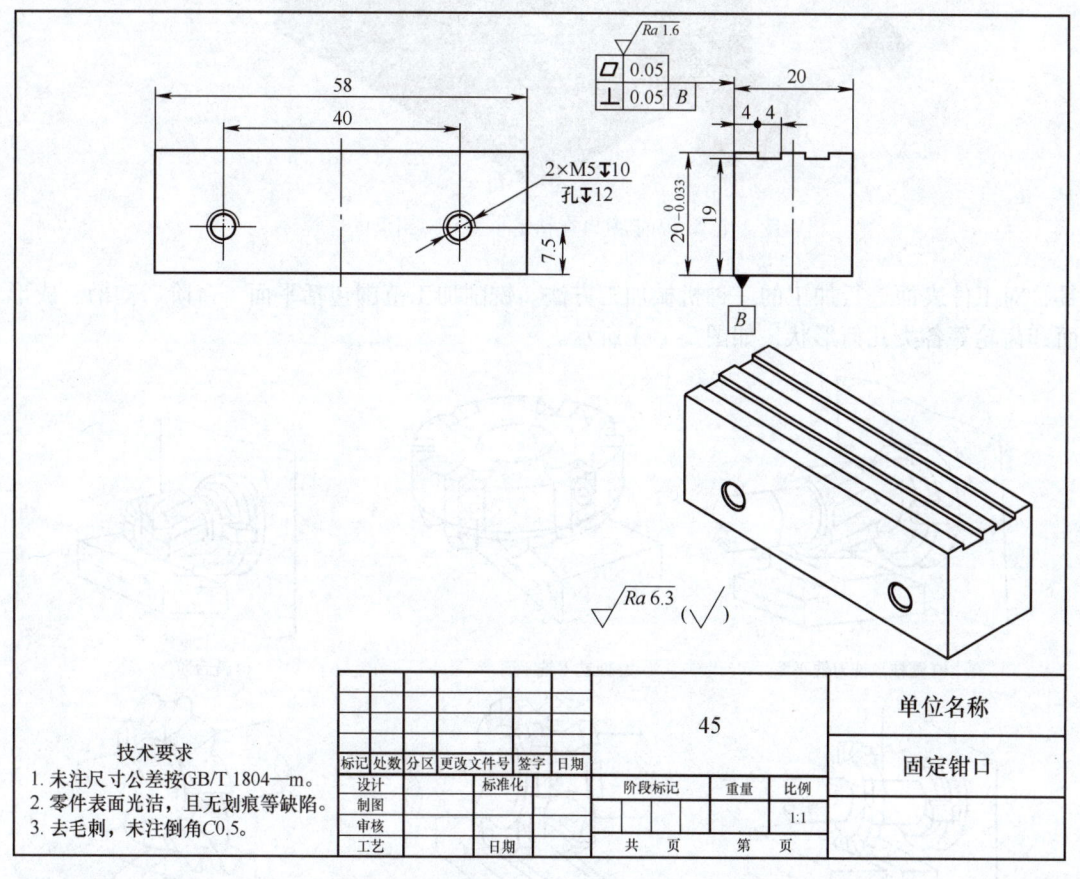

图 2-1-1　固定钳口

【任务解析】

固定钳口主要用于精密小型平口钳夹紧工件时的固定端，用 M5 螺栓安装在钳体上，与活动钳口配合，实现装夹功能，如图 2-1-2 所示。在铣削六面体时，需要先铣削一个基准面，再进行其他 5 个平面的加工。在铣削水平面时，要依据工件的尺寸，在平口钳上垫上合适的等高垫铁，装夹时保证等高垫铁与工件接触，确保平面度要求。在铣削垂直面时，要用刀口形直角尺进行辅助装夹，保证被加工面的垂直度。铣削 4mm 宽的通槽时，要先进行对刀，保证两个通槽的间距尺寸。

【相关知识】

一、铣工的概念

铣工是国家职业技能标准中的一种，铣削主要指运用铣床设备，使用旋转的多刃铣削刀

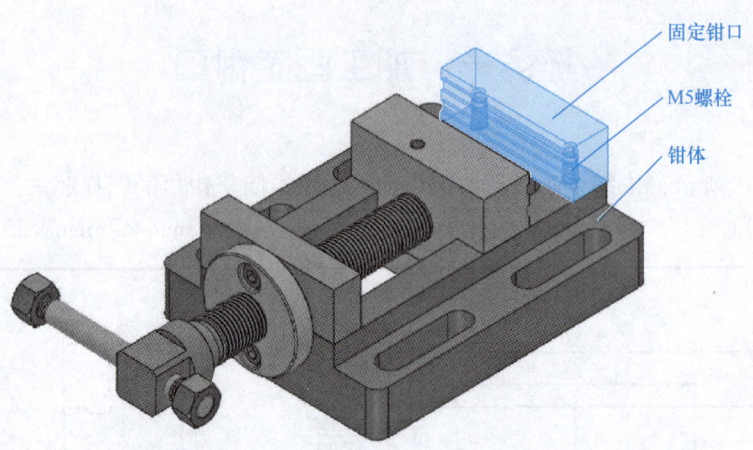

图 2-1-2　固定钳口在精密小型平口钳上的位置

具,对工件表面进行加工的一种机械加工方法。铣削加工范围包括平面、台阶、沟槽、成形面和齿轮等各类几何形状,如图 2-1-3 所示。

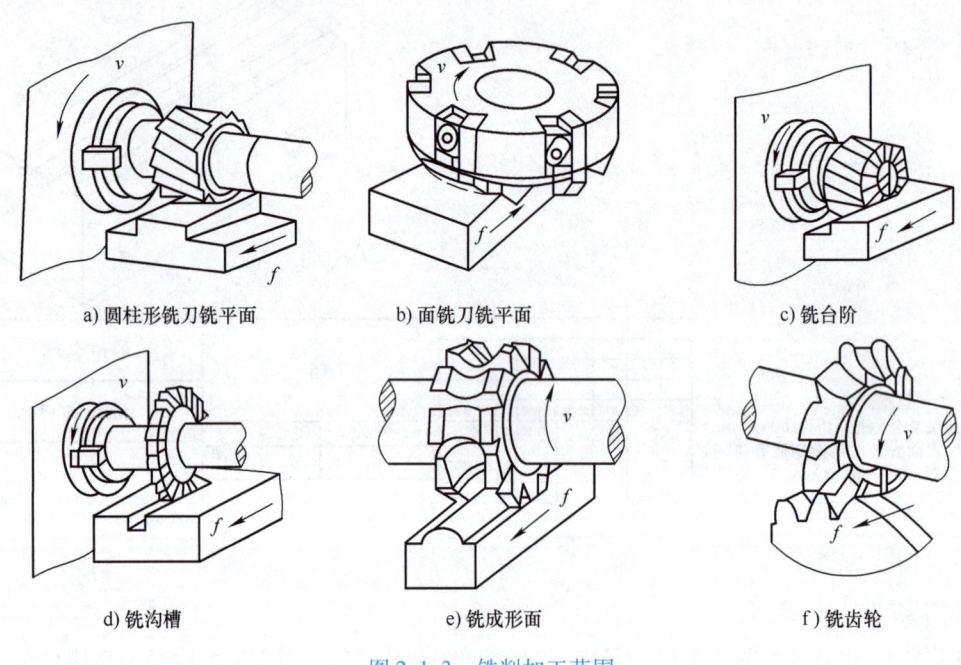

图 2-1-3　铣削加工范围

二、铣床设备

铣床是指用铣刀在工件上加工各种表面的机床。

1. 铣床的分类

根据控制形式不同,铣床可分为普通铣床与数控铣床。普通铣床通过人工操作手柄、进给轮等机械装置,手动调整工作台的移动轨迹和切削参数,完成零件的铣削加工。数控铣床通过编写数控加工程序,利用数控系统自动控制机床各坐标轴的运动轨迹,完成零件的铣削加工。

根据布局形式不同,普通铣床可分为立式升降台铣床、卧式升降台铣床、摇臂万能铣床、龙门铣床、单柱铣床、悬臂铣床、仪表铣床、万能工具铣床和其他铣床等。常用普通铣床的类型见表2-1-1。

表 2-1-1 常用普通铣床的类型

类别	型号	特点	示意图
立式升降台铣床	X5032	主轴垂直布局,适用于加工平面、沟槽和齿轮,升降台结构,操作灵活,适合加工中小型零件	
卧式升降台铣床	XQ6032C	主轴水平布局,适合加工深槽、多面体及齿轮,刚性强,可搭配长刀柄,适合批量生产	
摇臂万能铣床	XJ6325T	摇臂可旋转调节,工作台可多向移动,支持多角度加工,灵活度高,适用于加工模具和复杂曲面	
龙门铣床	X2010	门式框架结构,刚性强,配备多铣头,适用于机床床身和导轨等大型工件的高效加工	

（续）

类别	型号	特点	示意图
万能工具铣床	X8126	高精度设计，专用于工具和模具等制造，适用于加工复杂形状和小型精密零件	

2. 普通铣床型号

根据《金属切削机床 型号编制方法》（GB/T 15375—2008）规定，普通铣床的型号是由汉语拼音字母和阿拉伯数字按一定规律排列组成的。以 X5032 立式升降台铣床为例，类代号为 X，表示铣床；组代号为 5，表示立式升降台铣床；系代号为 0，表示立式升降台铣床基本型；32 表示铣床工作台面宽度主参数，折算系数为 1/10，即表示工作台面宽度为 320mm，如图 2-1-4 所示。

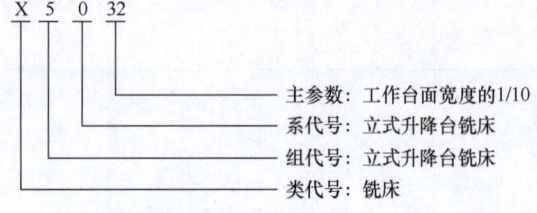

图 2-1-4 X5032 铣床型号

3. 普通铣床的结构与组成

普通铣床主要由床身、立铣头、电气箱、主电动机、主轴/纵向进给手柄、横向溜板、纵向工作台、升降台和底座等零部件组成，其结构与组成如图 2-1-5 所示。

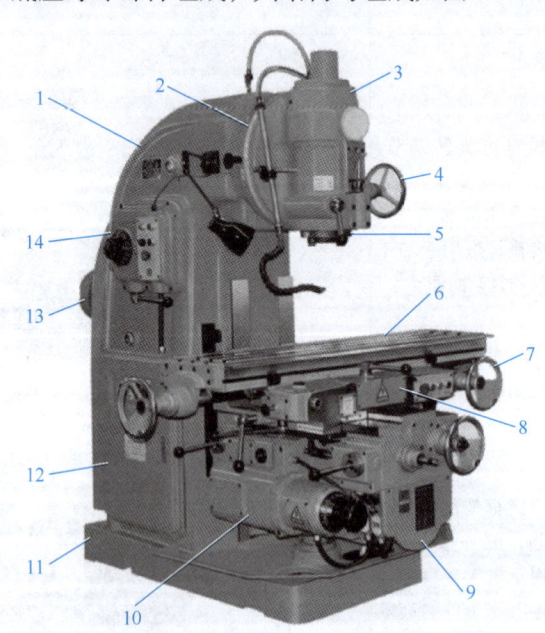

图 2-1-5 X5032 立式升降台铣床的结构与组成

1—床身 2—立铣头回转盘 3—立铣头 4—主轴进给手柄 5—主轴套筒 6—纵向工作台 7—纵向进给手柄 8—横向溜板 9—升降台 10—进给变速机构 11—底座 12—电气箱 13—主电动机 14—主轴变速机构

X5032立式升降台铣床的主要部件及功用见表2-1-2。

表2-1-2　X5032立式升降台铣床的主要部件及功用

部件名称	功用
床身	机床主体支承结构，用于安装主轴、进给变速机构等核心部件。前面设垂直导轨引导升降台，顶部设水平导轨支承横梁，内置主电动机驱动主轴，其高强度铸造保证了稳定性
升降台	支承纵向或横向工作台以及转台，沿床身垂直导轨调节工件加工高度，底部垂直丝杠实现升降并承载重量
工作台	用于放置平口钳、工件等的平台，可沿纵向和横向移动，其上的T形槽用于安装T形螺栓来固定夹具、压板等
主轴	驱动铣刀旋转，前端的7∶24锥孔适配刀柄，空心轴设计，转速可调，可适应不同切削需求
底座	支承整机重量，确保稳定性。内部可贮存切削液，用于冷却和润滑
传动及变速部件	主传动部件调节主轴转速，进给传动部件控制工作台移动速度及方向，协同满足多样化加工动力需求

三、铣床附件

1. 机用平口钳

机用平口钳是指放置在铣床工作台上，用于夹紧加工零件的一种机床夹具附件，其结构如图2-1-6所示。

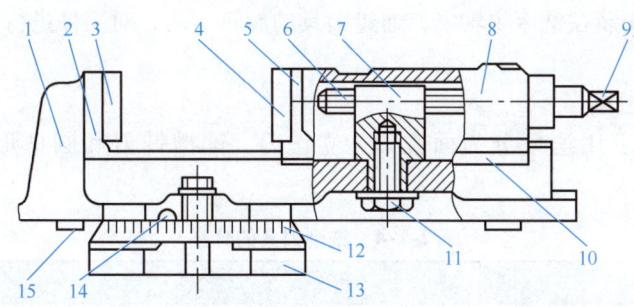

图2-1-6　机用平口钳

1—钳体　2—固定钳口　3、4—钳口垫铁　5—活动钳口　6—丝杠　7—螺母　8—活动座　9—方头
10—压板　11—紧固螺钉　12—回转底盘　13—钳座　14—钳体零线　15—定位键

在将机用平口钳安装到铣床工作台上时，要对机用平口钳的固定钳口进行找正，具体操作方法如下：

1）将百分表座磁吸在铣床主轴上，使百分表指针接触固定钳口并施压。

2）摇动铣床纵向工作台，使百分表沿着固定钳口长度方向移动，观察百分表指针读数变化，如果在整个移动长度内百分表指针的读数不变，即固定钳口与主轴垂直，符合要求，将机用平口钳的固定T形螺栓上的螺母锁紧，即可完成机用平口钳的安装。

3）如果在移动长度内百分表指针读数有偏差，则可用铜棒进行轻敲击找正，直至符合要求再夹紧。

2. 压板

压板是指在铣床设备上加工工件时，将工件夹紧和固定在铣床工作台上的夹紧附件。依据使用要求不同，压板主要分为 T 形压板、U 形压板和 L 形压板 3 类，具体见表 2-1-3。

表 2-1-3　压板

类型	示意图	特点	应用
T 形压板		由一块 T 形钢加工而成，具有较高的稳定性和刚性	用于加工大型工件和切削力较大工件时的压紧
U 形压板	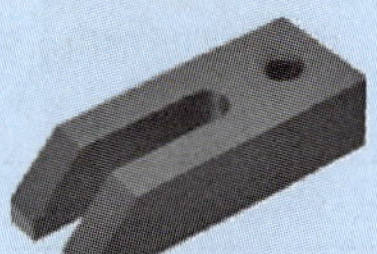	与 T 形压板结构相似，但比 T 形压板多了一条槽，形状像字母 U，具有更高的刚性	用于加工各种形状工件时的压紧
L 形压板		结构简单，由一根 L 形钢制成，具有较好的稳定性和刚性	用于加工较小工件时的压紧

四、铣削刀具

1. 铣削刀具的概念

铣削刀具是指安装在铣床主轴上，通过刀具的旋转运动，对工件进行铣削加工的多刃刀具，简称铣刀。

2. 铣削刀具的分类

铣削刀具按加工用途可分为面铣刀、立铣刀、键槽铣刀和圆柱形铣刀等，具体见表 2-1-4。

表 2-1-4　铣削刀具的分类

类型	用途	铣削示意图
面铣刀	铣削平面、台阶面	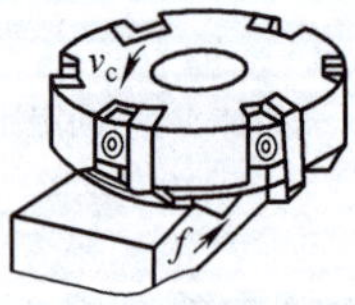
立铣刀	铣削沟槽、台阶面及复杂轮廓	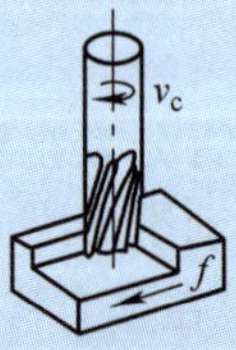
键槽铣刀	铣削键槽	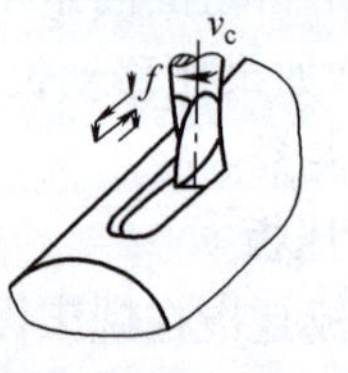

（续）

类型	用途	铣削示意图
T形槽铣刀	铣削T形槽	
燕尾槽铣刀	铣削燕尾槽	
圆柱形铣刀	铣削平面	
三面刃铣刀	铣削沟槽和台阶	
锯片铣刀	铣削直槽	
盘形模数铣刀	铣削齿轮	
单角铣刀	铣削不对称V形槽	
双角铣刀	铣削V形槽	
凹圆弧铣刀	铣削凹圆弧成形面	

（续）

类型	用途	铣削示意图
凸圆弧铣刀	铣削凸圆弧成形面	
球面铣刀	铣削三维曲面	

3. 铣削刀具组成

（1）面铣刀 面铣刀由刀体和刀片组成，呈圆盘状，圆盘周围或侧面安装有铣削刀片，主要用于铣削有较大平面的工件。面铣刀按结构形式不同，可分为整体式铣刀、镶齿式（焊接式）铣刀和可转位式（刀片可转换方位）铣刀，如图2-1-7所示。

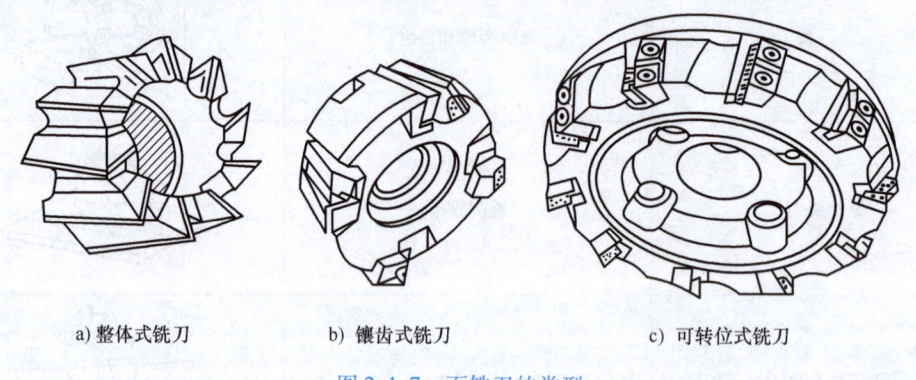

a) 整体式铣刀　　　b) 镶齿式铣刀　　　c) 可转位式铣刀

图 2-1-7　面铣刀的类型

（2）立铣刀 立铣刀主要由刀头和刀柄组成。刀头用于切削加工，称为切削部分，包含主切削刃、副切削刃及容屑槽等结构。刀柄用于装夹，称为夹持部分。

立铣刀的刀齿有2刃、3刃和4刃等，柄部可分为直柄和锥柄两类。立铣刀圆周上的切削刃为主切削刃，端面上的切削刃为副切削刃，切削时一般不宜沿铣刀的轴向方向进给，其结构如图2-1-8所示。

（3）键槽铣刀 键槽铣刀主要用于加工轴上的键槽和平面上的封闭沟槽或型腔，其结构与立铣刀相似，主要区别在于键槽铣刀只有两个螺旋刀齿，且端面上的切削刃一直延伸到了铣刀中心，因此可做轴向进给，直接切入工件，其结构如图2-1-9所示。

五、铣工量具

铣工用到的量具，主要包括项目一介绍的游标卡尺、千分尺和百分表等，本任务将重点介绍刀口形直角尺这一量具。

1. 刀口形直角尺的概念

刀口形直角尺是用来测量工件角度、平面度和垂直度等几何精度的量具，如图2-1-10

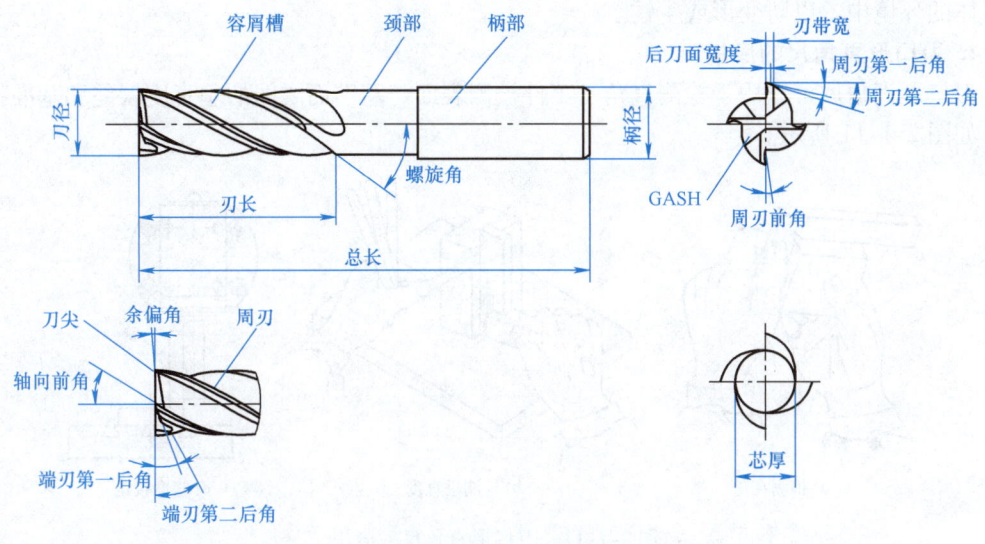

图 2-1-8 立铣刀的结构

图 2-1-9 键槽铣刀的结构

所示，其两测量面夹角为 90°，主要应用在机械加工、设备安装和调试及钳工等领域。

2. 刀口形直角尺的分类

刀口形直角尺依据准确度等级和尺寸来分类。按准确度等级可分为 0 级和 1 级，准确度等级越高，测量精度越高，0 级和 1 级可用于检验精密零件和调试量具。按两直角测量尺的长度划分时，常用的规格有 160mm×100mm、250mm×160mm 等。

3. 刀口形直角尺的使用方法

（1）**使用准备** 检查直角尺的各工作面和边缘是否有损伤，确保直角尺的完好性。将直角尺的工作面和被测表面擦洗干净，去除油污、灰尘等杂质，确保测量准确度。

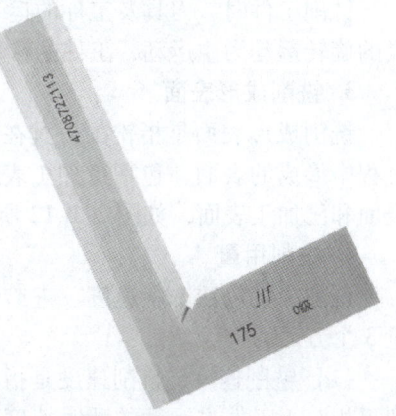

图 2-1-10 刀口形直角尺

（2）**测量垂直度** 将刀口形直角尺的一个测量尺面靠在零件的基准面上，使另一个测量尺面靠向与零件相邻的被测垂直面，透过光线观察测量尺面与被测垂直面之间的透光间隙大小，从而判断零件两相邻面间的垂直度。如果透光间隙均匀且细小，则说明垂直度良好；如果透光间隙不均匀或较大，则说明垂直度存在误差。

（3）**注意事项** 刀口形直角尺不可倾斜放置，否则会影响测量结果的准确性。移动直角尺时应向上抬起，不可在工件上拖动，以免划伤工件或损坏刀口形直角尺。使用过程中，要注意避免直角尺与硬物碰撞，以防损坏测量面。存放时，应将直角尺平放在干燥、无腐蚀性气体的环境中，以防变形或生锈。

4. 刀口形直角尺的应用

刀口形直角尺可以用于检测直角、工件被测表面与基准面之间的垂直度误差和基准找正等，如图2-1-11所示。

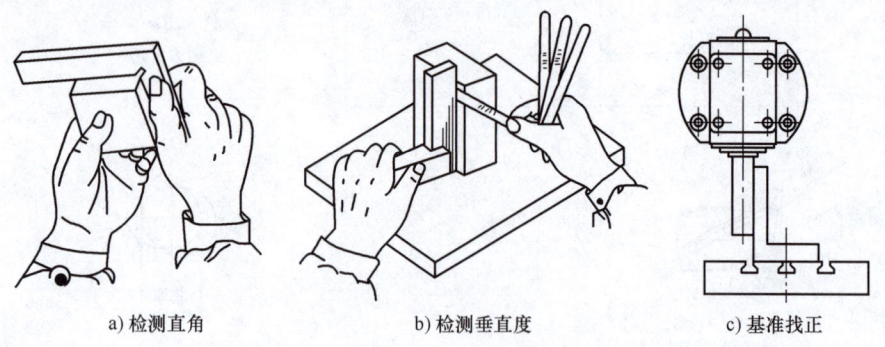

a) 检测直角　　　　　　　b) 检测垂直度　　　　　　　c) 基准找正

图2-1-11　刀口形直角尺的应用

六、铣削知识

1. 铣削概念

铣削是指操作铣床设备，使用铣削刀具，依据零件图样要求，对零件平面和台阶等轮廓要素完成切削加工的方法。

2. 铣削运动

铣削工件时，刀具及工件的运动称为铣削运动。铣削运动可分为主运动和进给运动，刀具的旋转运动为主运动，工件的移动为进给运动。

3. 铣削成形表面

铣削成形表面是指铣削刀具在切削工件过程中形成的表面，包括待加工表面、过渡表面和已加工表面，如图2-1-12所示。

4. 铣削用量

铣削用量包括铣削速度、进给量和吃刀量3个方面。

(1) 铣削速度　铣削速度是指选定的切削刃相对于工件主运动的瞬时速度，用符号v_c表示单位为m/min。

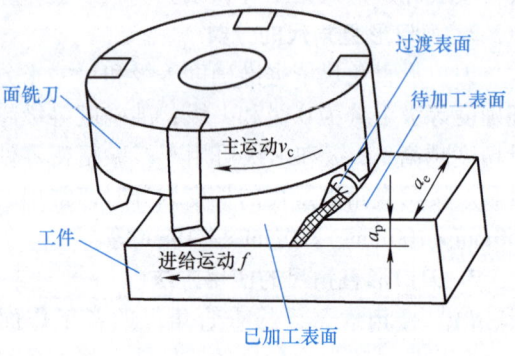

图2-1-12　铣削成形表面

(2) 进给量　进给量是指刀具在进给运动方向上相对工件的位移量，可用刀具或工件每转或每行程的位移量来表述和度量，进给量的表示方法有3种：每齿进给量用符号f_z表示，单位为mm/z，每转进给量用符号f表示，单位为mm/r，进给速度用符号v_f表示，单位为mm/min。

(3) 吃刀量　吃刀量是通过作用切削刃上垂直于测量方向的两平面间的距离为最大的点所测的距离，用符号a表示，单位为mm。吃刀量又包含背吃刀量a_p和侧吃刀量a_e。

(4) 铣削用量的选取原则　在保证工件加工质量及机床、刀具等条件允许的前提下，铣削用量应尽量取大值，以获得高的生产率。粗加工铣削时，首先选择大的吃刀量，再选择较大的进给量,最后选择适当的铣削速度;精加工铣削时,按照减小吃刀量、提高铣削速度和减小进给量的顺序进行选取。

5. 铣削参数及计算公式

铣削加工时的相关参数及计算公式等见表 2-1-5。

表 2-1-5　铣削参数及计算公式

名称	符号	单位	计算公式
切削速度	v_c	mm/min	$v_c = \dfrac{\pi d_c n}{1000}$
有效切削速度	v_e	mm/min	$v_e = \dfrac{\pi d_e n}{1000}$
背吃刀量	a_p	mm	$a_p = d_w - d_m$
待加工表面厚度	d_w	mm	由测量确定
已加工表面厚度	d_m	mm	由测量确定
侧吃刀量	a_e	mm	由刀具直径确定,要小于刀具直径
刀具实际切削直径	d_e	mm	$d_e = \dfrac{v_e \times 1000}{\pi n}$
刀具直径	d_c	mm	$d_c = \dfrac{v_c \times 1000}{\pi n}$
主轴转速	n	r/min	$n = \dfrac{v_c \times 1000}{\pi d_c}$
进给速度	v_f	mm/min	$v_f = f_z n z_n$
每齿进给量	f_z	mm/z	$f_z = \dfrac{v_f}{z_n n}$
每转进给量	f	mm/r	$f = f_z z_n$
切削时间	T_c	min	$T_c = \dfrac{l_m}{v_f}$
加工长度	l_m	mm	实际切削长度数值
刀具齿数	z_n	个	由刀具本身确定
刀具有效齿数	z_e	个	由刀具本身确定
有效系数	η	—	铣刀实际参与切削的有效直径与铣刀整体直径的比例 有效直径是指铣刀实际参与切削的部分直径,而非铣刀的整体直径。对于圆柱形铣刀,有效直径与整体直径相同。但对于锥形铣刀,有效直径会受到背吃刀量和刀具几何形状的影响
切削力系数	K_c	N/mm²	由工件材料确定
主轴转矩	M_c	N·m	$M_c = \dfrac{f \pi d_c^2 K_c}{4000}$
主轴净功率	P_c	kW	$P_c = \dfrac{a_p a_e v_f K_c}{60 \times 10^6 \times \eta}$
金属去除率	Q	cm³/min	$Q = \dfrac{a_p a_e v_f}{1000}$

七、铣削方法

1. 铣削平面的方法

铣削平面的方法包括周铣法和端铣法，如图 2-1-13 所示。

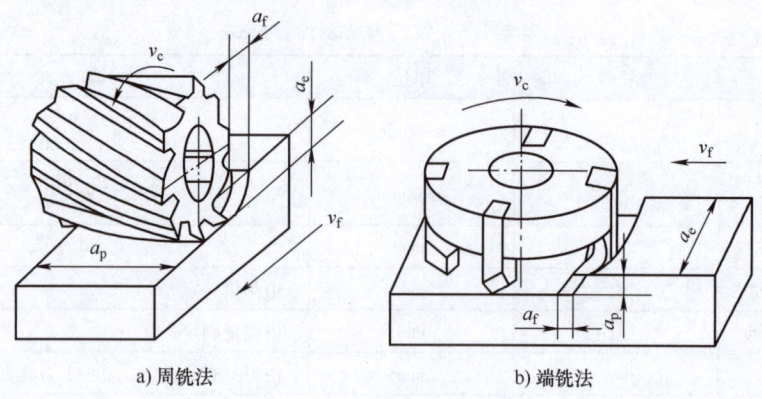

a) 周铣法　　　　　　　　b) 端铣法

图 2-1-13　铣削平面的方法

(1) 周铣法　周铣法是指用铣刀圆周表面上的切削刃进行切削加工的方法。铣刀的回转中心线平行于被加工零件表面，所用刀具称为圆柱形铣刀。周铣时，铣削方式分为逆铣和顺铣两类，如图 2-1-14 所示，当铣刀旋转切削刃的运动方向与工件进给方向相同时，称为顺铣，反之称为逆铣。

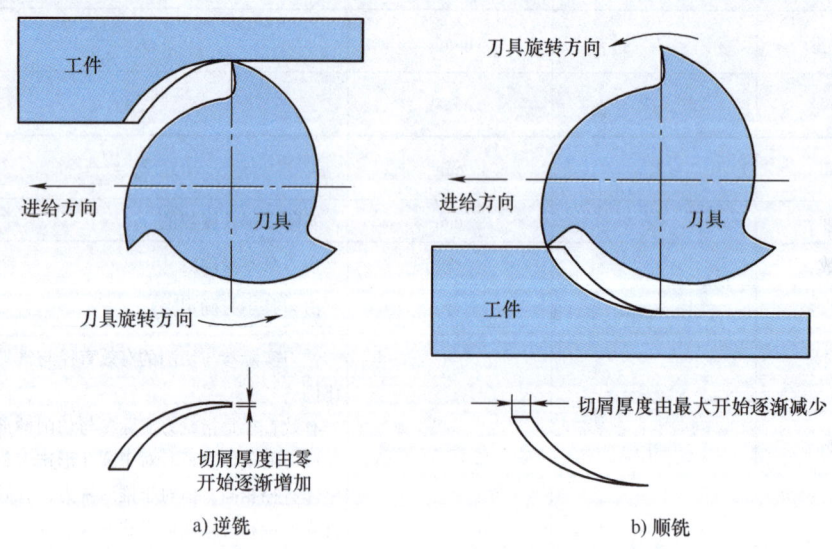

a) 逆铣　　　　　　　　b) 顺铣

图 2-1-14　逆铣和顺铣

逆铣时，每个刀齿的切削层厚度从零增加到最大值。由于铣刀刃口处总有圆弧存在，而不是绝对尖锐的，所以在刀齿接触工件的初期不能切入工件，而是在工件表面上挤压、滑行，使刀齿与工件之间的摩擦加大，加速刀具磨损，同时也使表面质量下降。而顺铣时，每个刀齿的切削层厚度由最大减小到零，从而避免了上述加工中的问题。

(2) 端铣法　端铣法是指用铣刀端面上的切削刃进行切削加工的方法。铣刀的回转中心线与被加工零件表面垂直，所用刀具称为面铣刀。端铣时，根据铣刀和零件相对位置的不同，分为对称端铣、不对称逆铣和不对称顺铣，如图 2-1-15 所示。

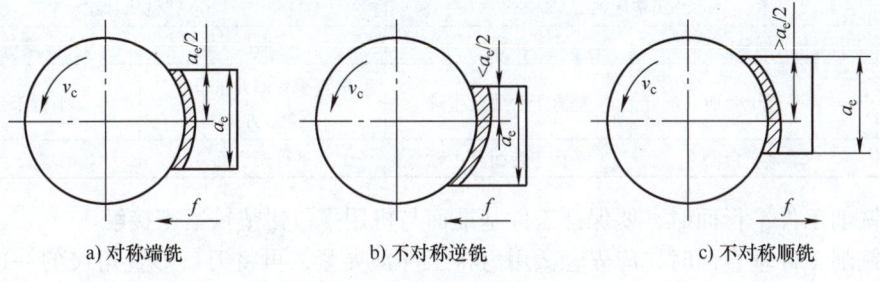

a) 对称端铣　　　　　b) 不对称逆铣　　　　　c) 不对称顺铣

图 2-1-15　端铣法

1) 对称端铣。零件安装在面铣刀的对称位置上，切削厚度平均，保证刀齿在切削表面的冷硬层之下铣削，如图 2-1-15a 所示。

2) 不对称逆铣。铣刀从较小的切削厚度处切入，从较大的切削厚度处切出，可减小切入时冲击，提高铣削平稳性，适用于加工普通碳素钢和低合金钢，如图 2-1-15b 所示。

3) 不对称顺铣。铣刀从较大的切削厚度处切入，从较小切削厚度处切出。在加工塑性较大的不锈钢和耐热钢等材料时，可减少毛刺及刀具的黏结磨损，有效提高刀具使用寿命，如图 2-1-15c 所示。

(3) 铣削平面的操作步骤　铣削平面的操作步骤见表 2-1-6。

表 2-1-6　铣削平面的操作步骤

步骤	内容
1	对刀：移动工作台使刀具接近工件，起动主轴使铣刀旋转，在升降台方向，缓慢移动工作台上升，使工件和铣刀接触，将升降台进给刻度盘的零刻线对零，纵向退出工作台，使铣刀离开工件
2	进刀：利用刻度盘的刻度线，将工作台沿升降台移动方向升高至铣削位置（如背吃刀量大时，需进行分层铣削），然后紧固升降台和横向工作台
3	切削：先手动使工作台纵向进给，当切入工件后改为自动进给
4	退刀：使工作台下降并退回纵向工作台，停止主轴旋转
5	检测：检查工件尺寸和几何精度、表面粗糙度等，依次继续铣削至符合图样要求为止

(4) 铣削平面注意事项

1) 装夹工件时，应尽量使水平方向的铣削分力指向台式平口钳的固定钳口。

2) 铣削时，应紧固不使用的进给机构，操作完毕后再松开。

3) 铣削过程中，不允许用手触摸或测量工件、变换主轴转速。

4) 铣削过程中，不允许停止铣刀旋转和自动进给，以免损坏刀具、啃伤工件。若必须停止时，则应先操作使工作台下降，使铣刀与工件脱离接触后方可进行。

5) 调整工作台控制工件尺寸时，若手柄摇过刻度线尺寸，应反向摇动手柄，消除丝杠与螺母间隙后再进刀，以免影响工件尺寸。

2. 铣削工件垂直面和平行面的方法

铣削工件垂直面和平行面时，工件装夹基准面与铣床工作台面之间的位置关系（表 2-1-7）是影响铣削工件的垂直度和平行度误差的直接因素。

表 2-1-7 工件装夹基准面与铣床工作台面之间的位置关系

铣削平面类别	卧式铣床加工		立式铣床加工	
	周铣	端铣	周铣	端铣
平行面	平行于台面	垂直于台面及主轴	垂直于台面并平行于进给方向	平行于台面
垂直面	垂直于台面	平行于台面及主轴	平行于台面	垂直于台面

1）铣削工件平行面时，要保证工件基准面与机用平口钳垫铁紧密接触。

2）铣削工件垂直面时，应先轻微用力将工件预夹紧，再将刀口形直角尺的一边测量尺放置于机用平口钳的钳口内，保证另一边测量尺处于垂直状态，且接触与被铣削工件表面相垂直的左侧面底端，用铜棒轻敲工件，使工件表面与刀口形直角尺的测量尺面紧密接触，取下刀口形直角尺，将工件夹紧。

3. 铣削沟槽的方法

（1）**铣削直通槽的方法** 如图 2-1-16 所示，使用立铣刀铣削直通槽，由直通槽的外端开始铣削，铣好槽深后再扩铣直通槽的两侧，扩铣时应避免使用顺铣方式，以免损坏立铣刀及损伤工件表面。

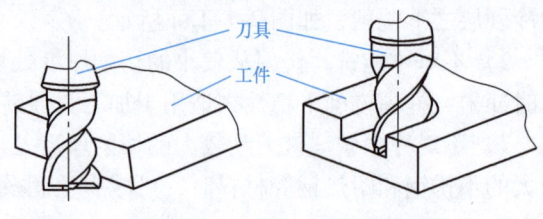

图 2-1-16 立铣刀铣削直通槽

由于立铣刀的刚度较差，铣削时易产生偏差，还可能因受力过大而折断，因此在铣削较深的直通槽时，可在深度方向采用分层铣削的方式达到深度尺寸要求。

（2）**铣削腰形槽的方法** 腰形槽属于封闭类型的沟槽，在加工时，刀具先沿垂直方向下刀，再沿长度方向进行铣削，所以常使用键槽铣刀作为铣削刀具，如图 2-1-17a 所示。

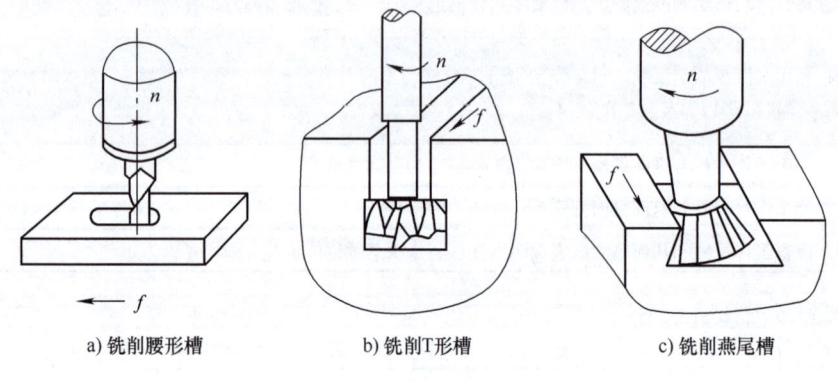

a）铣削腰形槽　　b）铣削T形槽　　c）铣削燕尾槽

图 2-1-17 铣削不同槽

（3）**铣削 T 形槽和燕尾槽的方法** 铣削 T 形槽和燕尾槽时，首先要铣出一个通槽，再在此基础上，选择专用的 T 形槽铣刀和燕尾槽刀具完成铣削加工，如图 2-1-17b 和图 2-1-17c 所示。

八、铣床设备的空运行操作

1. 工作台手动进给

接通普通铣床的纵向、横向和垂直方向的手动进给离合器，摇动各进

铣床操作

给手柄，即可完成工作台的手动进给操作。各个方向的进给手柄上都有刻度盘并刻有刻线，如图2-1-18所示，每转动一格，工作台移动0.05mm。注意，如果不小心将手柄摇过了所需的位置刻度，不能直接摇回，必须将其退回一转后，再重新摇到要求的刻度位置，这么做的目的是消除间隙值。

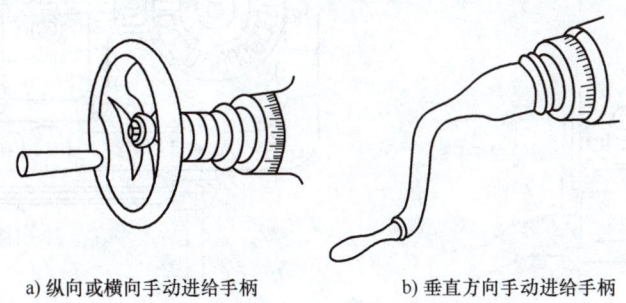

a) 纵向或横向手动进给手柄　　b) 垂直方向手动进给手柄

图2-1-18　工作台手动进给手柄

2. 工作台自动进给

纵向的自动进给手柄有3个档位，即"向左进给""向右进给"和"停止"。横向和垂直方向的自动进给手柄有5个档位，即"向里进给""向外进给""向上进给""向下进给"和"停止"，如图2-1-19所示。

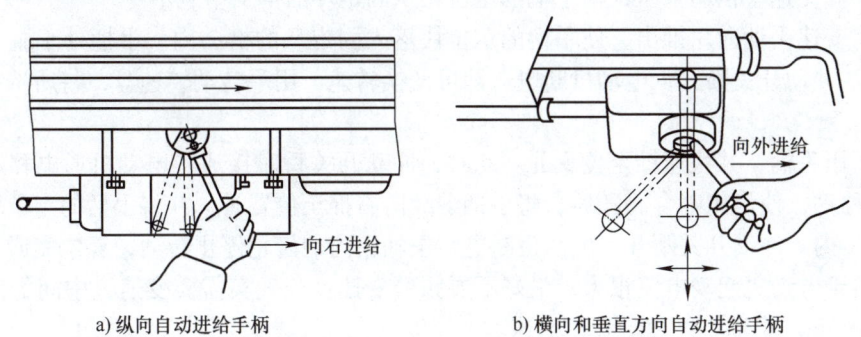

a) 纵向自动进给手柄　　b) 横向和垂直方向自动进给手柄

图2-1-19　工作台自动进给手柄

自动进给手柄的设置使操作非常形象且易于理解。当自动进给手柄与进给方向处于垂直状态时，自动进给停止；当自动进给手柄处于倾斜状态时，则该倾斜方向的自动进给被接通。在主轴转动时，手柄向哪个方向倾斜，即向哪个方向进行自动进给；若同时按下快速移动按钮，则工作台即向该方向进行快速移动。

3. 铣床进给变速

铣床进给变速操作部分如图2-1-20所示，其操作步骤如下。

1）向外拉出进给变速手柄。

2）转动进给变速手柄，带动进给速度盘转动。将选择好进给速度盘上的进给速度值对准指针位置。

3）将进给变速手柄推回原位，并推到底。若推不到底，则可在工作台移动过程中进行。

4. 铣床主轴变速

铣床主轴变速操作部分如图2-1-21所示，其变速操作如下。

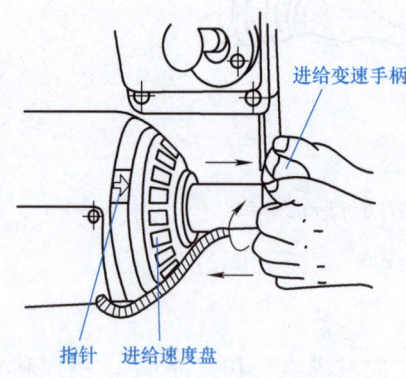
图 2-1-20　铣床进给变速操作部分

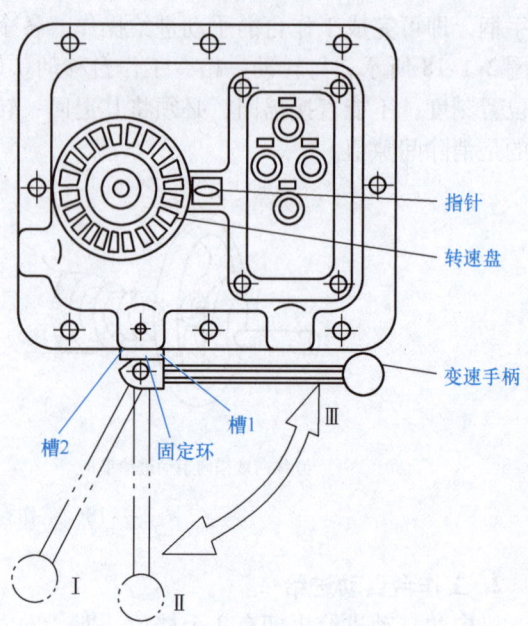
图 2-1-21　铣床主轴变速操作部分

1）手握变速手柄向下压，使手柄的定位块从固定环的槽1中脱出。

2）将变速手柄向左推出，使手柄的定位块落入固定环的槽2内。手柄处于脱开的位置Ⅰ。此时，冲动开关断开，电动机断电，即可变换转速。用手转动转速盘，将所选择的转速对准指针。

3）下压手柄，并快速推至位置Ⅱ。此时，冲动开关瞬时接通，电动机通电移动，带动变速齿轮移动，使齿轮啮合。随后，将手柄继续向右推至位置Ⅲ，并将手柄的定位块送入固定环的槽1内。冲动开关断开，电动机断电，主轴箱内的齿轮停止转动，复位完成。

4）由于电动机起动电流很大，最好不要频繁变速。若确实需要变速，中间的间隔时间应不少于5min。主轴未停稳时禁止变速。

5. 铣刀装卸

在X5032立式升降台铣床上装卸铣刀，具体操作步骤见表2-1-8。

表2-1-8　装卸铣刀操作步骤

步骤	内容
1	将铣床"装刀开关"转向"接通"位置，将"急停开关"旋向"停止"状态
2	将机床主轴内锥、铣刀柄和铣刀擦拭干净
3	用手握住安装立铣刀的刀柄或托住面铣刀的刀盘底部，将刀柄装入主轴内，用专用扳手顺时针拧紧刀柄锁紧螺母，安装铣刀时，应使铣刀旋转方向与刀齿切削刃方向一致
4	装夹铣刀后，应缓慢转动主轴，检查铣刀的径向圆跳动量，若发现问题，应重装加以解决

6. 找正与装夹工件

（1）**选择夹具**　铣床常用夹具包括机用平口钳、压板、分度头或旋转台及专用夹具等，如图2-1-22所示。机用平口钳适用于装夹形状规则的工件，如长方体等，但需确保钳口清洁无毛刺。配合T形螺栓和螺母的压板可用于装夹大型工件或不规则工件，将T形螺栓的T

形头部穿入铣床工作台的T形槽内,螺栓上部穿入压板孔或槽内,将压板前端压在工件上,用螺母锁紧T形螺栓,即可夹紧工件。分度头或旋转台用于加工需要等分或分度角度的工件,例如齿轮和多边形等。专用夹具主要是指根据加工工件的要求,设计出的专门用来夹持该工件的夹具,可提高效率和一致性,多用于工件的批量生产。

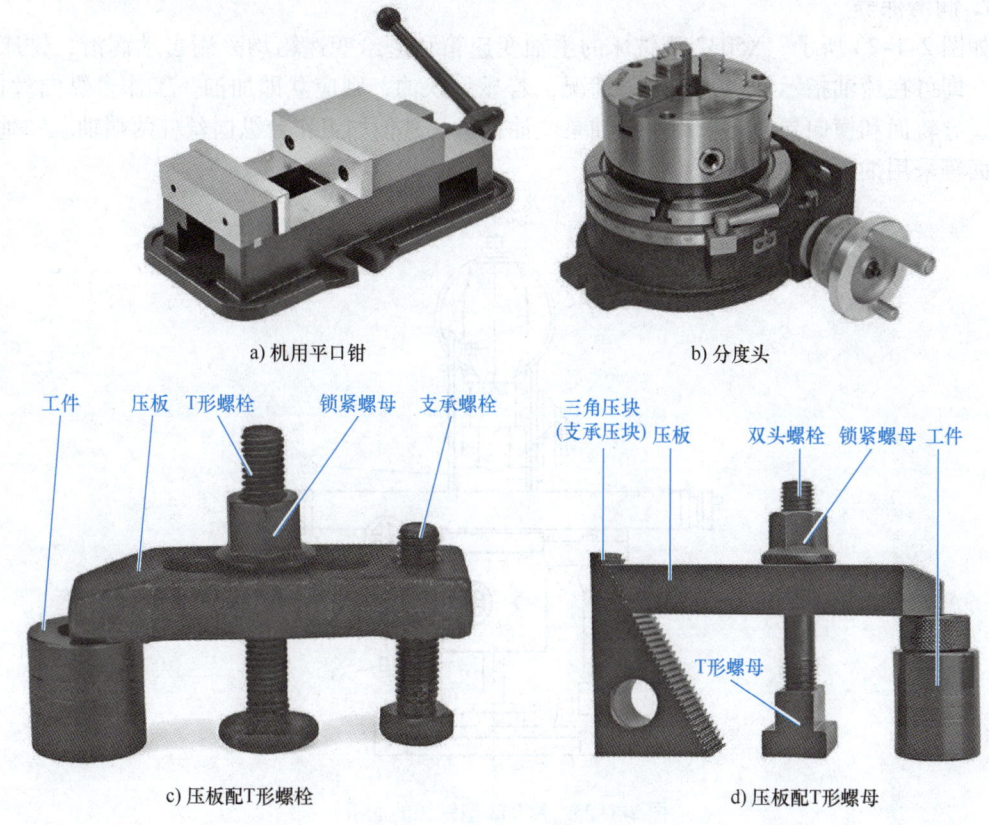

a) 机用平口钳 b) 分度头
c) 压板配T形螺栓 d) 压板配T形螺母

图 2-1-22　铣床常用夹具

(2) 找正工件

1) 百分表找正。将百分表座磁吸在主轴或刀柄上,使百分表测头接触工件基准面,并向下压1mm左右,将表盘调至零位。手动移动工作台,观察表针摆动情况,调整工件直至指针偏差处于允许范围之内,例如 ±0.01mm。使用百分表找正工件的方法可使精度达到 0.01mm。

2) 划线找正。预先在工件上划出加工轮廓线和基准线,用划线盘对准已划轮廓线或基准线,调整工件位置,使已划轮廓线或基准线与铣床运动方向平行。划线找正精度较低,一般用于毛坯工件找正。

3) 基准面找正。若工件上有已加工的基准面,则可直接将其靠紧机用平口钳固定钳口。

(3) 装夹工件

1) 定位。将工件表面、机用平口钳的钳口和工作台清理干净,根据被加工工件铣削要求,选择两块合适的等高垫铁,放置在机用平口钳的钳口内,将工件放置于等高垫铁上,确定工件在机用平口钳内的位置。

2) 夹紧工件。先手动拧动机用平口钳,将工件稍微夹紧,用铜棒轻敲工件,保证工件与等高垫铁紧密接触，确保支承稳固无悬空，再用扳手拧动机用平口钳，夹紧工件。夹紧力要适中，过大会导致工件变形，过小可能使工件在加工时出现松动，可以使用力矩扳手控制力度。当用压板夹紧工件时，压点的布局要均匀，且应尽量靠近工件加工部位，避免加工时产生振动。夹紧铸铁等脆性材料时，需在工件装夹面加装铜皮等软金属对其进行保护。

7. 润滑保养

如图 2-1-23 所示，X5032 型铣床的主轴变速箱和进给变速箱均采用自动润滑，铣床起动后，即可在流油指示器观察到润滑情况，若显示缺油，则应立即加油。工作台纵向丝杠、螺母、导轨面和横向导轨等采用手拉油泵注油润滑。其他如工作台纵向丝杠两端轴承和垂直导轨面等采用油枪注油润滑。

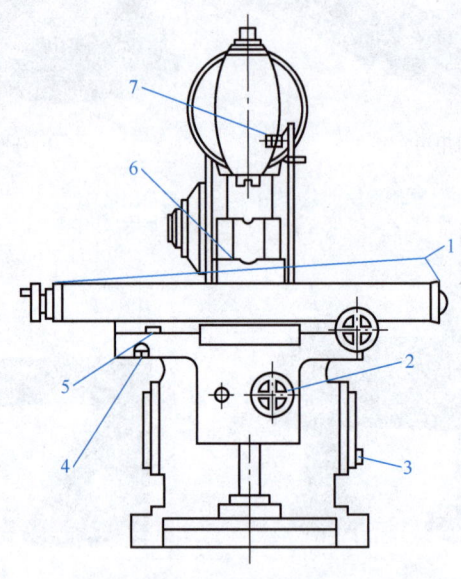

图 2-1-23　X5032 型铣床的润滑

1—丝杠两端轴承　2—横向丝杠　3—油标1　4—油标2　5—手拉油泵　6—垂直导轨　7—手柄轴

【任务实施】

一、场地和设备

1. 训练场地

机械加工实训场。

2. 训练设备

（1）**机床设备**　X5032 型铣床 10 台、配套机用平口钳及扳手、等高垫铁、铜棒、抹布和油壶等辅具 10 套。

（2）**切削刀具**　ϕ120mm 面铣刀 10 把，ϕ4mm 立铣刀 10 把。

（3）**检测量具**　量程为 0~150mm 的游标卡尺 10 把，量程为 0~25mm 的外径千分尺 10 把，刀口形直角尺 10 把。

二、实施步骤

固定钳口的铣削操作步骤见表 2-1-9。

加工固定钳口

表 2-1-9　固定钳口的铣削操作步骤

步骤	内容	成果
铣削准备	1）分析零件图样，各加工平面的平面度误差≤0.05mm，相邻平面间的垂直度误差≤0.05mm（图 2-1-1 中未——注出） 2）准备工件毛坯，尺寸为 63mm×25mm×25mm 3）选择设计基准面 A 作为定位基准面 4）选用面铣刀加工平面，面铣刀的直径选择 ϕ120mm，采用 ϕ4mm 立铣刀加工通槽 5）采用机用平口钳装夹工件	
铣削六面体 (58mm×20mm×20mm)	1）加工基准面 A。以侧面 E 为粗基准，将其靠向机用平口钳的固定钳口，在机用平口钳导轨面上垫适当高度的等高垫铁，使毛坯上表面高出钳口 5~10mm，夹紧工件 　　安装 ϕ120mm 面铣刀。起动铣床，操作垂直向手柄，使铣刀与工件表面刚好接触，将刻度盘归零；将铣刀退出至工件右侧，工作台上升 1mm，采用纵向进给，铣出 A 面，保证平面度误差≤0.05mm，表面粗糙度值为 Ra 3.2~6.3μm。加工时应采用先粗铣一刀，再精铣一刀的方法，以保证加工质量 2）加工 E 面。在机用平口钳导轨面上垫等高垫铁，将已加工的基准面 A 紧贴固定钳口，使侧面 E 高出钳口 5~10mm，夹紧工件 　　起动铣床，操作垂直向手柄，使铣刀与工件表面刚好接触，将刻度盘归零；将铣刀退出至工件右侧，工作台上升 1mm，采用纵向进给，铣出 E 面，保证平面度误差≤0.05mm，表面粗糙度值为 Ra 3.2~6.3μm，且 A 面与 E 面垂直 3）加工 B 面。将已加工的基准面 A 紧贴固定钳口，将侧面 C 向下，将刀口形直角尺的一面测量尺放在机用平口钳的导轨面上，使工件已加工面 E 靠向刀口形直角尺垂直面测量尺找正，夹紧工件，粗、精铣 B 面 4）加工 D 面。将基准面 A 放置在等高垫铁上并贴合，侧面 E 紧贴固定钳口，夹紧工件，分层粗、精铣 D 面，保证 A、D 面尺寸为 $20_{-0.033}^{\ 0}$mm，平面度误差≤0.05mm，表面粗糙度值为 Ra 1.6μm 5）加工 F 面。将基准面 A 贴向固定钳口，E 面放置在等高垫铁上，用刀口形直角尺找正 B 面，使其与等高垫铁表面（或机用平口钳导轨面）垂直，夹紧工件，分层粗、精铣削 F 面，每次铣削深度 1~3mm，保证 E、F 面高度尺寸为 20mm 6）加工 C 面。将 B 面紧贴等高垫铁（或机用平口钳导轨面），将基准面 A 紧贴固定钳口，夹紧工件。分层粗、精铣削 C 面。粗铣时，每次铣削深度为 2~3mm，精铣时，铣削深度取≤0.5mm，保证 B、C 面长度尺寸为 58mm，同时保证平面度误差≤0.05mm，表面粗糙度值为 Ra 3.2~6.3μm。 7）去除毛刺，检验工件。去除六面体各棱边毛刺，测量长×宽×高尺寸 58mm×20mm×20mm	

(续)

步骤	内容	成果
铣削宽为4mm的通槽	1）装夹工件。校正机用平口钳，将基准面 A 与等高垫铁贴合，侧面 E 与固定钳口贴合，装夹工件且保证工件 D 面高出钳口 5~10mm，用铜棒敲实，夹紧工件 2）装刀。安装 φ4mm 立铣刀 3）侧面对刀移距。在侧面 F 上贴油纸，起动铣床主轴，横向移动工作台，使旋转的铣刀轻擦纸张，此时将横向工作台刻度归零。使工作台下降，将铣刀抬高于工件上表面，逆向摇动横向进给手柄，并将刀具中心移至4mm槽的中心。移动距离为 L = 通槽距侧面 F 边距离 + 立铣刀直径 + 油纸厚度 = 4mm + 4mm + 0.05mm = 8.05mm 4）试切。纵向进给工作台，在 D 面上试切深度为 0.5mm、长度为 10mm 左右的浅槽，停机测量，看槽边与侧面 F 边距离是否为 4mm，槽宽由立铣刀直径保证。若尺寸有变化，则须调整后试切，再测量，直到符合通槽距侧面 F 边距离为 4mm 要求为止，横向锁紧工作台 5）铣削通槽。在 D 面上用 φ4mm 立铣刀，沿深度方向分 2 次走刀，加工第一条通槽，达图样尺寸及要求。再移动 8mm 加工第二条通槽，达图样尺寸及要求。铣削用量建议：铣削深度，第 1 次为 0.7mm、第 2 次为 0.3mm，进给量为 23.5~37.5mm/min，机床转速为 750r/min 6）去毛刺。用锉刀去除毛刺 7）检测工件。对照图样要求，用千分尺或数显卡尺检测通槽相关尺寸及要求	

三、大国工匠技能成长案例

李峰，航天九院 13 所的一名铣工，航天特级技师，是航天科技集团技能人才队伍建设工作领域智库专家成员，享受国务院政府特殊津贴，先后荣获中华技能大奖、"全国技术能手""中央企业百名杰出工匠""国资委中央企业技术能手""航天科技集团航天技能大奖"和中国航天基金奖等荣誉。

凭借"稳、准、细、精、巧"的精湛技艺，李峰先后突破了异形、薄壁和特种材料零件超精密加工等 150 余项生产加工技术难题，有力保障了我国新一代运载火箭、载人航天工程和北斗导航系统等重大工程研制生产任务，是名副其实为运载火箭打造"火眼金睛"的大国工匠。

航天装备是彰显航天强国实力、提振民族士气的国之重器。惯导系统决定了航天装备能否飞得稳、打得准，被比作运载火箭等航天装备的"眼睛"。加工的零件每减少 1μm 误差，就能提高几千米的轨道精度。李峰以其精湛高超的加工技艺，攻克多项技术难题，使加工精度几乎达到极限。

从 1990 年参加工作至今，李峰只干过一个工种——铣工。他加工过很多异形零件。每一次都是在攻坚克难，李峰却始终坚持做到精益求精。他常说："加也是误差，减也是误差，只有零位是最好的。我达不到零对零，但一定要奔着那个方向做调整。"李峰日常用的刀具，都是他凭借多年工作经验在 200 倍显微镜下精心打磨而成的。

在科研任务紧迫、先进技术封锁且经验不足的情况下，为保证某任务零件生产，李峰提出了"全螺旋"进给方法，实现了超薄石英玻璃薄壁零件的超声铣磨精密加工，表面粗糙度值达到了 0.1μm。他还提出了"快速锁紧反拉胀胎"加工方法,将单件装夹时间由 300s 缩短到 10s 以内。一系列加工难题的攻克,使核心产品的加工精度得到大幅提升,研制周期比常规需求缩短了三分之二,保证了研制任务顺利完成。他参与生产的项目斩获了国家科学技术进步奖特等奖。

李峰坚持不懈的技术创新,有效提升了核心关键零部件加工生产效能。自工作以来,他先后参与完成重点项目 30 余个,承担精密加工任务 2000 余项,在推动加工技术创新的同时,也为单位创造了巨大的经济效益。

30 年来,李峰不忘航天报国初心,勇担航天强国使命,坚守小小三尺铣台,铸就件件大国重器。他用专注与奉献诠释了航天技能人员的追求和梦想,实现了从一名普通技工到技能大师的完美蜕变,为航天强国的建设做出了自己的贡献。

【任务考核】

铣削固定钳口考核表见表 2-1-10。

表 2-1-10　铣削固定钳口的考核表

序号	考核内容	要求	配分	评分标准	检测结果	得分	备注
1	产品装配验证	能安装到企业产品"精密小型平口钳"上,满足装配标准要求	20	装配完整,得满分;装配不上,不得分			
2	线性尺寸	长度58mm	5	超差0.1mm扣1分,扣完为止			
		宽度 $20_{-0.033}^{0}$ mm	5	超差不得分			
		高度20mm	5	超差0.1mm扣1分,扣完为止			
3	通槽	宽4mm	5	超差0.1mm扣1分,扣完为止			
		19mm	10	超差0.1mm扣1分,扣完为止			
		距侧面4mm	5	超差0.1mm扣1分,扣完为止			
4	垂直度	⊥ 0.05 B	5	超差0.01mm扣1分,扣完为止			
5	平面度	▱ 0.05	5	超差0.01mm扣1分,扣完为止			
6	毛刺	去除零件棱边毛刺	5	1 处未去除干净,扣 1 分,扣完为止			
7	表面粗糙度	Ra 1.6μm	5	超1处扣1分,扣完为止			
		Ra 6.3μm	5	超1处扣1分,扣完为止			
8	安全文明生产	遵守安全操作规程等	10	未穿劳保服扣2分/次;未打扫卫生或打扫得不干净扣5分/次;不遵守安全操作规程扣5分/次;用语不文明扣10分/次。扣完为止			
9	学习态度	听课、出勤等	10	上课使用手机做与任务学习无关的事情扣5分/次;迟到、早退扣5分/次;无故旷课扣10分/次;听课不认真扣5分/次。扣完为止			
		合计	100	—		—	
评价人签字		日期		复核人签字		日期	
企业导师评价							

【任务小结】

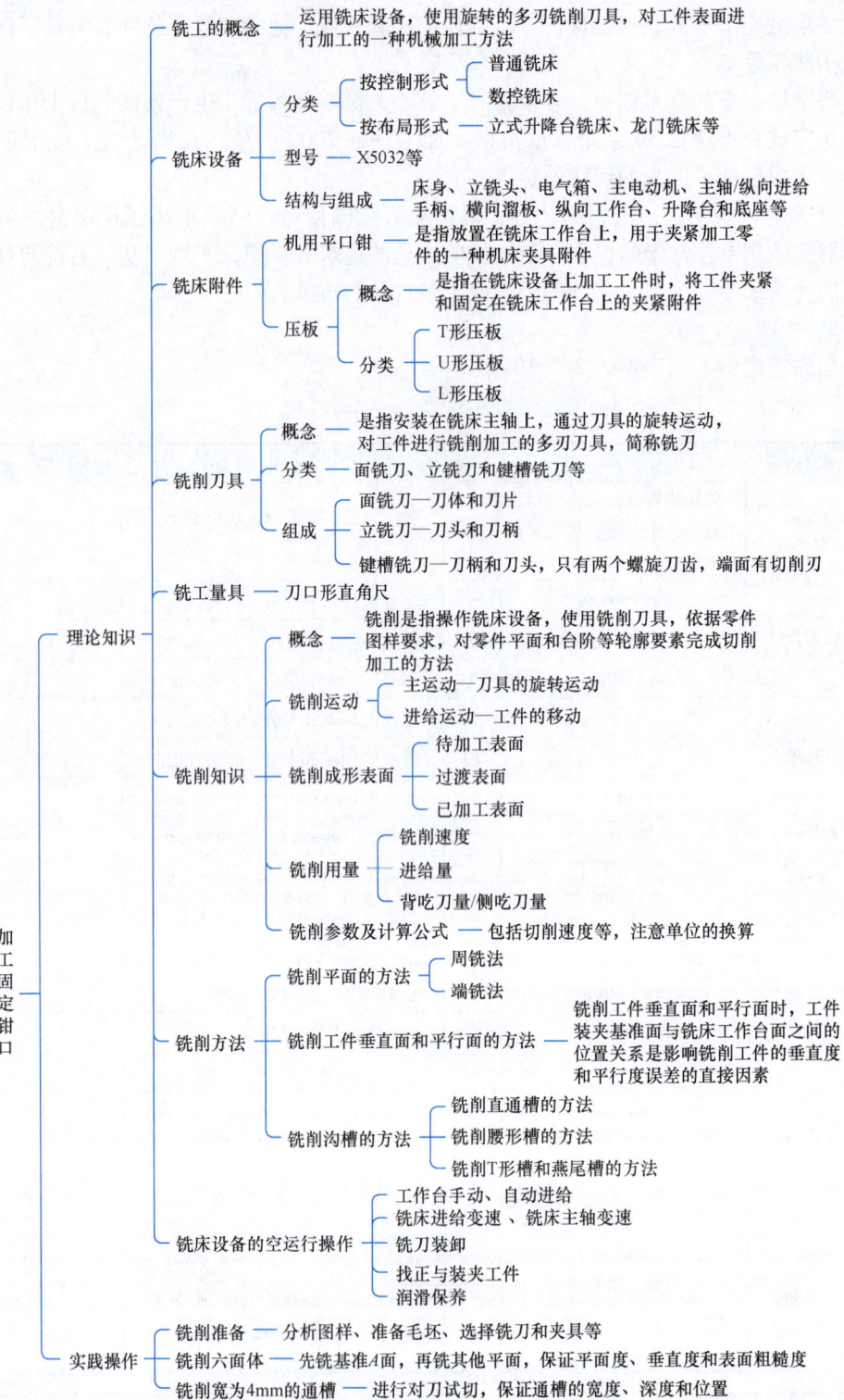

【拓展训练】

根据图 2-1-24 中固定 V 形钳口的图样要求，写出在普通铣床加工该零件的操作步骤，并运用普通铣床完成该零件的铣削加工，两个 M5 螺纹孔不加工。

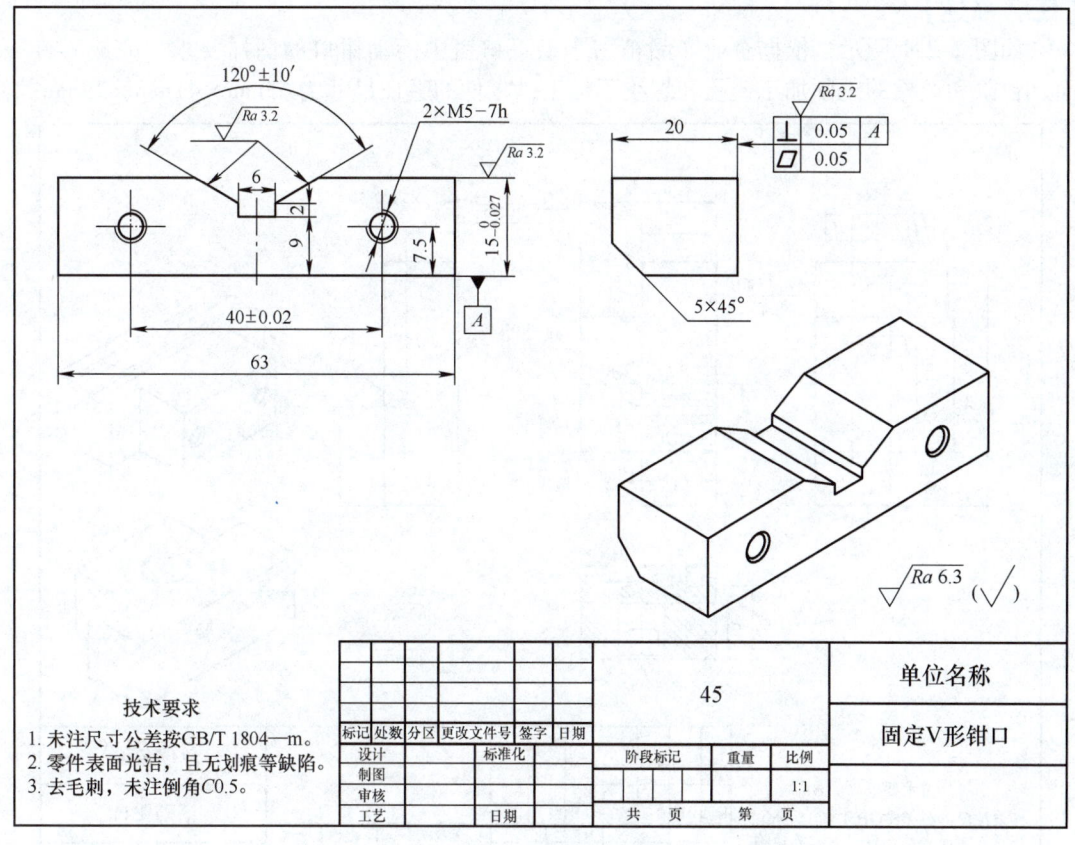

图 2-1-24　固定 V 形钳口

【课后自测】

1. X5032 型铣床属于（　　）。
   A. 立式升降台铣床　　B. 卧式升降台铣床　　C. 龙门铣床　　D. 万能工具铣床
2. 铣削刀具按加工用途分为面铣刀、立铣刀、键槽铣刀和（　　）。
   A. T 形槽铣刀　　B. 单刃刀具　　C. 多刃刀具　　D. 长铣刀
3. 刀口形直角尺可以应用于检测直角、工件被测表面与基准面之间的垂直度误差和（　　）。
   A. 基准找正　　B. 长度尺寸　　C. 直径尺寸　　D. 表面粗糙度
4. 下列关于逆铣和顺铣的描述中，正确的是（　　）。
   A. 逆铣时，刀具的旋转方向与工件进给方向相反，顺铣时相同
   B. 逆铣时，刀具的旋转方向与工件进给方向相同，顺铣时相反
   C. 逆铣和顺铣时，刀具的旋转方向均与工件进给方向无关
   D. 顺铣时，刀具从工件顶面切入，逆铣时从工件底面切入
5. 铣削平面的方法包括周铣法和（　　）。
   A. 端铣法　　B. 逆铣法　　C. 垂直法　　D. 平行法

任务二 加工活动钳口

【任务描述】

如图 2-2-1 所示,依据企业产品精密小型平口钳中活动钳口的图样要求,完成零件平面、台阶和通槽的铣削加工,孔和螺纹不加工,零件的毛坯尺寸为 63mm×41mm×25mm。

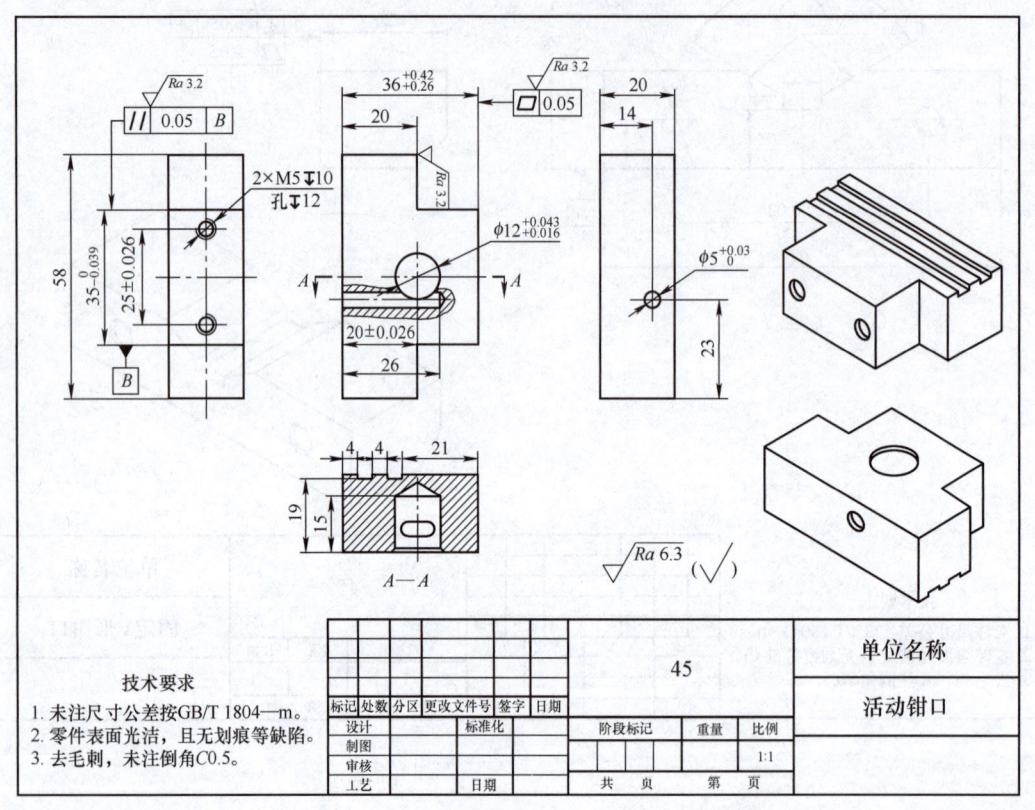

图 2-2-1 活动钳口

【任务解析】

活动钳口与精密小型平口钳的压紧滑块相邻,如图 2-2-2 所示,该零件沿钳体上的导轨滑动,与固定钳口配合,实现装夹工件的功能。加工活动钳口时,要保证各平面的平面度、相邻面之间的垂直度及相对面之间的平行度。加工台阶时,要保证宽度和深度尺寸的准确性。在铣削通槽的过程中,为保证容易排出切屑和降低切削热,要用切削液进行冷却。

【相关知识】

一、台阶面的类型

台阶面由平行面和垂直面组合而成,各类台阶面如图 2-2-3 所示。台阶面除了应具有较好的平面度和较小的表面粗糙度值要求外,还应具有较高的尺寸精度和几何精度。

二、面铣刀和立铣刀铣削台阶面

采用面铣刀和立铣刀铣削台阶面的方法见表 2-2-1。

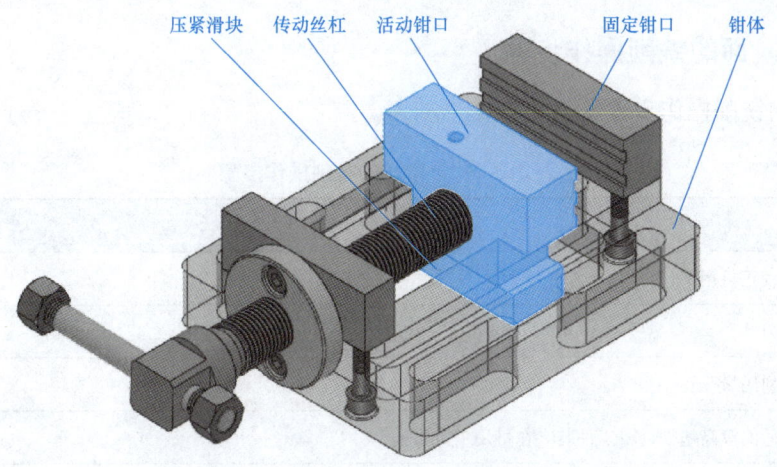

图 2-2-2 活动钳口在精密小型平口钳上的位置

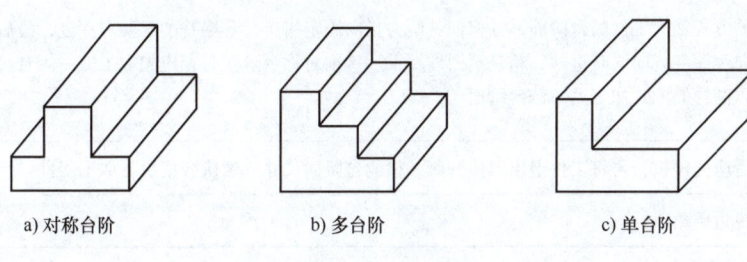

图 2-2-3 台阶面

表 2-2-1 面铣刀和立铣刀铣削台阶面的方法

类别	图示	说明
面铣刀铣削台阶面		对于宽度较宽且深度较浅的台阶，常在立式铣床上用面铣刀加工。面铣刀刀柄的刚度大，铣削时切屑厚度的变化小，切削平稳，加工表面的表面质量好，铣削效率较高。铣削时，所选面铣刀的直径应大于台阶宽度，一般来说，$D = (1.4 \sim 1.6)B$
立铣刀铣削台阶面		对于深度较深的台阶或多级台阶，可在立式铣床上用立铣刀加工。铣削时，立铣刀的圆周刃起主要切削作用，而端面的切削刃起修光作用。由于立铣刀刚度小，强度较弱，故铣削时选用的铣削用量要小，否则容易产生"让刀"现象，严重时甚至会折断铣刀。因此，在条件允许的情况下，应尽可能选择直径较大的立铣刀，以提高铣削效率

三、台阶面的铣削操作步骤

台阶面的铣削操作步骤见表2-2-2。

表 2-2-2　台阶面的铣削操作步骤

步骤	内　　容
1	安装并校正机用平口钳
2	安装铣刀
3	调整铣削用量
4	选择合适的等高垫铁，将工件装夹在机用平口钳上
5	采用划线试切法对刀，也可采用侧边试切对刀
6	采用逆铣的方式铣削工件的台阶面，并保证铣削力指向固定钳口，分层铣削至要求深度，最后一次进给时应沿工件水平方向和深度方向同时进给，精铣至图样要求。铣削对称台阶面时，应先加工完一侧台阶面后，将工件翻边装夹，再以同样的方式加工另一侧台阶面
7	加工完毕后应先停机，再将工件退出刀体一侧，检测台阶面尺寸，确认合格后，取下工件
8	去毛刺，锐边倒角

四、影响台阶面铣削质量的因素

影响台阶面铣削质量的因素见表2-2-3。

表 2-2-3　影响台阶面铣削质量的因素

类别	影响因素
尺寸精度	1）移动工作台调整尺寸时，摇动手柄尺寸不准 2）工作台的零位不准，用铣刀铣削台阶面时，会使台阶上部尺寸变小 3）铣削过程中，铣刀受力不均匀，出现"让刀"现象 4）铣刀变钝或铣刀摆差太大 5）使用量具测量尺寸时不准确
几何精度	1）机用平口钳的固定钳口未找正，或用压板装夹时工件未找正，都会使铣出的台阶产生歪斜 2）立铣刀的零位不准，用立铣刀纵向进给铣削时，台阶底面产生凹面
表面粗糙度	1）铣刀变钝 2）铣刀摆差太大 3）铣削用量选择不当，进给量过大 4）铣削钢件或难加工材料时，没有使用切削液或切削液使用不当 5）机床主轴、工作台及轴承间隙过大；铣削时振动太大；加工时没有紧固未使用的进给机构，工作台产生蹿动

【任务实施】

一、场地和设备

1. 训练场地

机械加工实训场。

2. 训练设备

(1) 机床设备 X5032 型普通铣床 10 台、配套机用平口钳及扳手、等高垫铁、铜棒、抹布和油壶等辅具 10 套。

(2) 切削刀具 φ120mm 面铣刀 10 把，φ4mm 立铣刀、φ12mm 立铣刀各 10 把。

(3) 检测量具 量程为 0～150mm 的游标卡尺 10 把，量程为 0～25mm 的千分尺 10 把，刀口形直角尺 10 把。

加工活动钳口

二、实施步骤

活动钳口的铣削操作步骤见表 2-2-4。

表 2-2-4 活动钳口的铣削操作步骤

步骤	内容	成果
铣削准备	1) 分析零件图样，各加工平面的平面度误差≤0.05mm、相对平面间的平行度误差≤0.05mm（零件图上未注全） 2) 准备工件毛坯，尺寸为 63mm×41mm×25mm 3) 确定基准面为 A 面 4) 选用面铣刀加工平面，面铣刀的直径选择 φ120mm，采用 φ4mm 立铣刀加工通槽，采用 φ12mm 立铣刀加工台阶 5) 采用机用平口钳装夹工件	

(续)

步骤	内容	成果
铣削六面体	1）铣削 A 面（基准面）。将 F 面靠着机用平口钳的固定钳口，装夹 E、F 面，用 φ120mm 面铣刀粗、精铣 A 面，保证平面度误差≤0.05mm，表面粗糙度值为 Ra 3.2~6.3μm 2）铣削 E 面。以 A 面为基准面，靠着机用平口钳的固定钳口，装夹 A、D 面，粗、精铣 E 面，达到平面度要求和与 A 面的垂直度要求，表面粗糙度值为 Ra 3.2~6.3μm 3）铣削 B 面。以 A 面为基准面，靠着机用平口钳的固定钳口装夹 A、D 面，粗、精铣 B 面，达到平面度要求和与 A 面的垂直度要求，表面粗糙度值为 Ra 3.2~6.3μm 4）铣削 D、F、C 面。采用同样的方法，将已铣削面作为基准面装夹工件，分别粗、精铣 D、F、C 面至图样尺寸精度、平面度、垂直度和表面粗糙度等要求 5）去除毛刺，检验工件。去除六面体各棱边毛刺，测量长×宽×高尺寸为 58mm×36mm×20mm	
铣左台阶	1）校正机用平口钳，将基准面 E 与等高垫铁贴合，将 A 面靠固定钳口，装夹 A、D 面，使工件 F 面朝上，且高出钳口 18~20mm，用铜棒敲实，装夹工件，更换 φ12mm 立铣刀 2）以 C 面试切对刀，纵向移动工作台使铣刀试切工件 C 面，纵向手柄归零，下降工作台，使立铣刀处于工件 F 面，纵向移距至左侧台阶宽度 11mm 处，留出 0.5mm 的精铣余量，上升工作台，横向试切 F 面，停机测量台阶宽度，看是否符合尺寸要求 3）试切对刀符合要求后，按逆铣方式每次切削 2~3mm，分层铣削左侧台阶至深度 15.5mm 为止，留出 0.5mm 的精铣余量，测量左侧台阶宽度、深度尺寸后，根据余量情况移距并调整尺寸，一次进刀精铣至图样尺寸，保证台阶的宽度与深度尺寸，同时保证表面粗糙度值为 Ra 3.2μm 4）用锉刀去除毛刺，用千分尺对照图样要求，检测台阶相关尺寸及要求	

（续）

步骤	内容	成果
铣右台阶	1) 工件装夹方式不变 2) 以 B 面试切对刀，纵向移动工作台使铣刀试切工件 B 面，纵向手柄归零，下降工作台，使立铣刀处于工件 F 面，纵向移动至右侧台阶宽度 11mm 处，留出 0.5mm 的精铣余量，上升工作台，横向试切 F 面，停机测量台阶宽度，看是否符合尺寸要求 3) 试切对刀符合要求后，按逆铣方式每次取 2~3mm，分层铣削右侧台阶至深度 15.5mm 为止，留出 0.5mm 的精铣余量，测量右侧台阶宽度、深度尺寸后，根据余量情况移距并调整尺寸，一次进刀精铣至图样尺寸，保证台阶的宽度与深度尺寸，同时保证表面粗糙度值为 $Ra\ 3.2\mu m$ 4) 用锉刀去除毛刺，用千分尺对照图样要求，检测台阶相关尺寸及要求	
铣宽度为 4mm 的通槽	1) 将 D 面与等高垫铁贴合，E 面紧靠固定钳口，装夹 E、F 面，使工件 A 面朝上，且高出钳口 5~10mm，用铜棒敲实，装夹工件，更换 $\phi 4mm$ 立铣刀 2) 在面 E 上贴油纸，使铣刀旋转并横向移动工作台，使旋转的铣刀轻擦油纸，此时将横向工作台刻度对零。下降工作台，使铣刀抬高于工件上表面，逆摇横向进给手柄，并将刀具中心移至 4mm 槽的中心，移动距离 L = 沟槽距侧边距离 + 立铣刀直径 + 油纸厚度 = 4mm + 4mm + 0.05mm = 8.05mm 3) 在 A 面上用 $\phi 4mm$ 立铣刀分两次走刀加工第一条沟槽，达图样尺寸及要求。再移距 8mm 加工第二条沟槽至图样尺寸及要求。第 1 次铣削深度为 0.7mm，第 2 次铣削深度为 0.3mm，进给量为 23.5~37.5mm/min，机床转速为 750r/min 4) 用锉刀去除毛刺，用千分尺对照图样要求，检测通槽的相关尺寸及要求	

三、大国工匠技能成长案例

韩利萍，山西航天清华装备有限责任公司加工中心铣工，特级技师，党的十九大、二十大代表，先后荣获全国劳模、大国工匠、全国五一劳动奖章、全国三八红旗手标兵、中华技能大奖、全国技术能手和山西省第九届道德模范等荣誉。

1991 年，年仅 19 岁的韩利萍走进了航天制造的大门，成为一名普通的铣工。那时的她，对航天制造充满了好奇与憧憬，但现实却给她上了生动的一课。由于缺乏专业的职业技能学习，她连最基本的图样都看不懂，这让她在学徒期间吃了不少苦头。然而，正是这些困难，激发了韩利萍骨子里那股不服输的拼劲。为了攻克"看图样"这个难题，韩利萍付出了常人难以想象的努力。她不仅钻研大量专业书籍，还试着用土豆、萝卜等日常食材切出零件模型，以此加深对图样的直观理解。这种看似"笨拙"的方法，却让她逐渐建立起了自己的空间概念，为日后的技能提升打下了坚实的基础。凭借着这股滴水穿石、久久为功的"笨功夫"，韩利萍逐渐成长为精通操作、编程和工艺的复合型高技能人才。她的努力也得到了国家和行业的认可，先后荣获"全国五一劳动奖章"、享受国务院首批高技能人才特殊津贴等荣誉。

在韩利萍的职业生涯中，创新与攻关是她不变的追求。面对航天产品复杂多样、单件小批量的特点，以及不断涌现的新技术、新材料和新工艺，韩利萍始终坚持"毫厘"不让，力求把每一次操作都做到极致。她先后创新攻关 300 余项，其中 5 项获得了国家专利。特别是在提拉杆产品这一复杂异形零件的加工过程中，韩利萍带领团队历经两个月的攻关，成功啃下了这块硬骨头，一次交验合格率达到了 100%。这种对质量的极致追求，不仅体现了韩利萍的工匠精神，也为航天事业的顺利发展提供了有力保障。

韩利萍的故事,也是每一位大国工匠的缩影,他们用精湛的技艺、不懈的追求和无私的奉献,在平凡的岗位上书写着不平凡的篇章。正是有了这些大国工匠的默默付出和无私奉献,我国的航天事业才能取得如此辉煌的成就。

【任务考核】

铣削活动钳口的考核表见表2-2-5。

表2-2-5 铣削活动钳口的考核表

序号	考核内容	要求	配分	评分标准	检测结果	得分	备注
1	产品装配验证	能安装到企业产品"精密小型平口钳"上,满足装配标准要求	20	装配完整,得满分;装配不上,不得分			
2	线性尺寸	58mm	5	超差0.1mm扣1分,扣完为止			
		20mm	5	超差0.1mm扣1分,扣完为止			
		$35_{-0.039}^{0}$ mm	5	超差0.01mm扣1分,扣完为止			
		$36_{+0.26}^{+0.42}$ mm	5	超差0.01mm扣1分,扣完为止			
		台阶高20mm	5	超差0.1mm扣1分,扣完为止			
3	通槽	侧距4mm	5	超差0.1mm扣1分,扣完为止			
		槽宽4mm	5	超差0.1mm扣1分,扣完为止			
		间距4mm	5	超差0.1mm扣1分,扣完为止			
4	平行度	∥ 0.05 B	5	超差0.01mm扣1分,扣完为止			
5	平面度	⌒ 0.05	5	超差0.01mm扣1分,扣完为止			
6	毛刺	去除零件棱边毛刺	5	1处未去除扣1分,扣完为止			
7	表面粗糙度	$Ra\ 3.2\mu m$	3	超差1处扣1分,扣完为止			
		$Ra\ 6.3\mu m$	2	超差1处扣1分,扣完为止			
8	安全文明生产	遵守安全操作规程等	10	未穿劳保服扣2分/次;未打扫卫生或打扫得不干净扣5分/次;不遵守安全操作规程扣5分/次;用语不文明扣10分/次。扣完为止			
9	学习态度	听课、出勤等	10	上课使用手机做与任务学习无关的事情5分/次;迟到、早退扣5分/次;无故旷课扣10分/次;听课不认真扣5分/次。扣完为止			
		合计	100	—		—	
评价人签字			日期		复核人签字		日期
企业导师评价							

【任务小结】

- 加工活动钳口
  - 理论知识
    - 台阶面的类型
    - 面铣刀和立铣刀铣削台阶面
    - 台阶面的铣削操作步骤
    - 台阶面铣削质量因素
      - 尺寸精度
      - 几何精度
      - 表面粗糙度
  - 实践操作
    - 铣削准备
    - 铣削六面体
    - 铣左右台阶
    - 铣宽度为4mm的通槽

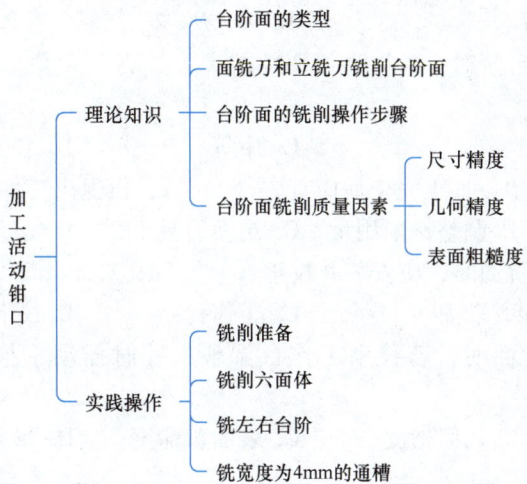

【拓展训练】

根据图 2-2-4 中活动 V 形钳口零件图样要求，写出在普通铣床上加工该零件的操作步骤，并运用普通铣床完成该零件的铣削加工，ϕ12mm 孔和两个 M5 螺纹孔不加工。

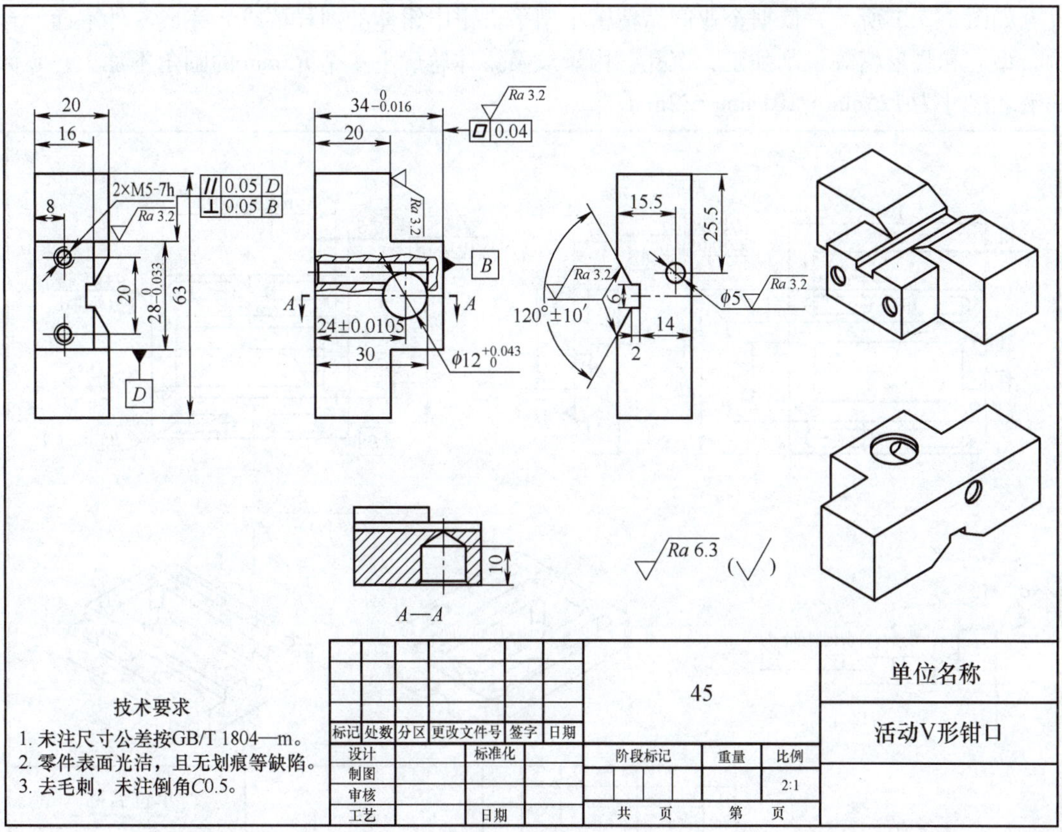

图 2-2-4 活动 V 形钳口

【课后自测】

1. 用面铣刀铣削台阶时，铣刀直径 D 应大于台阶宽度 B，通常按（　　）选取。

A. $D = (1.4 \sim 1.6)B$ B. $D = (1.0 \sim 1.2)B$
C. $D = (1.8 \sim 2.0)B$ D. $D = B$

2. 用立铣刀铣削深台阶时，为提高效率并减少"让刀"现象，应选择直径较（　　）的立铣刀。

A. 大　　　　B. 小　　　　C. 中等　　　　D. 任意

3. 在台阶铣削操作中，加工完毕后应首先（　　），再退出工件进行检测。

A. 停机　　　B. 调整铣削用量　　C. 更换刀具　　D. 清理切屑

4. 铣削加工工件台阶面时，应安装并校正（　　）夹具。

A. 机用平口钳　B. 铣刀　　　C. 工作台　　　D. 等高垫铁

5. 在铣削工件台阶面时，若移动工作台调整尺寸时摇动手柄尺寸不准确，将导致（　　）受到影响。

A. 尺寸精度　　B. 几何精度　　C. 表面粗糙度　　D. 形状精度

任务三　加工钳体

【任务描述】

如图 2-3-1 所示，依据企业产品精密小型平口钳中钳体的图样要求，完成零件平面、台阶、型腔和腰形槽等铣削加工，沉孔、内螺纹及钳体轮廓上 4 个 R5mm 的圆角不加工，零件的毛坯尺寸为 125mm×101mm×32mm。

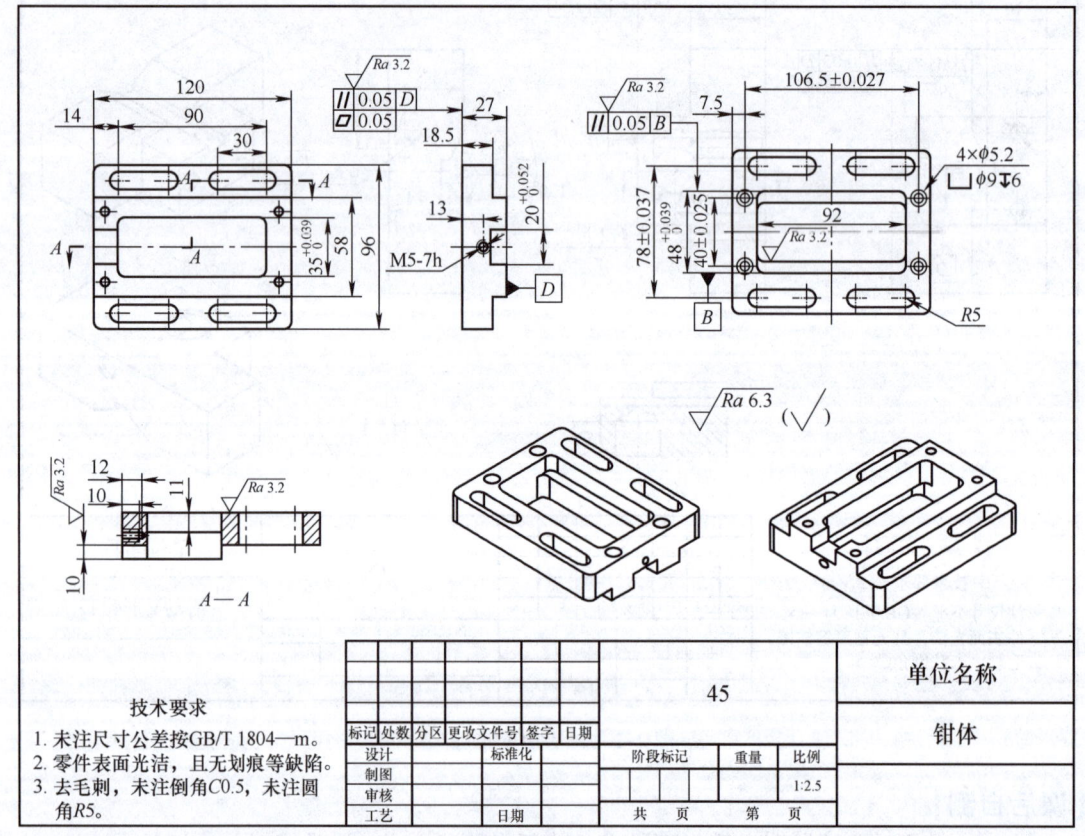

图 2-3-1　钳体

【任务解析】

钳体主要用于精密小型平口钳上传动套、支承座、压紧滑块、活动钳口和固定钳口等零件的安装，属于基础零件，如图 2-3-2 所示。铣削零件 92mm×35mm×11mm 型腔时，要保证其宽度尺寸 35mm，因需要与活动钳口的台阶面配合进行滑动。铣削零件 92mm×48mm×16mm 型腔时，要保证宽度尺寸 48mm 和深度尺寸 16mm，因需要和压紧滑块配合进行滑动。此外，还应保证各平面的平面度和垂直度公差。

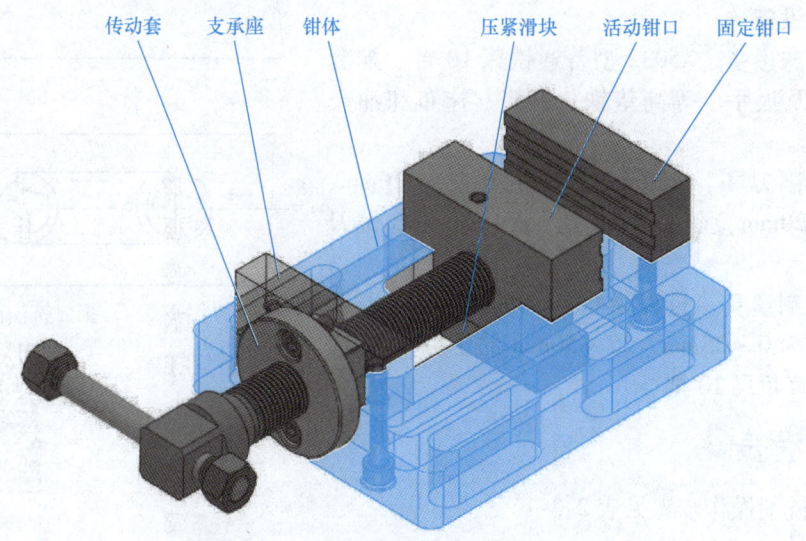

图 2-3-2　钳体在精密小型平口钳上的位置

【相关知识】

铣削腰形槽的方法

腰形槽属于封闭式沟槽，所以在选择铣削刀具时，应尽量选用具有端面切削刃的键槽铣刀，可直接轴向进给切入工件。

1. 分层铣削法

分层铣削法是指将铣削工件深度方向的尺寸划分为多层，实现材料去除的加工方法，如图 2-3-3 所示。运用分层铣削法铣削工件，每层铣削深度约为 0.5～1.0mm，以较大的进给量往返进行铣削，直到铣削至深度尺寸要求。此铣削方法具有以下优点：铣刀用钝后，只需刃磨端面，只磨短了不到 1mm，铣刀直径不受影响；铣削时不会产生"让刀"现象。但在普通铣床上进行加工，也存在着操作不方便及生产率低的缺点。

2. 扩刀铣削法

扩刀铣削法是一种分阶段控制加工余量的铣削方法，主要用于键槽、窄深槽或余量小的精扩孔加工，如图 2-3-4 所示。铣削时，在键槽的两端各留 0.5mm 的加工余量，分层往复进刀铣削至深度尺寸要求，然后测量槽宽，确定宽度余量，由键槽的中心对称扩铣槽的两侧至尺寸要求，同时铣

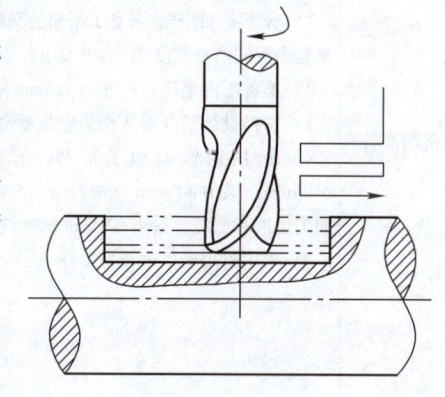

图 2-3-3　分层铣削法

削至键槽的长度尺寸要求。

【任务实施】

一、场地和设备

1. 训练场地

机械加工实训场。

2. 训练设备

（1）**机床设备** X5032型普通铣床10台、配套机用平口钳及扳手、等高垫铁、铜棒、抹布和油壶等辅具10套。

（2）**切削刀具** φ120mm 面铣刀10把，φ10mm、φ16mm 和 φ20mm 立铣刀各10把，φ10mm 键槽铣刀各10把。

（3）**检测量具** 量程为 0~150mm 的游标卡尺10把，量程为 0~25mm、25~50mm 的千分尺各10把，刀口形直角尺10把。

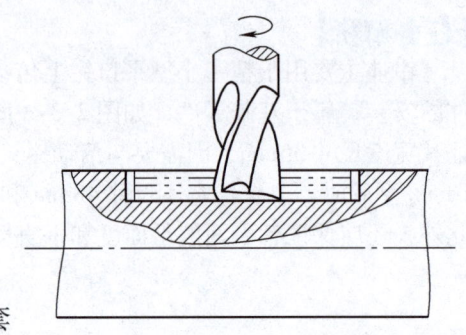

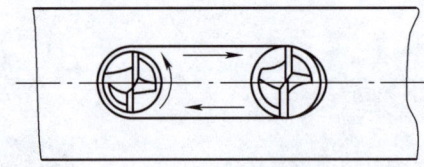

图 2-3-4 扩刀铣削法

加工钳体

二、实施步骤

钳体的铣削操作步骤见表 2-3-1。

表 2-3-1 钳体的铣削操作步骤

步骤	内容	成果
铣削准备	1）分析零件图样，各加工平面的平面度误差≤0.05mm，相邻平面间的垂直度误差≤0.05mm（零件图上未注全） 2）准备工件毛坯，尺寸为 125mm×101mm×32mm 3）选择设计基准面 A 作为定位基准面 4）选用面铣刀加工平面，面铣刀的直径选择 φ120mm，采用 φ20mm 立铣刀加工台阶，φ16mm 立铣刀加工通槽和型腔，采用 φ10mm 键槽铣刀加工腰形槽 5）采用机用平口钳装夹工件	

（续）

步骤	内容	成果
铣削六面体	1）铣削 A 面（基准面）。将 E 面靠着机用平口钳的固定钳口，D 面贴合等高垫铁，装夹 E、F 面，用 φ120mm 面铣刀粗、精铣 A 面，保证平面度误差≤0.05mm，表面粗糙度值为 Ra 3.2~6.3μm 2）铣削 E 面。以 A 面为基准面，靠着机用平口钳的固定钳口，F 面贴合等高垫铁，装夹 A、D 面，粗、精铣 E 面，达到平面度要求和与 A 面的垂直度要求，表面粗糙度值为 Ra 3.2~6.3μm 3）铣削 B 面。以 A 面为基准面，靠着机用平口钳的固定钳口，装夹 A、D 面，C 面贴合等高垫铁面，粗、精铣 B 面，达到平面度要求和与 A 面的垂直度要求，表面粗糙度值为 Ra 3.2~6.3μm 4）铣削 D、F、C 面。分别以已铣削的 E、A 面为基准面，靠着机用平口钳的固定钳口，分别粗、精铣 D、F、C 面至图样尺寸精度、平面度、垂直度和表面粗糙度等要求 5）去除毛刺，检验工件。去除六面体各棱边毛刺，测量长×宽×高尺寸为 120mm×96mm×27mm	

(续)

步骤	内容	成果
铣两侧台阶	1）装夹工件。校正机用平口钳，将基准面 D 与等高垫铁贴合，将 F 面靠着固定钳口，装夹 E、F 面，使工件 A 面朝上，且高出钳口 18～20mm，用铜棒敲实，装夹工件 2）安装铣刀。安装 φ20mm 立铣刀 3）铣一侧台阶。 ① 试切对刀。起动主轴，纵向移动工作台，用铣刀试切工件 C 面，纵向进给手柄归零，下降工作台，使立铣刀处于工件 A 面，横向移动工作台至台阶宽度 18.5mm 处，留出 0.5mm 的精铣余量，纵向试切工件上表面后移出铣刀，停机测量，看是否符合台阶宽度尺寸 ② 粗铣一侧台阶。试切对刀符合要求后，按逆铣方式每次取 2～3mm，分层铣削台阶至深度要求，留出 0.5mm 的精铣余量 ③ 精铣一侧台阶。测量台阶宽度、深度尺寸后，根据余量情况，移距调整尺寸，一次进刀精铣至图样尺寸，保证台阶的宽度尺寸为 19mm，深度尺寸为 8.5mm，同时保证表面粗糙度值为 Ra 3.2μm 4）铣另一侧台阶。以同样的方法，在 A 面加工另一侧的台阶面，保证凸台宽度尺寸为 58mm，台阶深度尺寸为 8.5mm，表面粗糙度值为 Ra 3.2μm 5）去毛刺和检测。用锉刀去除毛刺，用千分尺对照图样要求，检测台阶相关尺寸及要求	
铣宽度为 20mm 的凹槽	1）装夹工件与刀具。工件装夹方式不变，更换 φ16mm 立铣刀 2）侧边对刀移距。在靠近 B 面端的凸台侧面上贴油纸，起动主轴，横向移动工作台，使立铣刀轻擦油纸，将横向进给手柄刻度归零，下降工作台，抬高立铣刀使其略高于凸台上表面，将立铣刀中心移至凸台中心，移动距离 L＝凸台长度距离的一半＋φ16mm 立铣刀半径＋油纸厚度＝29mm＋8mm＋0.05mm＝37.05mm 3）试切加工。纵向移动工作台，远离工件，起动主轴，下降工作台，深度为 0.5mm，在凸台中心处试切长度为 20mm 的沟槽，纵向移出刀具，停止主轴进行测量，确定沟槽是否处于凸台中心位置。若不在中心，则需要再次调整、试切并测量，直到符合要求为止 4）粗铣宽度为 20mm 的凹槽。试切对刀符合要求后，用 φ16mm 立铣刀分层铣削，每层铣削深度为 2～3mm，凹槽深度为 9.5mm，留 0.5mm 精铣余量，长度为 25mm，宽度为 20mm 5）精铣宽度为 20mm 的凹槽。用 φ16mm 立铣刀，分别向凹槽两侧移动 2mm，深度下降 0.5mm，精铣宽度为 20mm 的凹槽至尺寸要求 6）去毛刺和检测。用锉刀去除毛刺，对照图样要求，检测台阶相关尺寸及要求	

（续）

步骤	内容	成果
铣宽度为 35mm 的型腔	1）装夹工件。工件装夹方式不变 2）安装刀具。安装 $\phi 10mm$ 键槽铣刀 3）侧边对刀移距。在宽度为 20mm 的凹槽的 B 面贴油纸，起动主轴，纵向进给工作台，使铣刀轻擦油纸，将纵向进给手柄刻度归零，下降工作台，抬高铣刀，移动距离 L = 钳体左端壁厚 + $\phi 10mm$ 键槽铣刀半径 + 油纸厚度 + 精铣余量 = 14mm + 5mm + 0.05mm + 1mm = 20.05mm 4）试切进刀。起动主轴，铣刀轻触凸台上表面，将升降进给手柄刻度对零，移动横向进给手柄，将 $\phi 10mm$ 键槽铣刀移动到已加工的宽度为 20mm 的凹槽圆弧内 5）粗、精铣宽 35mm 型腔。粗铣时，环绕 92mm×35mm 型腔分层铣削，每层铣削深度为 2~3mm，铣通工件。精铣时，将内腔尺寸铣到图样尺寸要求及表面粗糙度要求 6）去毛刺和检测。用锉刀去除毛刺，对照图样要求，检测台阶相关尺寸及要求	
铣宽度为 48mm 的型腔	1）装夹工件。翻转工件，将基准面 A 与等高垫铁贴合，F 面靠着固定钳口，装夹 E、F 面，装夹深度为 15mm，用铜棒敲实，装夹工件 2）对刀移距。在工件 E 面和 C 面上贴油纸，起动主轴，移动横向进给手柄，使铣刀轻擦 E 面油纸，将横向进给刻度归零 再纵向移动进给手柄，使铣刀水平移至 C 面外侧。再横向移距，移动距离 L = 48mm（钳体宽度的一半）+ 24mm（台阶内腔宽度的一半）+ 0.05mm（油纸厚度）= 72.05mm 再对 C 面油纸，摇动纵向进给手柄，使铣刀轻擦油纸，此时纵向刻度归零，下降工作台，抬高铣刀，移动距离 L_1 = 14mm（钳体内腔端面壁宽）+ 10mm（铣刀直径）+ 0.05mm（油纸厚度）= 24.05mm 此处即为加工内腔台阶的落刀点 3）试切进刀。起动主轴，轻擦工件上表面，将升降进给手柄刻度归零，摇动升降进给手柄，垂直向进给 2~3mm 铣削深度 4）铣削加工。粗铣时，按每层 2mm 的铣削深度环绕 92mm×48mm 内腔分层铣削，铣到深度 10.5mm。精铣时，将内腔尺寸铣到图样尺寸要求及表面粗糙度要求 5）去毛刺和检测。用锉刀去除毛刺，对照图样要求，检测台阶相关尺寸及要求	

(续)

步骤	内容	成果
铣4个腰形槽	1) 装夹工件。工件装夹方式不变 2) 安装刀具。安装 φ10mm 键槽铣刀 3) 对刀移距。在工件 E 面和 C 面贴油纸，起动主轴，横向移动进给手柄，使铣刀轻触 E 面油纸，此时横向进给刻度归零，再纵向移动进给手柄，使铣刀水平移至 C 面外侧 横向移距，移动距离 L = 钳体宽度的一半减去腰形槽宽度方向中心距的一半 + 键槽铣刀的半径 + 油纸厚度 = 9mm + 5mm + 0.05mm = 14.05mm 再对 C 面油纸，摇动纵向进给手柄，使铣刀轻擦油纸，此时纵向刻度归零，下降工作台，抬高铣刀，移动距离 L_1 = 腰形槽一端中心与端面的距离 + 铣刀直径 + 油纸厚度 = 14mm + 10mm + 0.05mm = 24.05mm 此处即为加工腰形槽的下刀点 4) 试切对刀。起动主轴，轻触工件上表面，将升降进给手柄刻度归零。摇动升降进给手柄，垂直向进给2~3mm 铣削深度 5) 铣削加工。按 3mm 铣削深度分层铣削，移距 30mm，再次切入 3mm，反向移距 30mm，重复进行此步，直至铣通即可 抬起铣刀，再移动至另一腰形槽一端的中心点，以同样方法加工另一个腰形槽 一边的两槽加工完后，横向移距 78mm，以同样方法加工另一边两个腰形槽，达图样尺寸及要求 6) 去毛刺和检测。用锉刀去除毛刺，对照图样要求，检测腰形槽的相关尺寸及要求	加工面 D面 C面 E面 加工面

三、大国工匠技能成长案例

刘湘宾，中国航天科技集团九院 7107 厂铣工，先后荣获 2021 年大国工匠年度人物、全国技术能手、百人工程、专家型技能人才、国务院政府特殊津贴享有者和陕西省劳动模范等荣誉。

1983 年，刘湘宾从部队转业，被分配到工厂担任铣工。初来乍到的他对铣刀、钻头等工具一无所知，但幸运的是，他遇到了一位好师傅。他每天都带着技校 13 门课程的教材，白天在工厂实践，晚上则挑灯夜读至深夜，遇到不懂之处便在次日向师傅请教。仅用了半年时间，他就学完了技校两年的课程。随着时间的推移，刘湘宾凭借出色的表现，每月能为师傅带来近百元的奖金收入。经过六七年的磨砺，他已成长为车间里的核心骨干。

多年来，刘湘宾率领团队自主研制了 100 余种特种工装夹具及刀具，这些工具不仅成本低廉，而且加工质量上乘。他们成功将陶瓷类产品的加工合格率提升至 95.5% 以上，同时提高了 3 倍以上的加工效率。此外，他们加工的用于惯性导航产品上的陀螺零件已多次参与国家重点防务装备、载人航天及探月工程等大型试验任务，均取得了圆满成功。

刘湘宾创新工作室成立以来，已取得多项管理创新和技术创新成果，包括"半球动压马达柔性制造系统改造"等 18 项重大突破。他们提出的合理化建议已优化 50 余项工艺，并成功解决了 22 项公司面临的关键技能难题，为公司创造的直接经济效益有百余万元。

【任务考核】

铣削钳体的考核表见表 2-3-2。

表 2-3-2 铣削钳体的考核表

序号	考核内容	要求	配分	评分标准	检测结果	得分	备注
1	产品装配验证	能安装到企业产品"精密小型平口钳"上,满足装配标准要求	20	装配完整,得满分;装配不上,不得分			
2	外形尺寸	120mm	3	超差0.1mm扣1分,扣完为止			
		27mm	3	超差0.1mm扣1分,扣完为止			
		96mm	3	超差0.1mm扣1分,扣完为止			
3	凸台尺寸	58mm	3	超差0.1mm扣1分,扣完为止			
		18.5mm	3	超差0.1mm扣1分,扣完为止			
4	腰形槽	30mm	3	超差0.1mm扣1分,扣完为止			
		$R5$mm	3	超差0.1mm扣1分,扣完为止			
		14mm	3	超差0.1mm扣1分,扣完为止			
		90mm	3	超差0.1mm扣1分,扣完为止			
5	凹槽	78mm±0.037mm	3	超差0.01mm扣1分,扣完为止			
		$20_{0}^{+0.052}$mm	3	超差0.01mm扣1分,扣完为止			
		10mm	3	超差0.1mm扣1分,扣完为止			
6	型腔	$35_{0}^{+0.039}$mm	3	超差0.01mm扣1分,扣完为止			
		92mm	2	超差0.1mm扣1分,扣完为止			
		$R5$mm	2	超差0.1mm扣1分,扣完为止			
7	型腔	$48_{0}^{+0.039}$mm	3	超差0.01mm扣1分,扣完为止			
		92mm	2	超差0.1mm扣1分,扣完为止			
		$R5$mm	2	超差0.1mm扣1分,扣完为止			
8	平行度	∥ 0.05 D	2	超差0.01mm扣1分,扣完为止			
9	平面度	▱ 0.05	2	超差0.01mm扣1分,扣完为止			
10	毛刺	去除工件棱边毛刺	2	1处未去除扣1分,扣完为止			
11	表面粗糙度	$Ra\,3.2\mu m$	2	超差1处扣1分,扣完为止			
		$Ra\,6.3\mu m$	2	超差1处扣1分,扣完为止			
12	安全文明生产	遵守安全操作规程等	10	未穿劳保服扣2分/次;未打扫卫生或打扫得不干净扣5分/次;不遵守安全操作规程扣5分/次;用语不文明扣10分/次。扣完为止			
13	学习态度	听课、出勤等	10	上课使用手机做与任务学习无关的事情扣5分/次;迟到、早退扣5分/次;无故旷课扣10分/次;听课不认真扣5分/次。扣完为止			
	合计		100	—		—	
评价人签字		日期		复核人签字		日期	
企业导师评价							

【任务小结】

- 加工钳体
  - 理论知识 — 铣削腰形槽的方法
    - 分层铣削法
    - 扩刀铣削法
  - 实践操作
    - 铣削准备
    - 铣削六面体
    - 铣两侧台阶
    - 铣宽度为20mm的凹槽
    - 铣宽度为35mm的型腔
    - 铣宽度为48mm的型腔
    - 铣4个腰形槽

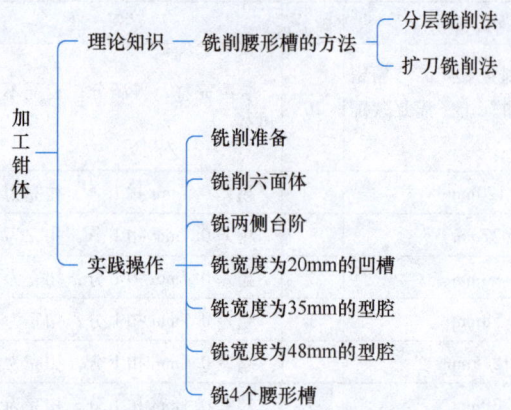

【拓展训练】

根据图 2-3-5 中钳体零件图样要求，写出在普通铣床上加工该零件的操作步骤，并运用普通铣床完成该零件的铣削加工，4 个 ϕ10mm 沉孔和两个 M5 螺纹孔不加工。

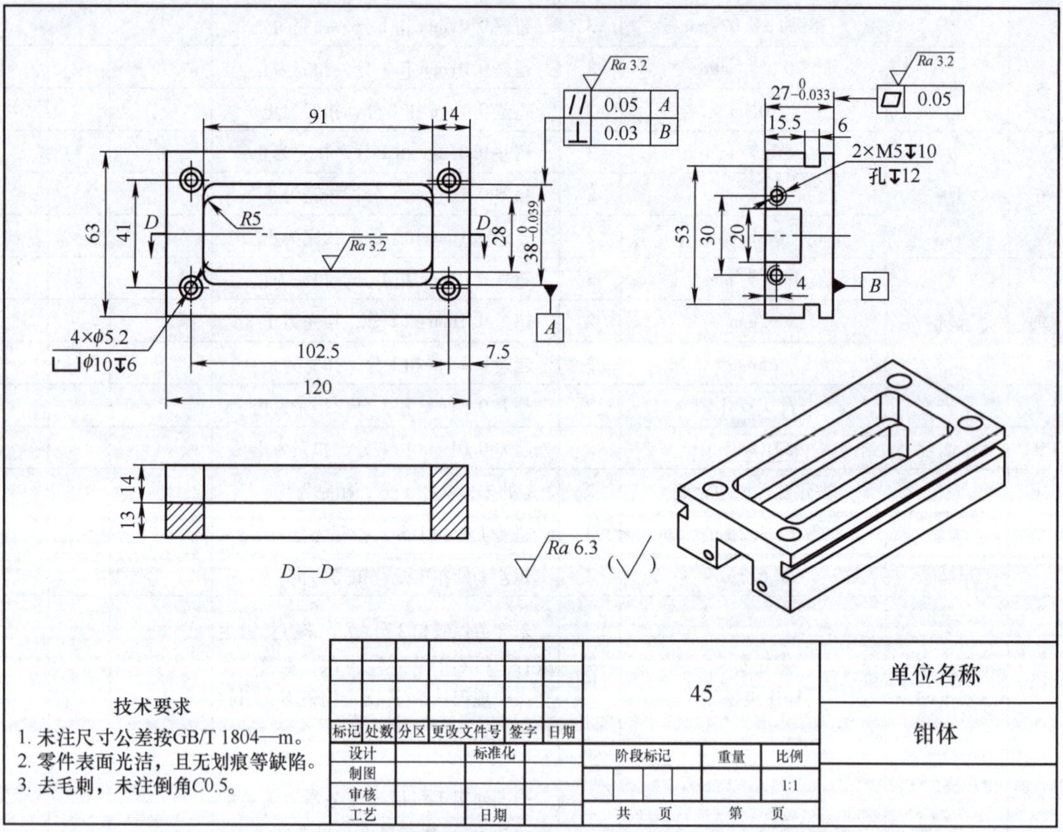

图 2-3-5　钳体

【课后自测】

1. 键槽铣刀与立铣刀的主要区别在于（　　）。

A. 键槽铣刀有两个螺旋刀齿，且端面切削刃延伸至中心，可轴向进给

B. 键槽铣刀直径更大，适合加工宽槽

C. 键槽铣刀刀齿为直槽设计，切削效率更高

D. 键槽铣刀仅适用于低速切削

2. 采用分层铣削法铣削时，每层的铣削深度通常控制在（　　），以避免出现让刀现象。

A. 0.5~1.0mm　　B. 1.5~2.0mm　　C. 2.0~3.0mm　　D. 任意深度

3. 使用分层铣削法在普通铣床上操作的主要缺点是（　　）。

A. 生产率低　　　　　　　　B. 铣刀磨损快

C. 无法保证槽宽尺寸　　　　D. 需要频繁更换刀具

4. 扩刀铣削时，需将键槽铣刀的外径磨小（　　），以实现精密扩铣。

A. 0.3~0.5mm　　B. 0.1~0.2mm　　C. 0.6~0.8mm　　D. 无须磨小

5. 扩刀铣削时，需特别注意保证键槽两端（　　）。

A. 圆弧的圆度　　B. 槽底平面度　　C. 槽侧垂直度　　D. 表面粗糙度

任务四　加工传动套四方

【任务描述】

如图2-4-1所示，依据企业产品精密小型平口钳传动套图样中四方轮廓的要求，完成零件的四方铣削加工，两个φ9mm的沉孔不加工。用于加工四方的材料为车削完成的传动套零件，尺寸为φ28mm×12mm。

【任务解析】

传动套四方与精密小型平口钳中的钳体、支承座相连接，用于与传动丝杠进行螺纹配合传动，如图2-4-1所示。加工传动套四方时，要控制尺寸精度和几何精度要求，确保其能和钳体上20mm通槽及支承座凹槽良好配合。

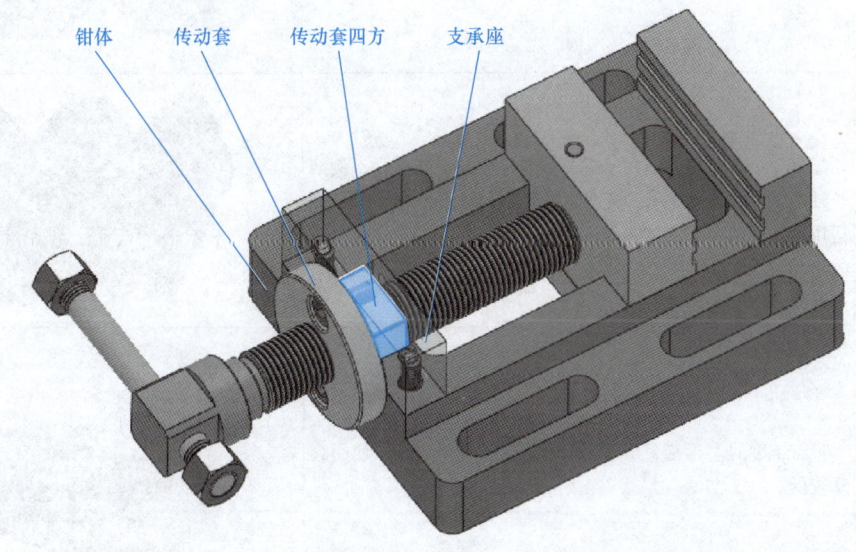

图2-4-1　传动套四方在精密小型平口钳上的位置

【相关知识】

一、V形块

1. V形块的概念及应用

V形块也称V形架,是一种在机械加工、检测和装配中广泛应用的定位元件。其核心功能是通过V形槽结构,实现对圆柱形工件的径向定位和自定心。除此之外,V形块还可用于轴类检验、找正和划线等。

2. V形块的分类

V形块依据JB/T 8047—2023可以分为Ⅰ型、Ⅱ型、Ⅲ型和Ⅳ型,此外,为了方便生产加工,有时会自制一些特殊用途的V形块,具体见表2-4-1。

表2-4-1 V形块的类型及特点

类型	特点	图示
Ⅰ型	基本结构为单V形槽设计,适用于常规轴类零件的定位与检测。有35mm×35mm×30mm、60mm×60mm×50mm和105mm×105mm×78mm等规格,适用轴径范围为3~80mm	
Ⅱ型	带有4个V形槽,可同时支承多个工件或提供多方向定位,适用的轴径范围更广,可达ϕ300mm,常用于重型工件加工或高精度测量	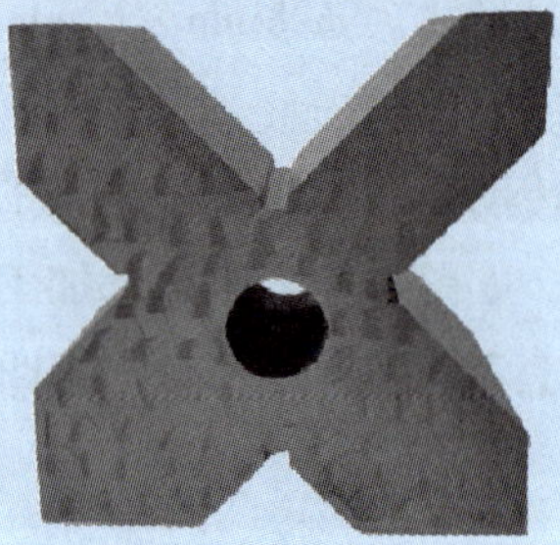
Ⅲ型	配置3个V形槽,适用于需要多点定位的复杂工件,例如长轴类零件的分段支承。典型规格有75mm×100mm×75mm,适用轴径范围为20~300mm	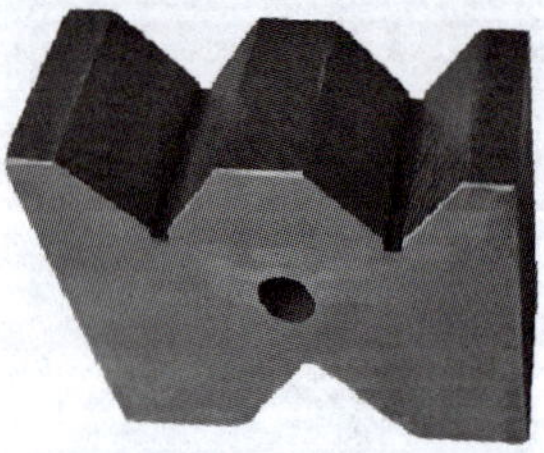
Ⅳ型	带有锥度的V形槽,适用于特殊锥形工件的定位,使用频率较低	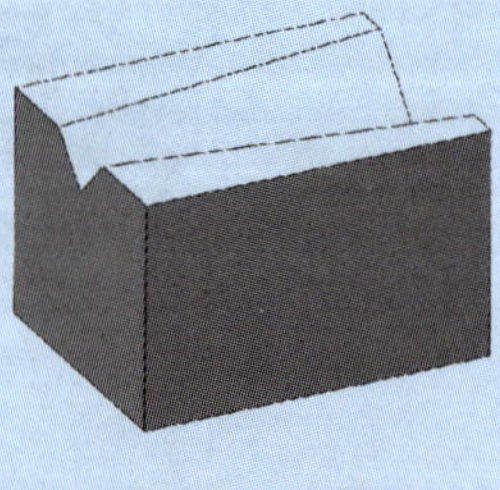

(续)

类型	特点	图示
自制 V 形块	根据用途自行设计制作，类型多样	

3. V 形块的材质

V 形块一般有铸铁、石料以及钢制材质 3 类。

(1) 铸铁材质的 V 形块 分为灰铸铁和球墨铸铁两类，具有耐磨性好和成本低等特点，主要用于工件加工中的零件定位、检测及划线，适用于一般精度要求的场景。

(2) 石料材质的 V 形块 一般采用大理石或花岗岩等天然石材制作，其稳定性高、耐酸碱且不易变形，适用于无磁环境、精密实验室或检测平台、高精度轴类零件垂直度和平行度检验等。

(3) 钢制材质的 V 形块 包括合金工具钢和不锈钢等材料，具备高硬度和耐磨等特性，适用于重型零件加工或需频繁调整的场合，如镗床可调 V 形块。对于自制 V 形块，一般也使用钢材制造。

4. V 形块的准确度等级

V 形块的准确度等级分为 0 级、1 级和 2 级。0 级准确度等级的 V 形块适用于高精度检测场景，定位误差≤0.01mm。1 级准确度等级的 V 形块，一般用于精密检测。2 级准确度等级的 V 形块适用于一般加工定位。

二、铣削加工圆柱形工件的装夹方法

V 形块配合机用平口钳装夹圆柱形工件进行铣削，是铣削加工中针对圆柱形工件定位和夹紧的常用方法。

1. 装夹原理

V 形块通过与圆柱形工件外圆两侧母线接触，将工件轴线对中至 V 形槽的对称平面内，实现径向定位。V 形槽的角平分线与工件轴线重合，当工件直径变化时，轴线位置仅沿 V 形槽的角平分线上下变动，不会影响工件的对称度。

2. 操作步骤

使用 V 形块装夹圆柱形工件的操作步骤见表 2-4-2。

表 2-4-2 使用 V 形块装夹圆柱形工件的操作步骤

步骤	内容
1	清洁工件：在装夹工件前，清除切屑及油污，保持机用平口钳和工件清洁
2	放置 V 形块：将 V 形块放置在机用平口钳的钳口内，调整 V 形块的位置，使其 V 形面与工作台纵向进给方向垂直
3	装夹工件：将圆柱形工件放置在 V 形块上，调整工件位置，为保证工件的装夹高度以便于加工，工件需垫垫铁，与 V 形块配合使用
4	夹紧工件：用扳手转动机用平口钳丝杠，通过丝杠螺母带动活动钳口移动，对 V 形块和工件形成夹紧力，确保工件夹持平稳、可靠

3. 注意事项

使用V形块装夹工件时,应该注意夹紧力的控制、工件的放置、工件的高度以及夹紧方式,具体见表2-4-3。

表 2-4-3　V形块装夹工件的注意事项

序号	内容
1	夹紧力控制:夹紧工件时要松紧适当,只能用手板紧手柄,不得借助其他工具加力,防止工件出现变形或损坏
2	工件放置:工件放置位置要适当,应放在机用平口钳的钳口中间,避免单边受力,导致工件或机用平口钳变形
3	工件高度:工件被加工表面应高出钳口,以免铣坏钳口或损坏铣刀。如工件低于钳口平面,可在工件下面垫放适当厚度的等高垫铁
4	夹紧方式:当工件的一面是已加工表面,而另一面是毛坯面或者两夹紧面不平行时,可将已加工表面贴在固定钳口上作基准面,在活动钳口与工件毛坯表面之间增添一个圆棒或一块挤板,使工件夹紧牢固又能保证被铣削平面垂直于基准面

【任务实施】

一、场地和设备

1. 训练场地

机械加工实训场。

2. 训练设备

(1) 机床设备　X5032型普通铣床10台、配套机用平口钳及扳手、等高垫铁、自制V形块铜棒、抹布和油壶等辅具10套。

(2) 切削刀具　$\phi 12$mm立铣刀10把。

(3) 检测量具　量程为0~150mm的游标卡尺10把,量程为0~25mm的千分尺10把,刀口形直角尺10把。

二、实施步骤

传动套四方的铣削操作步骤见表2-4-4。

加工传动套四方

表 2-4-4　传动套四方的铣削操作步骤

步骤	内容	成果
铣削前的准备	1) 分析零件图样。四方尺寸为20mm×20mm,深度为12mm 2) 计算切削余量。在$\phi 28$mm的外圆上,铣削加工20mm×20mm的四方,需要每边铣去4mm余量 3) 铣刀的选择。四方平面可用立铣刀通过圆周铣削得到。选用$\phi 12$mm立铣刀 4) 工件的装夹。对于台阶圆料,可用机用平口钳加V形块装夹,准备一个V形块	

(续)

步骤	内容	成果
铣削四方	1）装夹工件。在机用平口钳上用 V 形块竖夹工件上 $\phi41mm$ 外圆，将 V 形块安放在活动钳口与工件之间，找正并夹紧工件 2）安装铣刀。安装 $\phi12mm$ 立铣刀 3）垂直方向对刀。起动主轴，移动各进给手柄，将立铣刀移动到外圆端面上方，顺时针摇动升降进给手柄，使工件端面上升到与铣刀接触，将升降进给手柄刻度归零，垂直方向对刀完成 4）外圆对刀。纵向移动进给手柄，使铣刀移开工件上端面。顺摇升降台进给手柄，使工件上升 12mm，再纵向反向进给，横向前后进给，使铣刀接触工件外圆表面，切削形成一小平面即可，此时将纵向、横向进给手柄刻度归零 5）铣削四方。按逆铣方式铣削，顺摇横向进给手柄，再纵向向右 2～3mm，加工第一刀后，停止主轴转动，用千分尺测量余下部分尺寸，与最终尺寸 20mm 作比较，再次确定进刀次数，以同样方法加工至 20mm 为止 第一面加工完后，深度不变，控制横向进给切削量，纵向移距加工第二面，最终尺寸也为 20mm 以同样方法加工第三面和第四面，尺寸达图样要求即可，同时保证表面粗糙度值为 $Ra\ 3.2\mu m$ 6）去除毛刺，检验工件。去除各棱边毛刺，测量四方尺寸 20mm×20mm	加工面 加工面

三、大国工匠技能成长案例

熊亚洲，中车株洲电机有限公司轨道交通事业本部牵引电机车间数控二班班长，中车资深技能专家，先后荣获湖南省五一劳动奖章、中国中车杰出青年岗位能手、中国中车技术标兵、株洲市技术能手、株洲工匠和一带一路暨金砖国家技能大赛金奖等荣誉称号。

2014 年，熊亚洲毕业后入职中车株洲电机有限公司，成为数控班组的一名员工。初出茅庐的他就给自己设定了要成为技能骨干的目标,并积极为此付出努力。

为更好地了解数控加工中心,他充实理论知识,自学高级编程语言和自动编程技术等;他积累实践经验,每天在车间练习编程直到晚上;他虚心请教,向师傅前辈们学习夹具设计、CAD/CAM 软件等七八种专业学科知识。短短几年,他就掌握了 5 种数控系统的操作和编程方法,总结出独特的操作方法,成了中车株洲电机有限公司在提高数控加工中心的加工效率、降低数控加工中心的故障方面的"王牌"。

正是凭借这种勤奋、务实、谦虚、好学的态度,熊亚洲先后多次取得省、市、集团、公司技能比武"第一名"。2022 年,他代表中车集团参加"一带一路"暨金砖国家技能发展与技术创新之"通用技术杯"数控多轴加工大赛并获得金牌。

在"雅万高铁"动车组牵引电机项目研制期间,熊亚洲班组担负着传动端端盖的试制加工。面对项目近乎苛刻的设计指标和精度要求,他勇挑重担、一马当先,翻阅大量技术资料,制订出多种加工方案,编制精细加工程序,反复试切和试验。为确保加工精度,他不断地调整切削参数、优化数控程序、改进进刀方式等,最终将精度控制在 0.01mm,成功通过了产品的首件检查,为该项目后续的批量生产铺平了道路。

作为一名新时代青年技能工匠,熊亚洲不断思索、不断求新、不断开拓,他以青春之名,绘匠心之梦,立干事成事之志,为服务国家轨道交通事业和推动企业高质量发展燃青春之火,贡献青春力量。

【任务考核】

铣削传动套四方的考核表见表 2-4-5。

表 2-4-5 铣削传动套四方的考核表

序号	考核内容	要求	配分	评分标准	检测结果	得分	备注
1	产品装配验证	能安装到企业产品"精密小型平口钳"上,满足装配标准要求	20	装配完整,得满分;装配不上,不得分			
2	四方尺寸	$20_{-0.021}^{0}$ mm	10	超差 0.01mm 扣 5 分,扣完为止			
		12mm	10	超差 0.1mm 扣 2 分,扣完为止			
3	平行度	∥ 0.05 B	10	超差 0.01mm 扣 2 分,扣完为止			
4	同轴度	◎ φ0.05 B	10	超差 0.01mm 扣 2 分,扣完为止			
5	表面粗糙度	Ra 3.2μm	10	超差 1 处扣 2 分,扣完为止			
6	毛刺	去除零件棱边毛刺	10	1 处未去除扣 2 分,扣完为止			
7	安全文明生产	遵守安全操作规程等	10	未穿劳保服扣 2 分/次;未打扫卫生或打扫得不干净扣 5 分/次;不遵守安全操作规程扣 5 分/次;用语不文明扣 10 分/次。扣完为止			
8	学习态度	听课、出勤等	10	上课使用手机做与任务学习无关的事情扣 5 分/次;迟到、早退扣 5 分/次;无故旷课扣 10 分/次;听课不认真扣 5 分/次。扣完为止			
	合计		100	—		—	
评价人签字		日期		复核人签字		日期	
企业导师评价							

【任务小结】

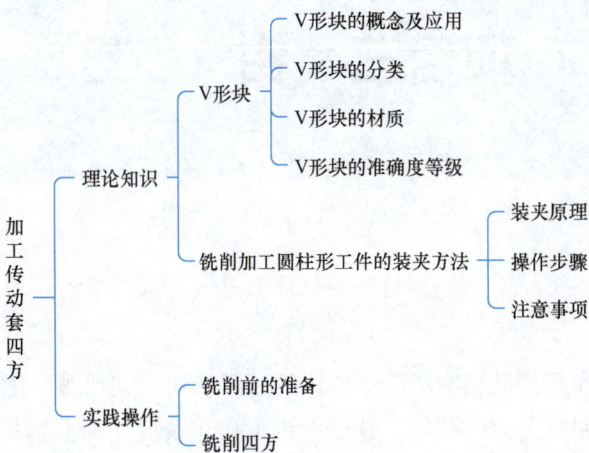

【拓展训练】

根据图1-4-7中传动套零件四方轮廓图样要求，写出在普通铣床上加工该零件20mm×20mm四方轮廓的操作步骤，并运用普通铣床完成铣削加工。

【课后自测】

1. Ⅰ型V形块的结构特点是（　　　）。
   A. 单V形槽设计　　　B. 4个V形槽设计　　C. 带锥度V形槽　　D. 可调式V形槽
2. 石料材质的V形块主要适用于（　　　）。
   A. 高精度检测场景　　　　　　　　B. 重型工件加工
   C. 无磁环境下的粗加工　　　　　　D. 频繁调整的场合
3. V形块0级准确度的定位误差可控制在（　　　）以内（含）。
   A. 0.01mm　　　　B. 0.05mm　　　　C. 0.1mm　　　　D. 0.5mm
4. 使用V形块装夹工件时，需调整其对称平面与（　　　）垂直。
   A. 工作台纵向进给方向　　　　　　B. 主轴旋转轴线
   C. 工件轴线　　　　　　　　　　　D. 刀具进给轨迹
5. 当工件上的两夹紧面不平行时，应增添（　　　）使工件夹紧牢固。
   A. 圆棒或挤板　　B. 专用垫块　　　C. 磁性底座　　　D. 弹性夹具

项目三　钳　工

项目综述

本项目选择企业实际产品精密小型平口钳的压紧滑块、支承座、传动丝杠、传动套、钳体、活动钳口和固定钳口为教学载体，并依据钳工操作及应用所涵盖的知识与技能点要求，进行了必要的创新设计。主要介绍了台虎钳、台式钻床、平板、方箱和划针等设备与工具的组成及规范操作，锉削、锯削、钻削、錾削和攻螺纹等钳工的加工方法，以及划线游标高度卡尺、刀口形直角尺等量具的使用方法，符合初学者对钳工知识与技能学习的认知规律。

学习目标

1. 知识目标

（1）掌握台虎钳、台式钻床、平板和方箱等设备的分类及型号。
（2）掌握锉刀、锯弓、麻花钻和丝锥等刀具的分类及型号。
（3）掌握刀口形直角尺和划线游标高度卡尺等量具的分类及型号。

2. 能力目标

（1）能运用台虎钳、平板、方箱、锉刀和锯弓等工具设备，对零件进行划线、锉削平面及锯削加工。
（2）能运用台式钻床、麻花钻和丝锥等工具设备，对零件进行钻孔及攻螺纹加工。
（3）能运用刀口形直角尺、游标卡尺等量具，对零件进行质量检测。

3. 素质目标

（1）在对零件进行锉削、锯削、钻削和攻螺纹等加工的过程中，严格遵守设备操作规程，具备精益求精的工匠精神。
（2）工作服穿着整洁，不迟到、不早退、不溜岗，做文明学习者。
（3）在询问零件加工相关问题时谦虚礼貌，具备良好的人文素养和学习态度。

学习建议

（1）仔细学习任务描述及相关知识内容，依据任务实施中的操作步骤完成学习任务，必将有所收获。
（2）课后自测题是依据设备和实际学习过程中可能产生的问题编写的，有助于进一步理解和巩固知识。
（3）任务总结中系统地梳理了每个任务中涉及的知识与技能要点，有助于建立完整的工作思路。

任务一　加工压紧滑块

【任务描述】

如图 3-1-1 所示，依据企业产品精密小型平口钳中压紧滑块的图样要求，完成平面锉削和钻孔加工，零件的毛坯尺寸为 49mm×22mm×12mm。

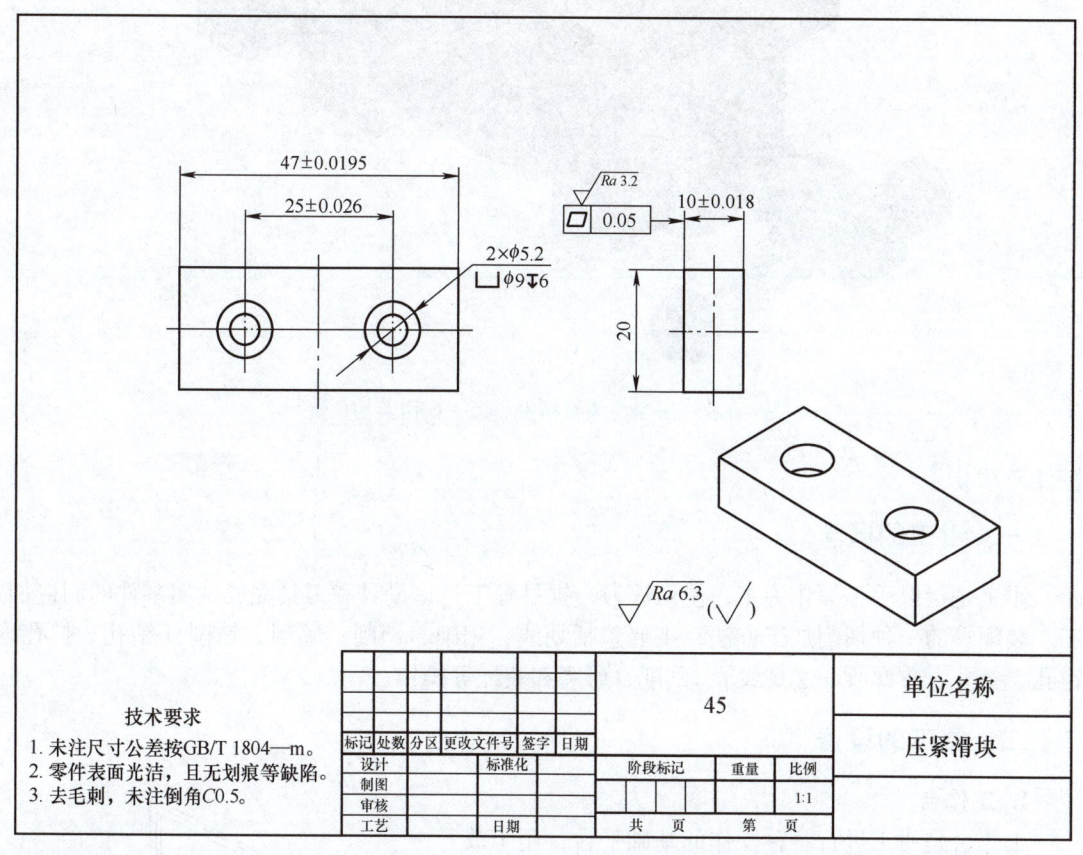

图 3-1-1　压紧滑块

【任务解析】

压紧滑块与钳体的 48mm 宽型腔底面台阶配合，用螺栓与活动钳口连接，如图 3-1-2 所示，保证在夹紧工件时活动钳口不上抬且能沿钳体导轨平稳运动。压紧滑块对长度尺寸的公差要求较高，在锉削时，要分粗、精锉削，且要使用外径千分尺测量，并用刀口形直角尺进行测量，保证平面度要求。在锉削完六面体后，锪 φ9mm 沉孔时，先要使用划线游标高度卡尺进行划线，准确定位孔中心距 25mm 的位置，然后用样冲在工件孔中心位置预先冲出小凹坑（冲眼），作为钻孔时的定位点，确保钻头准确切入，避免因材料硬度不均或操作偏差使钻孔位置出现偏移，导致内螺纹位置产生偏移而无法与活动钳口装配。在锉削 47mm×20mm 平面时，为保证面的平整，锉刀切削运动要做到又平又稳。

金工实训

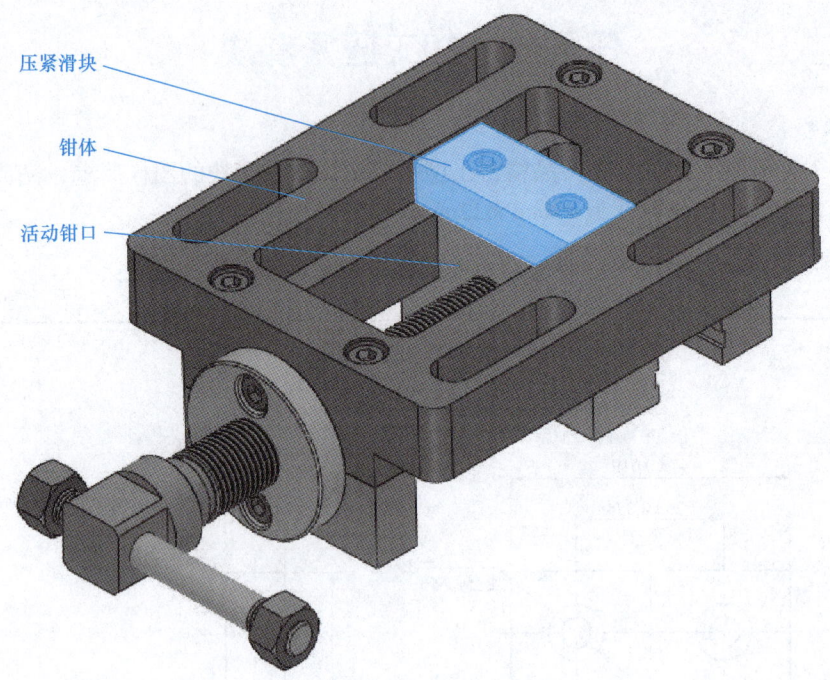

图 3-1-2　压紧滑块在精密小型平口钳上的位置

【相关知识】

一、钳工的概念

钳工是指以手工操作为主，使用锉刀、锯弓等工具、量具和刀具完成金属零件的制造加工、装配等的一种切削加工方法，主要包括划线、锯削、锉削、錾削、钻削（钻孔、扩孔、锪孔、铰孔、攻螺纹、套螺纹）、刮削、研磨和装配等操作。

二、钳工的设备

1. 工作台

工作台是钳工进行各种操作的基础平台，用于放置工件、工具及夹具等，确保工作过程中的稳定性和安全性，如图 3-1-3 所示。工作台的规格型号多样，通常根据工作需求定制，台面高度为 800～900mm，材质有钢铁、木材或复合材料等。

2. 台虎钳

台虎钳可用于夹持工件，便于钳工进行锯削和锉削等加工操作。台虎钳分为固定式和回转式两种，其中回转式台虎钳使用方便，应用广泛，如图 3-1-4 所示。台虎钳的规格型号主要根据钳口的宽度来区分，常用的规格有 125mm、150mm 和 200mm 3 种。

3. 台式钻床

台式钻床是一种小型钻孔机床，如图 3-1-5 所示，一般用于加工小型工件上直径在

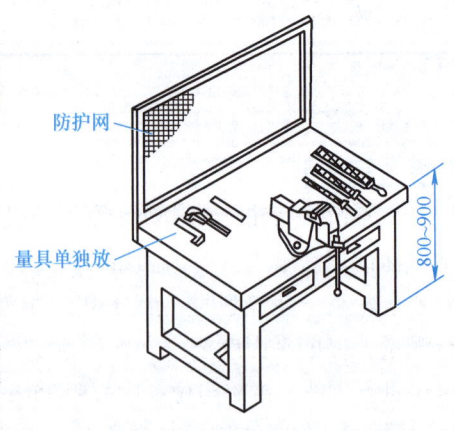

图 3-1-3　工作台

ϕ12mm 以下的各种孔。其工作原理如下：电动机通过五级塔轮可使主轴获得 5 种转速；头架连同电动机和五级塔轮可在立柱上实现上下移动，同时可绕立柱轴线任意转动，待调整到适当位置后用手柄锁紧；调低头架，先把保险环调节到适当位置，用锁紧螺钉将其固定在立柱上，然后略放松手柄，靠头架的自重落到保险环上，再扳紧手柄；工作台也同样可上下移动，也可转动，调定后用锁紧手柄固定；当松开锁紧螺钉时，工作台还可在垂直平面内左右倾斜 45°。工件较小时，可将工件放在工作台上钻孔。当工件较大时，可把工作台转开，直接放在钻床底座上钻孔。

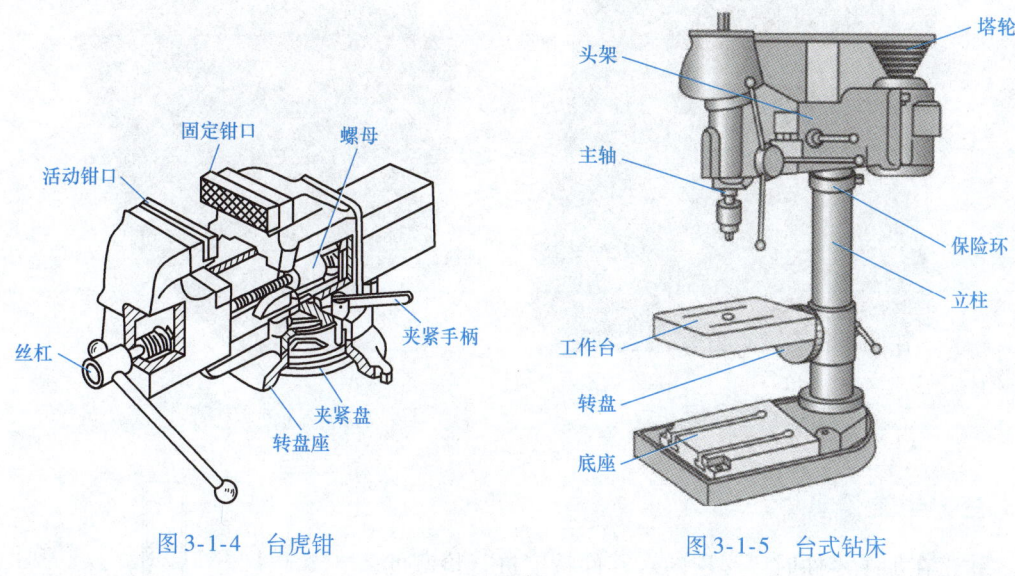

图 3-1-4　台虎钳　　　　　　图 3-1-5　台式钻床

4. 样冲

样冲是在零件上钻孔前，确定钻孔位置的定位设备，如图 3-1-6 所示，其作用是避免钻孔位置发生偏移。先用样冲在需要钻孔的位置打一个"窝"，俗称"打样冲眼"，确保钻孔位置的正确性。

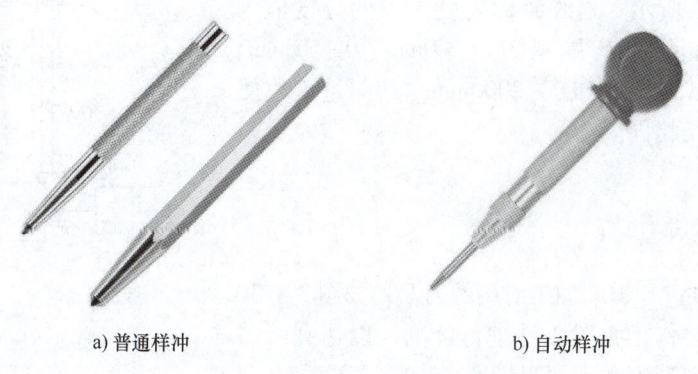

a) 普通样冲　　　　b) 自动样冲

图 3-1-6　样冲

5. 划线平板

划线平板是在工件上划线时，放置工件的基准平台，如图 3-1-7 所示。安装调试后，需要把平板的工作面擦拭干净，使用过程中，要注意避免工件与平板工作面发生碰撞，防止损坏工作面。工件重量不可以超过平板额定载荷，否则可能会降低工作质量，破坏铸铁平板的结构，甚至会使平板变形、损坏，无法使用。

6. 方箱

方箱是指在对工件进行划线时，用于倚靠工件的基准工具，如图3-1-8所示。方箱的主要作用是配合划线平板对工件进行划线和检测平行度、垂直度等几何公差。方箱各工作面上均不能有锈迹、划痕、裂纹或凹陷等缺陷。方箱的非工作面上应清砂涂漆，棱边倒角。方箱通常带有V形槽并附有夹持装置，可夹持尺寸较小而加工面较多的工件。

图3-1-7 划线平板

图3-1-8 方箱

三、钳工量具

钳工在加工零件时，常用的对零件精度进行检测的量具包括游标卡尺、刀口形直角尺和划线游标高度卡尺等，部分量具已在前面项目中做了详细介绍，这里不再重复，本任务主要介绍划线游标高度卡尺。

划线游标高度卡尺是用来测量零件高度和划线的量具，其组成如图3-1-9所示。划线游标高度卡尺的分度值为0.02mm，常用的测量范围有0～300mm、0～500mm、0～1000mm、0～1500mm和0～2000mm，其测量读数使用方法和游标卡尺相同。

四、钳工刀具

1. 锉刀

锉刀是对零件进行锉削加工所用的刀具，如图3-1-10所示。锉刀的主要作用是对工件进行锉削，以达到所需的尺寸精度、几何精度和表面粗糙度。

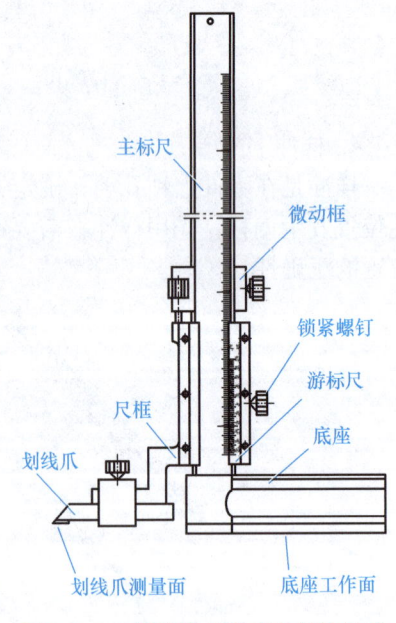

图3-1-9 划线游标高度卡尺的组成

锉刀按截面形状可分为扁锉（板锉）、三角锉、半圆锉、圆锉和方锉5种，不同形状的锉刀适用于加工不同形状的工件表面。锉刀按长度可分为100mm、150mm、200mm、250mm和300mm等多种规格，为确保加工的稳定性和效率，锉刀的长度一般应比锉削面长150～200mm。锉刀按齿纹的粗细可分为粗齿锉、中齿锉、细齿锉和油光锉等，齿距大的用于粗加工锉削，齿距小的用于精加工锉削。

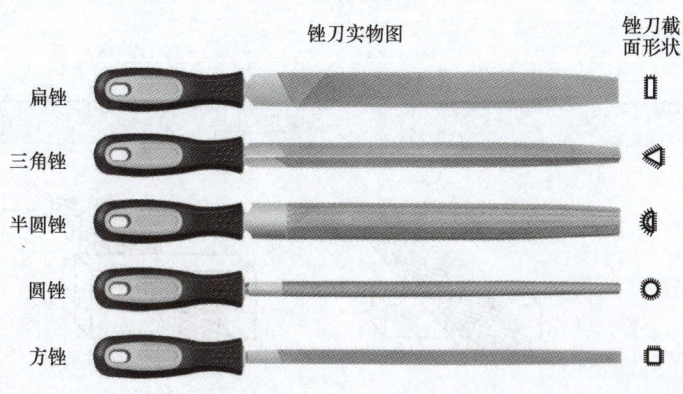

图 3-1-10　锉刀

2. 麻花钻

麻花钻是一种用于钻孔的刀具，麻花钻由柄部、空刀和工作部分组成，如图 3-1-11 所示。麻花钻主要用于钻孔加工，可以在手动、电动的手持式钻孔工具或钻床、铣床、车床乃至加工中心上使用。麻花钻能够在工件上钻出精确的圆孔，满足各种加工需求。

3. 180°平底钻

180°平底钻是指在麻花钻底部没有顶角的钻削加工刀具，主要应用于在不平整的端面钻孔或加工平底孔，如图 3-1-12 所示。180°平底钻的角度设计如下：顶角为 150°～180°，横刃斜角为 55°，前角为 -30°～30°，后角为 8°～12°，螺旋角为 18°～38°。设计 180°平底钻的角度时，需要综合考虑顶角、横刃斜角、前角、后角和螺旋角等多个因素。合理设计这些角度可以提高钻头的钻削性能，适应不同的加工需求。对于具体的加工场合，还需要根据实际情况进行适当调整。

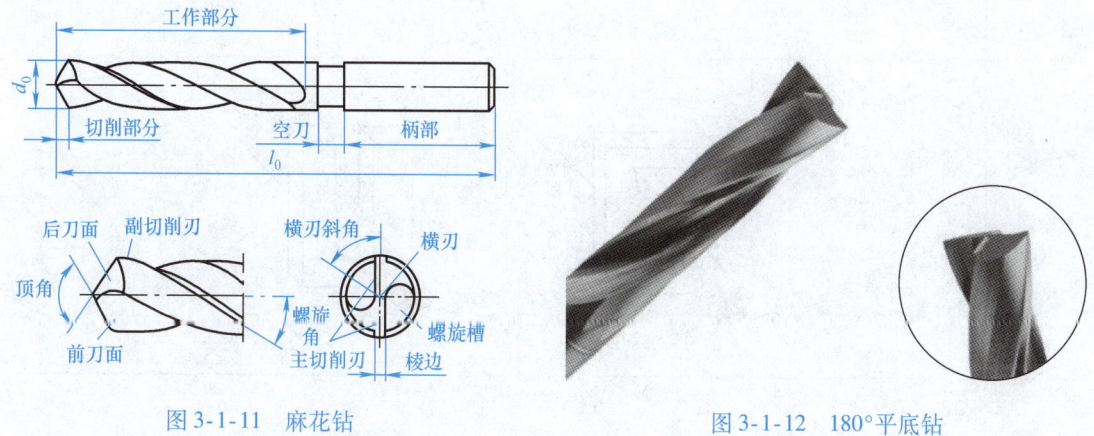

图 3-1-11　麻花钻　　　　　　　图 3-1-12　180°平底钻

五、钳工的切削方式

1. 锉削

锉削是一种手工加工方法，即使用锉刀从工件表面锉掉多余的金属，以达到所需的尺寸精度、几何精度和表面粗糙度。锉削是钳工的一项基本操作技能，其加工精度可达到 $0.01\mathrm{mm}$，表面粗糙度值可达 $Ra\ 0.8\mathrm{\mu m}$。锉削的应用范围很广，可以加工平面、曲面、外圆、内孔、沟槽和各种形状的复杂表面，还可以配键、做样板及修整个别零件的几何形状等，具体见表3-1-1。

表 3-1-1 锉削的应用

锉刀类型	锉削表面示意图
扁锉	
方锉	
三角锉	
圆锉	
半圆锉	

(续)

锉刀类型	锉削表面示意图
菱形锉	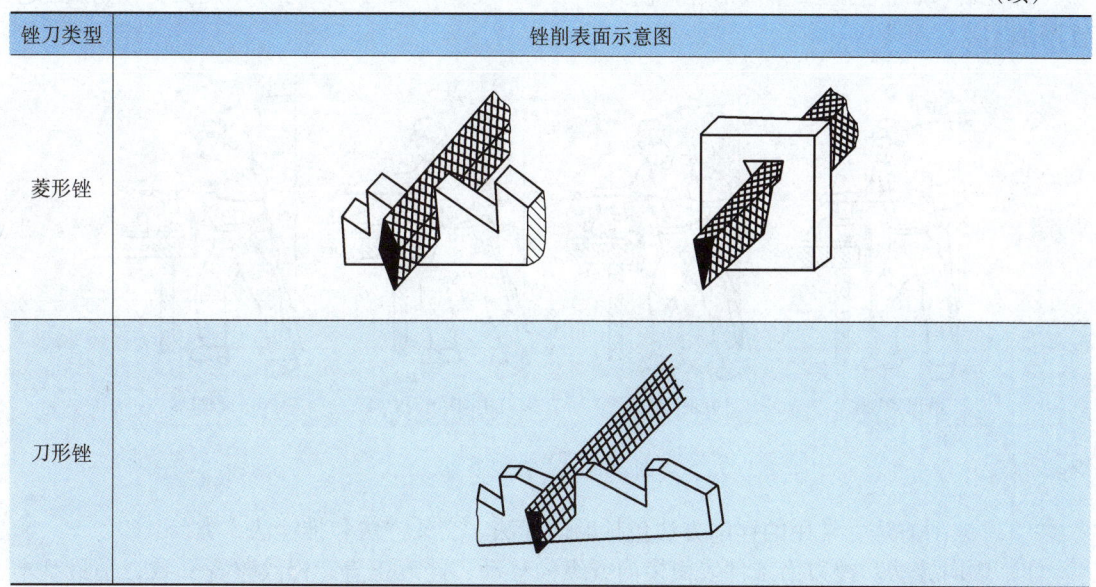
刀形锉	

(1) 锉刀的握法 使用大锉刀时，用右手握住锉刀柄，左手压在锉刀前端，使其保持水平。使用中锉刀时，因用力较小，可用左手的拇指和食指捏住锉刀的前端，以引导锉刀水平移动。使用小锉刀时，左手的食指和中指轻按在锉刀面上，或者用大拇指、食指和中指压在锉刀中部。对于整形锉刀，一般只用右手拿着锉刀，将食指放在锉刀上面，拇指放在锉刀的左侧，如图3-1-13所示。

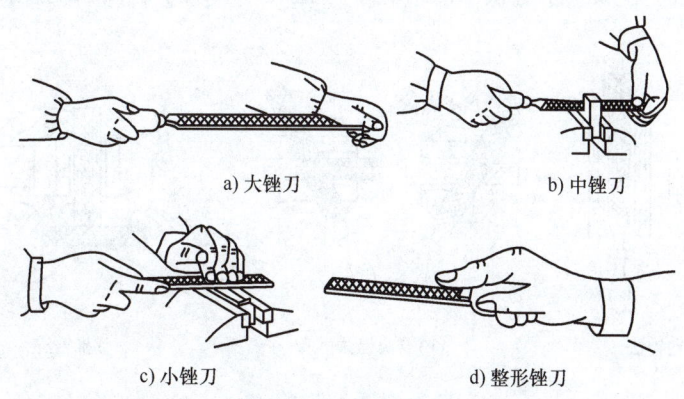

a) 大锉刀   b) 中锉刀

c) 小锉刀   d) 整形锉刀

图 3-1-13　锉刀的握法

(2) 锉削姿势 开始锉削时，两脚分开站稳不动，用左膝的屈伸带动身体做往复运动，手臂和身体的运动要互相配合，并要使锉刀的全长充分利用。

开始锉削时，身体要向前倾10°左右，左肘弯曲，右肘向后，如图3-1-14a所示。

锉刀推出前1/3行程时，身体向前倾15°左右，这时左腿稍弯曲，左肘稍直，右臂向前推，如图3-1-14b所示。

锉刀推出中间1/3行程时，身体向前倾斜18°左右，这时左腿弯曲，左肘渐直，右臂向前推，重心前移如图3-1-14c所示。

锉刀行程推尽时，左腿继续弯曲，左肘渐直，右臂向前使锉刀继续推进，直到推尽，身体随着锉刀的反作用退回到15°位置，如图3-1-14d所示。

行程结束后,把锉刀略微抬起,使身体与手回复到开始时的姿势,如此反复,完成工件锉削加工。

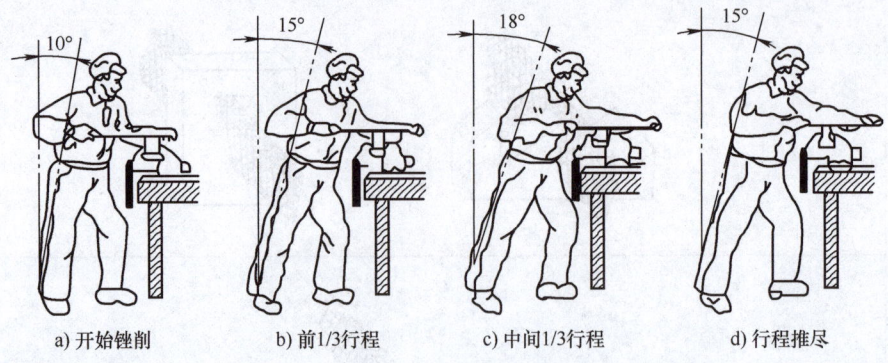

a) 开始锉削　　b) 前1/3行程　　c) 中间1/3行程　　d) 行程推尽

图 3-1-14　锉削姿势

(3) 锉削方法　常用的锉削方法包括顺向锉法、交叉锉法和推锉法3类。

1)顺向锉法。锉刀沿工件表面横向或纵向移动,锉痕正直,锉纹整齐一致,是最基本的一种锉削方法,较小的平面和最后锉光可以采用顺向锉法,如图3-1-15a所示。

2)交叉锉法。锉刀运动方向与工件夹持方向成30°~40°角,以交叉的两个方向顺序对工件进行锉削。锉痕交叉,容易判断锉削表面的不平程度,因而也容易把表面锉平。交叉锉法去屑较快,适用于平面的粗锉,如图3-1-15b所示。

3)推锉法。两手对称地握住锉刀,用两大拇指推移锉刀进行锉削。这种方法适用于在表面较窄且已经锉平、加工余量很小的情况下修正尺寸和减小表面粗糙度值,如图3-1-15c所示。

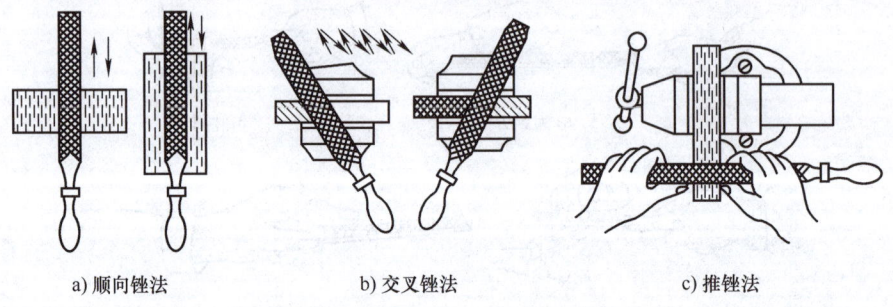

a) 顺向锉法　　　　　b) 交叉锉法　　　　　c) 推锉法

图 3-1-15　锉削方法

(4) 锉削加工的注意事项　在锉削加工的过程中,要严格遵守安全操作规程,具体注意事项见表3-1-2。

表 3-1-2　锉削加工的注意事项

序号	内容
1	锉刀必须安装手柄配合使用,以免刺伤手心
2	由于台虎钳的钳口经过淬火处理后硬度高,锉削时应注意不要将锉刀锉到钳口上,以免磨钝锉刀和损坏钳口
3	锉削时不要用手触摸零件,以防被锐棱刺伤,同时防止手上的油污或汗水使锉刀打滑,造成受伤
4	锉下来的切屑要用毛刷清除,不要用嘴吹,以免切屑进入眼中

(续)

序号	内　容
5	锉刀面被锉下的切屑堵塞后，应用钢丝刷顺着锉纹方向刷去切屑
6	放置锉刀时，不要将其伸出工作台，以免将其碰落摔断或砸伤脚背
7	锉刀不要堆叠放置，以免损坏锉齿

2. 钻削

钻削是加工孔的一种基本方法，钻孔主要在钻床和车床上进行。常用的钻床有台式钻床、立式钻床和摇臂钻床。台式钻床上钻削孔的操作步骤包括钻削前的准备、装夹工件和刀具、钻削加工及质量检验等过程。

（1）**钻削前的准备**　根据加工要求，明确所需加工的材料类型、孔的尺寸和形状，选择合适直径的麻花钻、扩孔钻等。根据刀具和工件材料、孔径大小、加工精度以及表面粗糙度等要求，调整机床转速、进给量和背吃刀量等参数，并确定加工方式。在被钻孔零件的孔位置处，用划线游标高度卡尺划线确定孔的中心位置，并用样冲进行打样冲眼。

（2）**装夹工件和刀具**　根据被钻孔零件上孔的位置和尺寸要求，选择合适的等高垫铁，将零件安装在台式钻床的平口钳上并夹紧。检查钻孔刀具的麻花钻主切削刃，将其放置在钻夹头内，调整伸出长度，不要夹到切削刃，用钻夹头扳手夹紧。

（3）**钻削加工**　按照台式钻床操作规程，起动台式钻床主轴，移动平口钳，使被钻孔零件的孔中心位置与麻花钻对正，用左手扶着平口钳，右手向下扳动台式钻床的手柄，进行下压钻削，抬起排屑，如此反复操作，直至钻孔到尺寸要求。

（4）**质量检验**　使用游标卡尺等测量工具，对加工孔的精度进行检测，包括孔的直径和深度等。

（5）**注意事项**　在钻削过程中，需严格遵守安全操作规程，密切观察切削情况，确保人身和设备安全。钻削时产生的切屑，要在停机的状态下，用毛刷进行清理，不能用手擦拭或用嘴吹，以免划伤手或使切屑进入眼中。为降低切削温度，可以适当使用切削液进行冷却。

【任务实施】

一、场地和设备

1. 训练场地

钳工实训场。

2. 训练设备

（1）**钳工设备**　工作台8张，台虎钳48台，台式钻床及配套工、辅具4套，划线平板4块，方箱4个，平口钳4台，划针48支，毛刷52把。

（2）**切削刀具**　各类锉刀各48把，$\phi 5.2mm$ 麻花钻10个，顶角为120°的 $\phi 9mm$ 麻花钻10个，$\phi 9mm$ 180°平底钻10个。

（3）**检测量具**　量程为0~150mm的游标卡尺10把，量程为0~25mm、25~50mm的外径千分尺各10把，0级160mm×100mm刀口形直角尺48把，划线高度游标卡尺4把。

二、实施步骤

压紧滑块的加工操作步骤见表3-1-3。

加工压紧滑块

表 3-1-3　压紧滑块的加工操作步骤

步骤	内容	成果
锉削六面体	1）锉削加工 A 面（基准面）。装夹 E、F 面，用 200mm 扁锉刀粗、精锉 A 面，达到平面度要求 2）锉削 E 面。以 A 面为基准面，靠着台虎钳的固定钳口装夹 A、D 面，粗、精锉 E 面，达到平面度要求和与 A 面的垂直度要求 3）锉削 B 面。以 A 面为基准面，靠着台虎钳的固定钳口装夹 A、D 面，粗、精锉 B 面，达到平面度要求和与 A 面的垂直度要求 4）锉削 D、F、C 面。分别以已锉削的 E、A 面为基准面，靠着台虎钳的固定钳口，粗、精锉 D、F、C 面至图样尺寸精度、平面度和垂直度要求 5）去毛刺、倒角	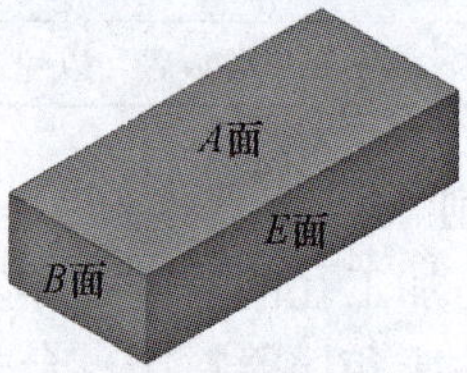 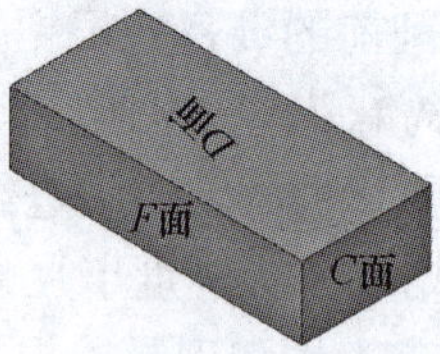 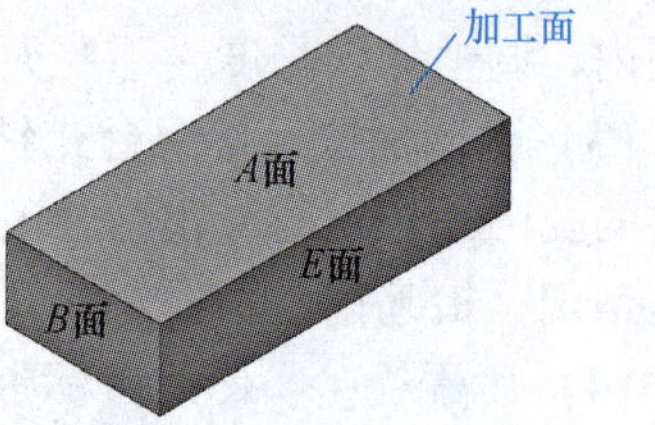 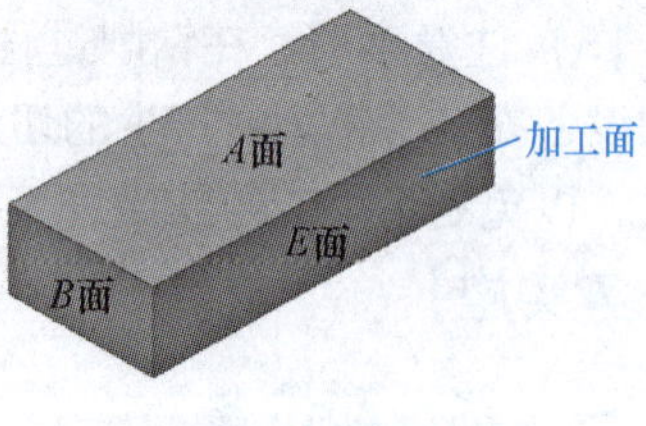 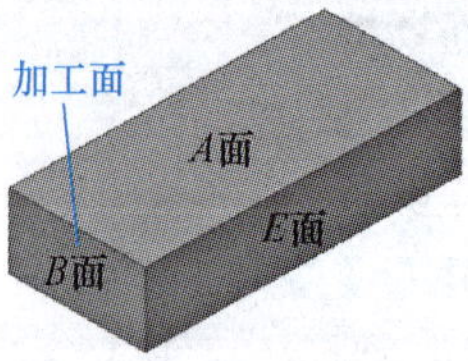 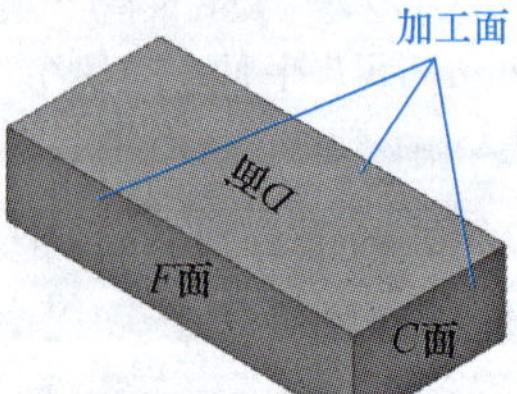 （图示）

（续）

步骤	内容	成果
划线和打样冲眼	1）以 E 面为基准，将工件放置于划线平板上，工件背靠方箱，将划线游标高度卡尺调至10mm位置，划出 A 面中心线 2）将工件转动90°，以 B 面为基准，将工件放置于划线平板上，将划线游标高度卡尺分别调至11mm和36mm位置，划出 A 面孔距为25mm的两孔位置线 3）用样冲在两孔中心位置打样冲眼	
钻沉孔	1）在台式钻床上用 ϕ5.2mm 麻花钻钻出通孔 2）用顶角为120°的 ϕ9mm 麻花钻钻孔，深度为4mm；确保两孔距为25mm±0.026mm 3）更换 ϕ9mm 180°平底钻继续钻孔加工，直至深度达6mm 4）孔口倒角	

三、大国工匠技能成长案例

郑志明，广西汽车集团首席专家，先后荣获国务院特殊津贴专家、国家级技能大师和2022年大国工匠年度人物等荣誉。

1977年，郑志明出生于柳州一个普通工人家庭。1997年，郑志明从职高毕业后进入广西汽车集团，成为一名钳工学徒，之后从事钳工工作二十余载，从一名职高毕业生成长为高级工程师。他参与设计并实施完成的创新项目获得过6项广西重工业先进工艺工装成果、优秀设备改造成果一等奖、6项广西重工业先进工艺工装成果、优秀设备改造成果二等奖及3项广西重工业先进工艺工装成果、优秀设备改造成果三等奖、发明型专利一项、实用新型专利5项。他也成为广西汽车集团首席专家、国务院特殊津贴专家、国家级技能大师，2022年更获评了年度大国工匠。

汽车零部件的生产对精度要求非常高，小小的间隙问题很可能导致生产出来的零件不合格。20年以来，郑志明秉承着"一生只磨一剑"的人生信条，用心"雕琢"手中的每一个零件，在生产一线苦练技艺，全身心投入到研磨、锉削、划线和钻削等各项工作中，练坏的工具数以吨计。他发明的"调芯钻孔法""研推修锉法"是钳工技能比赛的独门绝技，他将自己独门绝技传给了徒弟，他的徒弟也多次在市级、区级比赛中获奖。

功夫不负有心人，如今，郑志明已将钳工技能练得炉火纯青。他利用手工锉削可将零件尺寸控制在 0.003mm 以内，钻孔时的孔位误差可以控制在 0.05mm 以内，设备导轨安装面经手工修磨后的平行度误差可以控制在 0.005mm 以内，设备同轴度、平行度等精度均可以控制在 0.005mm 以内。

作为一名技术工人，郑志明时刻秉承工匠精神，反复磨炼，不断提升自身技能，在岗位上默默奉献，实现了自己的人生价值，演绎了新时代"艰苦奋斗、自强不息"的工匠风采，并将工匠的匠心匠魂发扬传承。

【任务考核】

加工压紧滑块的考核表见表3-1-4。

表 3-1-4 加工压紧滑块的考核表

序号	考核内容	要求	配分	评分标准	检测结果	得分	备注
1	产品装配验证	能安装到企业产品"精密小型平口钳"上，满足装配标准要求	20	装配完整，得满分；装配不上，不得分			
2	线性尺寸	47mm ± 0.0195mm	10	超差0.01mm扣2分，扣完为止			
		20mm	5	超差0.1mm扣2分，扣完为止			
		10mm ± 0.018mm	5	超差0.01mm扣2分，扣完为止			
3	孔中心距	25mm ± 0.026mm	5	超差0.01mm扣2分，扣完为止			
4	沉孔	φ9mm ×6mm	5	超差0.1mm扣2分，扣完为止			
		φ5.2mm	5	超差0.1mm扣2分，扣完为止			
5	平面度	▱ 0.05	10	超差0.01mm扣5分			
6	划线	精准度（3条线）	5	超差1处扣2分			
7	倒角	C0.5mm	5	超差1处扣1分，扣完为止			
8	表面粗糙度	Ra 3.2μm（1处）	3	超差不得分			
		Ra 6.3μm	2	超差1处扣1分			
9	安全文明生产	遵守安全操作规程等	10	未穿劳保服扣2分/次；未打扫卫生或打扫得不干净扣5分/次；不遵守安全操作规程扣5分/次；用语不文明扣10分/次。扣完为止			
10	学习态度	听课、出勤等	10	上课使用手机做与任务学习无关的事情扣5分/次；迟到、早退扣5分/次；无故旷课扣10分/次；听课不认真扣5分/次。扣完为止			
	合计		100	—		—	
评价人签字		日期		复核人签字		日期	
企业导师评价							

项目三 钳 工

【任务小结】

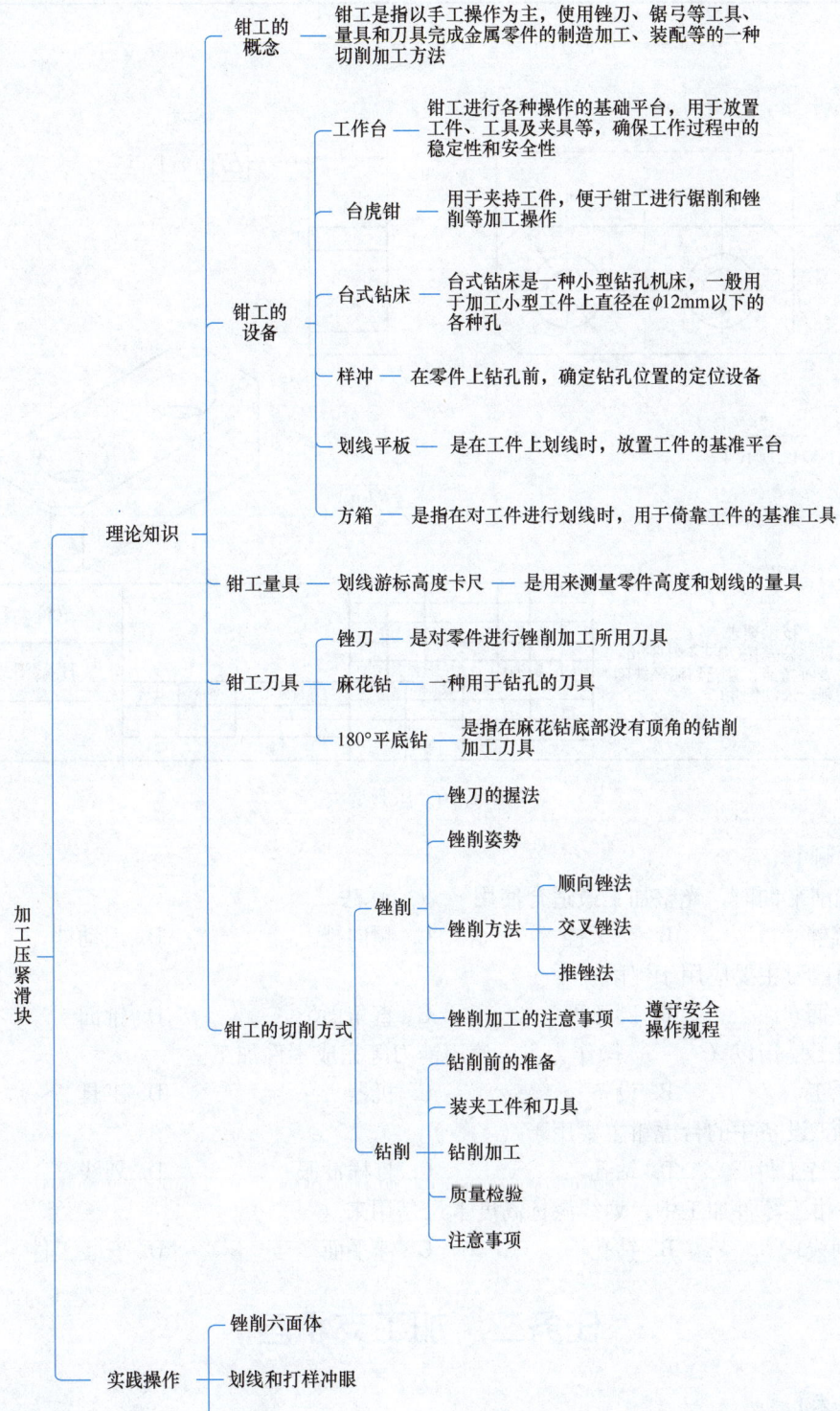

【拓展训练】

根据图 3-1-16 中压紧滑块的图样要求，使用锉削和钻削的加工方法，写出该零件的操作步骤，并完成加工。

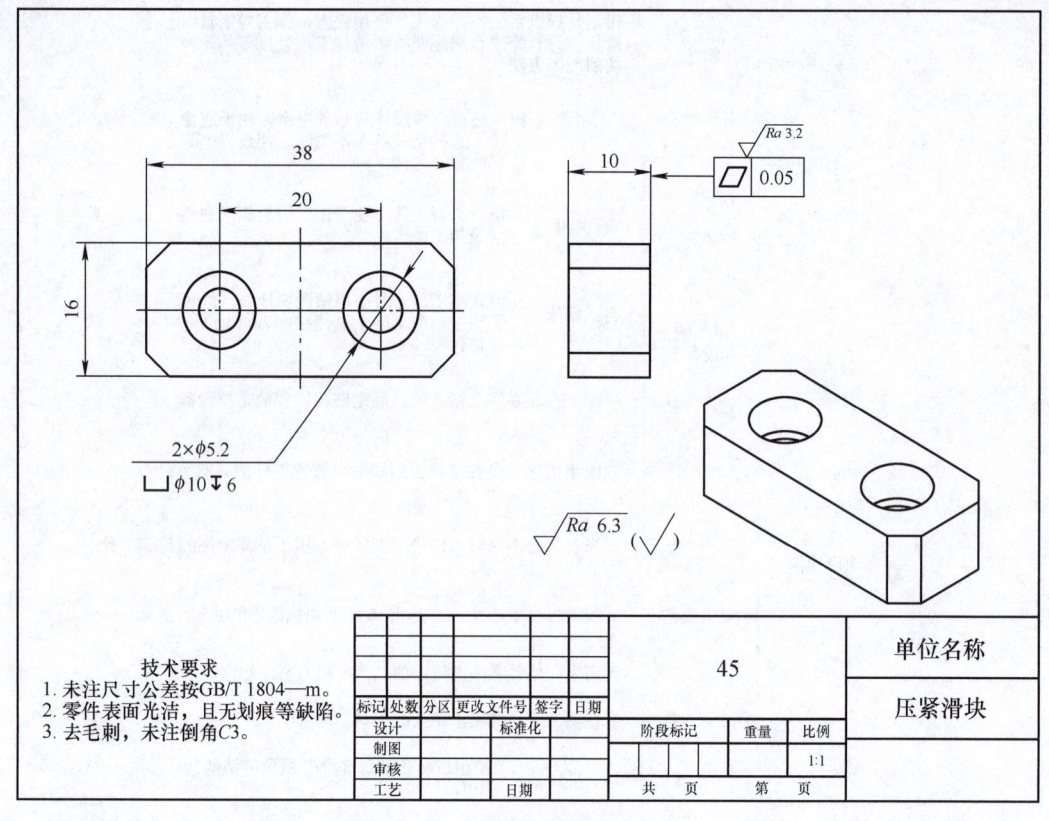

图 3-1-16　压紧滑块

【课后自测】

1. 锉削平面时，光整加工最适合使用（　　）法。
   A. 推锉　　　　　　B. 交叉锉　　　　　C. 顺向锉　　　　　D. 滚动锉
2. 扁锉刀主要应用于锉削（　　）。
   A. 平面　　　　　　B. 圆弧面　　　　　C. 直角面　　　　　D. 锥面
3. 钳工是指以（　　）操作为主，使用锉刀等完成零件加工。
   A. 手工　　　　　　B. 设备　　　　　　C. 机器　　　　　　D. 工具
4. 钳工设备中的台虎钳主要用于（　　）。
   A. 夹持工件　　　　B. 钻孔　　　　　　C. 打样冲眼　　　　D. 划线
5. 在钳工零件加工中，划线游标高度卡尺是用来（　　）。
   A. 划线　　　　　　B. 钻孔　　　　　　C. 锉平面　　　　　D. 安装工件

任务二　加工支承座

【任务描述】
依据企业产品精密小型平口钳的支承座零件图样要求，如图 3-2-1 所示，完成零件的锉削、锯削、錾削、钻孔和攻螺纹加工。毛坯材料尺寸的长×宽×高为 60mm×22mm×14mm。

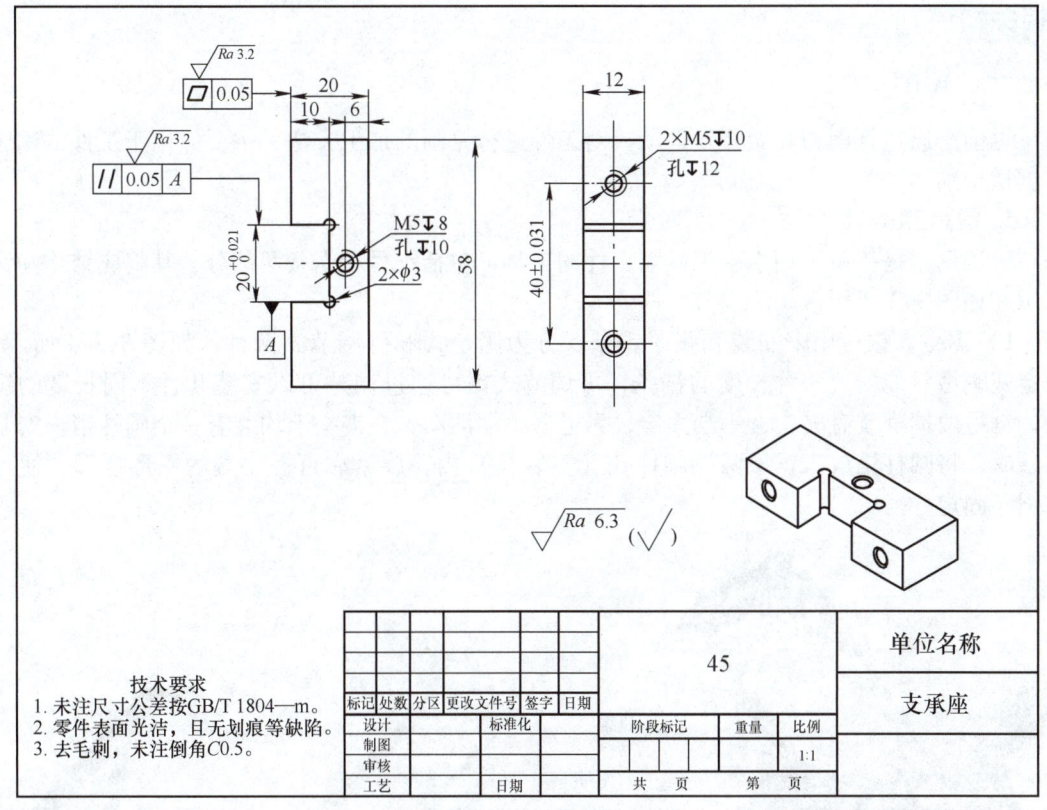

图 3-2-1 支承座

【任务解析】

支承座和精密小型平口钳上的钳体用螺栓连接，凹槽与传动套四方相配合，并用螺栓与传动套连接，如图 3-2-2 所示。在加工 20mm 凹槽时，先要用划线游标高度卡尺准确地划出凹槽加工线，并选用 $\phi3 \sim \phi5$mm 的麻花钻，在划线凹槽内钻一排孔，为便于錾削，孔间距为 1mm，孔的直径外圆不能和边线重合，要与凹槽边线留有 1mm 的距离，用来锉削加工。加工 M5 螺纹孔时，用 $\phi4.2$mm 麻花钻先钻出螺纹底孔。在攻螺纹时，进给切削一定长度后，就要退出来排出切屑，再次进给切削，直至达到图样要求，加工过程中要用切削液进行润滑和冷却。

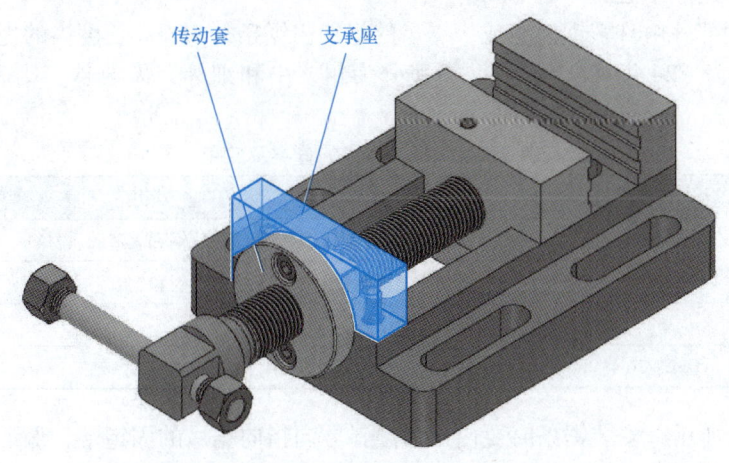

图 3-2-2 支承座在精密小型平口钳上的位置

【相关知识】

一、锯削

锯削是通过锯削刀具做往复运动,对工件进行锯削的加工方法,主要应用于工件的锯断和锯槽切削。

1. 锯削刀具

手工钢锯是指钳工用于手工锯削工件的工具,包括锯弓和锯条两部分,其组成结构和锯削示意如图 3-2-3 所示。

1)锯弓。锯弓用来安装和张紧锯条,分为固定式和可调节式两种,如图 3-2-4 所示。固定式锯弓只能安装一种长度的锯条,可调节式锯弓通过调整可以安装几种不同长度的锯条。锯弓两端都装有夹头,一端固定,靠近握手端活动,在夹头上均装有一个圆柱销。安装锯条时,将圆柱销放入锯条两端圆柱孔(安装孔)内,旋紧靠近握手端的蝶形螺母,便可将锯条固定。

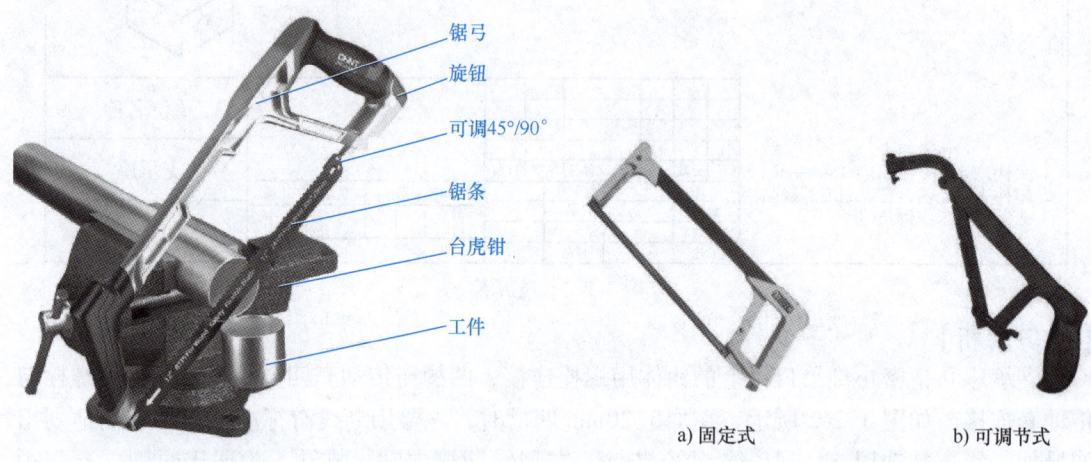

图 3-2-3 手工钢锯的组成结构及锯削示意　　图 3-2-4 锯弓的类型

2)锯条。锯条是用来直接切割工件材料的刀具,一般用渗碳软钢材料冷轧制作而成,也有用碳素工具钢或合金钢材料经热处理淬硬制作而成的锯条。锯条的长度以两端安装孔的中心距表示,常用的中心距为 300mm。

锯条的切削部分由许多锯齿组成,锯齿的粗细由锯条每 25mm 长度内的齿数表示,常用的有 14 齿、18 齿、24 齿和 32 齿等,一般分为粗、中和细等,齿数越多则表示锯齿越细,具体见表 3-2-1。

表 3-2-1 锯条锯齿的分类及应用

锯齿粗细	每 25mm 长度内的齿数	应　用
粗	14~18	锯削软铜、黄钢、铝、铸铁、紫铜和人造胶质材料
中	22~24	锯削中等硬度钢及中等壁厚的铜管和钢管
细	32	锯削薄片金属、管子和硬材料
细变中	32~20	易于起锯,锯削硬材料

如图 3-2-5 所示,安装锯条时要使锯齿倾斜方向指向锯弓的固定端,保证前推时进行锯削,锯条的松紧要适当,一般以用两个手指的力能旋紧为宜。另外,安装时锯条不能歪斜或

扭曲，否则在锯削时锯条易折断。

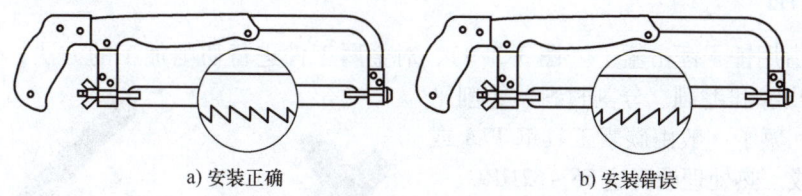

a) 安装正确　　　　　b) 安装错误

图 3-2-5　安装锯条

2. 锯削操作

(1) 握锯姿势　右手握紧锯柄，左手扶在锯弓前端。锯削时推力和压力主要由右手控制，左手的作用主要是扶正，如图 3-2-6 所示。

(2) 起锯姿势　用右手握住手工钢锯的锯柄，左手大拇指的指甲挡住锯条并对齐工件锯削的划线位置，将手工钢锯向下倾斜约为 15°，前后往复进行锯削，锯削出一条浅槽即可，如图 3-2-7 所示。起锯时锯弓的往复行程应短些，压力要小，锯条要与工件表面垂直。

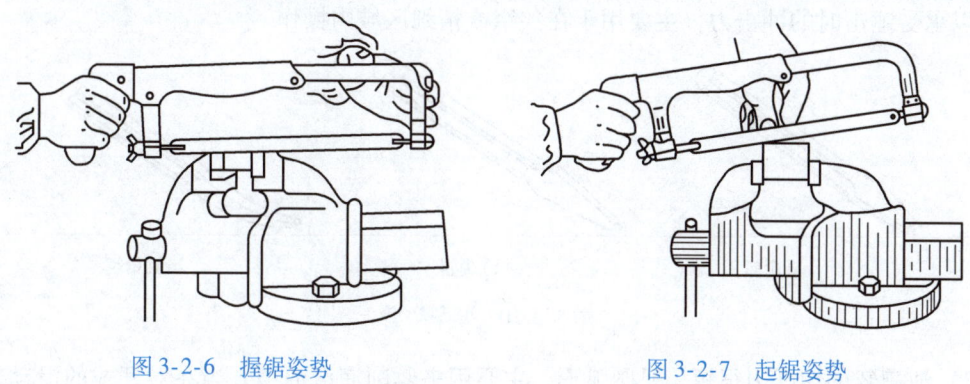

图 3-2-6　握锯姿势　　　　　图 3-2-7　起锯姿势

(3) 锯削操作　将被锯削工件装夹在台虎钳上，锯削位置离钳口不宜太长，利于观察锯路是否倾斜，及时纠偏。

锯削时右手握住手工钢锯锯柄，左手轻扶锯弓前端，进行前后往复直线运动进行锯削，不可做左右摆动，以免锯缝歪斜或折断锯条。前推时要加压，用力要均匀；返回时将锯微微抬起，减少锯齿中部的磨损，锯削速度以往返 30~60 次/min 为宜。锯削过程中，应随时观察锯路是否倾斜，及时纠偏。锯削时要用锯条全长（至少占全长的 2/3）工作，以免出现局部磨损。快锯断时用力要轻，以免碰伤手臂或折断锯条，锯削操作姿势如图 3-2-8 所示。

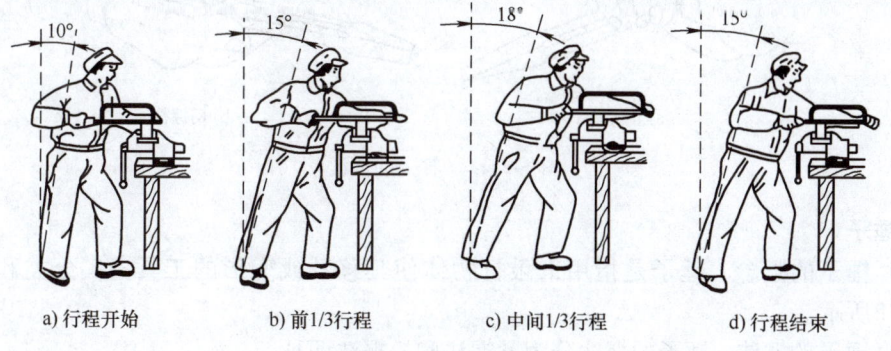

a) 行程开始　　b) 前1/3行程　　c) 中间1/3行程　　d) 行程结束

图 3-2-8　锯削操作姿势

二、錾削

錾削是指用锤子锤击錾子（图3-2-9），对金属工件进行切削加工的方法，主要用于去除毛坯上的凸缘和毛刺、分割材料、錾削平面及油槽等。錾子一般由碳素工具钢T7A或T8A锻打而成，热处理硬度达56~62HRC。

1. 錾子的类型

錾子按照切削刃不同，分为扁錾、尖錾和油槽錾，如图3-2-10所示。

1）扁錾的切削刃扁平、较宽并略带圆弧，其作用是在平面上錾去微小的凸起部分，切削刃两边的尖角不易损伤平面的其他部位，主要用于材料錾断。

图3-2-9 錾子

2）尖錾的切削刃较窄且强度高，两个侧面从切削刃向柄部逐渐变宽，通常为锥形或楔形，以承受锤击时的冲击力，主要用于在狭窄或精细区域内操作。

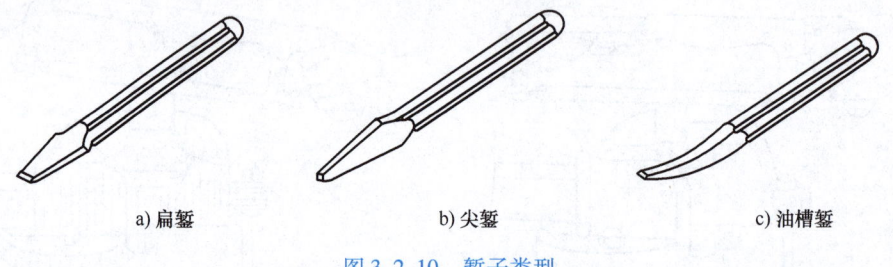

a) 扁錾　　　b) 尖錾　　　c) 油槽錾

图3-2-10 錾子类型

3）油槽錾的切削刃很短，呈圆弧形，主要用来錾削润滑油槽。当在对开式的滑动轴承孔壁錾削油槽时，切削部分呈弯曲状。

2. 錾子的握法

錾子的握法有正握法和反握法两种，如图3-2-11所示。正握法手心向下，用中指和无名指握住錾子，小指自然合拢，食指和大拇指作自然伸直地松靠，錾子头部伸出约20mm。反握法手心向上，手指自然捏住錾子，手掌悬空。

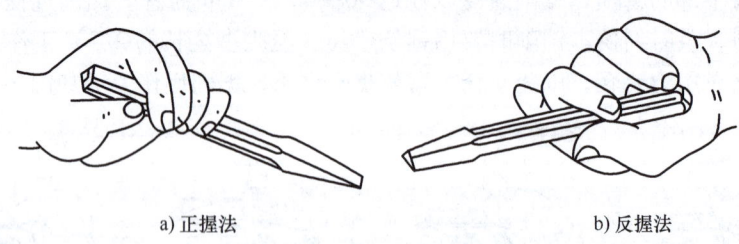

a) 正握法　　　b) 反握法

图3-2-11 錾子的握法

3. 锤子

（1）**锤子的概念**　锤子是指用来敲打物体使其移动或变形的工具，其分类和结构如图3-2-12所示。

（2）**锤子的握法**　锤子的握法分为紧握法和松握法两种。

项目三 钳 工

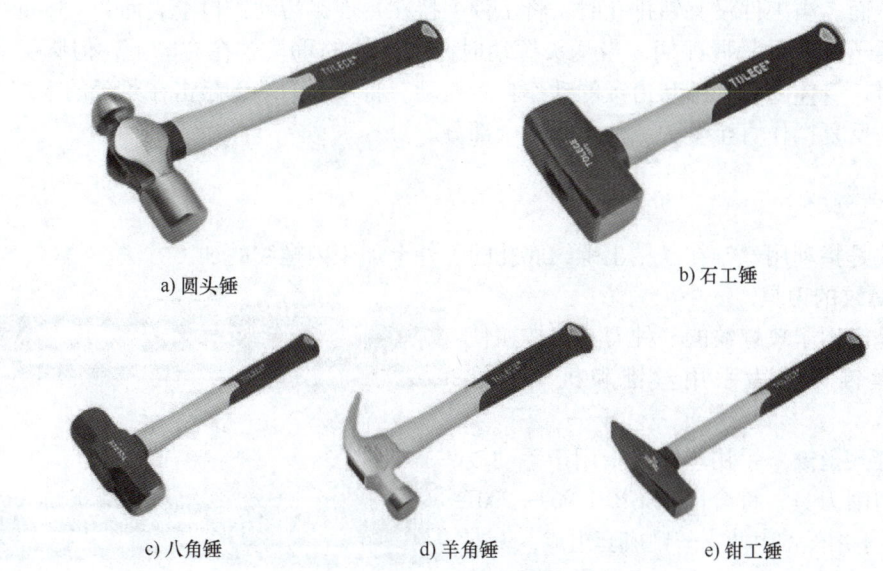

a) 圆头锤　　　　　　　　　b) 石工锤

c) 八角锤　　　d) 羊角锤　　　e) 钳工锤

图 3-2-12　锤子的分类及结构

1）紧握法（图 3-2-13）右手 5 根手指紧握锤柄，大拇指压在食指上，虎口对准锤头方向，柄尾端露出 15~30mm 的长度，敲击过程中手指始终紧握锤柄。

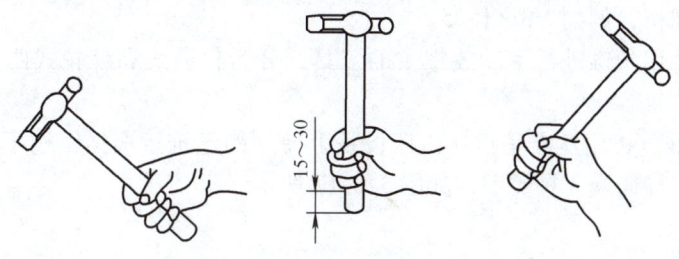

图 3-2-13　紧握法

2）松握法（图 3-2-14）只有大拇指和食指始终紧握锤柄，其余 3 根手指在挥锤时，按小指、无名指和中指的顺序依次放松。在锤击时，又按与挥锤时相反的顺序依次收拢握紧。使用此握法时，手不易疲劳，且产生的锤击力较大。手握锤柄的位置不要太靠近锤头，而要尽量靠近锤柄的末端，因为这样锤击时才会更省力、更灵活。

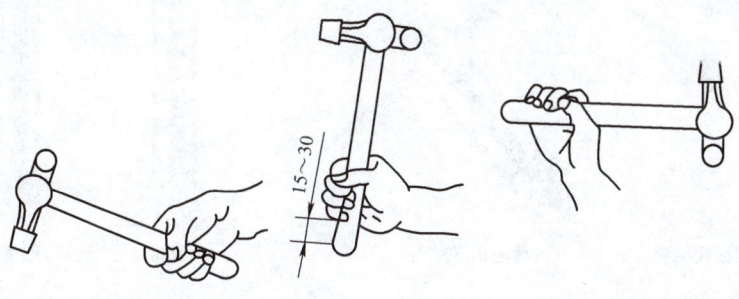

图 3-2-14　松握法

4. 錾削操作步骤

在錾削工件的过程中，当工件已钻排孔时，将其装夹在台虎钳上，保证排孔中心线在活

125

动钳口上表面。当工件没有钻排孔时，将工件夹持在台虎钳活动钳口上表面2～3mm处。用左手紧握錾子，右手紧握锤柄，当锤头挥动时，将身体的重量放在右脚上，但脚尖不要抬起；锤击时，身体随着挥锤和击锤的动作自然摆动。将锤子的端部敲击在錾子的末端对工件进行錾削，反复操作直至錾去工件上的多余部分。

三、攻螺纹

攻螺纹是指利用丝锥在已钻出螺纹底孔的工件上加工内螺纹的加工方法。

1. 攻螺纹的刀具

丝锥是指用于攻螺纹的一种刀具。按照使用方式，丝锥可分为手用丝锥和机用丝锥两类。

（1）**手用丝锥** 手用丝锥是指用于手动攻螺纹时的切削刀具，符合国标 GB/T 969—2007 中的规定。手用丝锥由两支丝锥成套组成，一支用于第一次攻螺纹，也称头攻，其前端螺纹较浅，轮廓较窄，另一支用于第二次攻螺纹，也称二攻，其前端螺纹较深，轮廓较宽，如图 3-2-15 所示。按加工内螺纹的规格不同，与其相配的丝锥也分为不同规格，例如 M8×1.25。

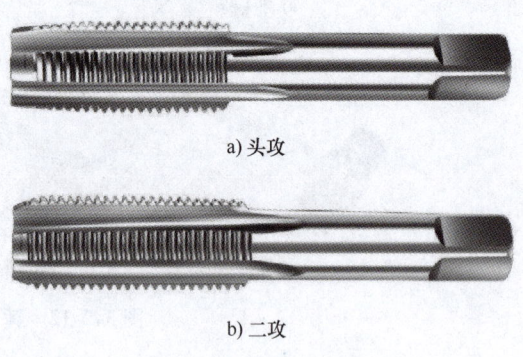

a) 头攻

b) 二攻

图 3-2-15　手用丝锥

铰杠是夹持手用丝锥进行手动攻螺纹的工具，分为普通式和棘轮式两类，如图 3-2-16 所示。

（2）**机用丝锥** 机用丝锥是指在机床设备上使用的丝锥。根据结构不同，机用丝锥分为直槽、螺旋槽和导向端3种类型，如图 3-2-17 所示。

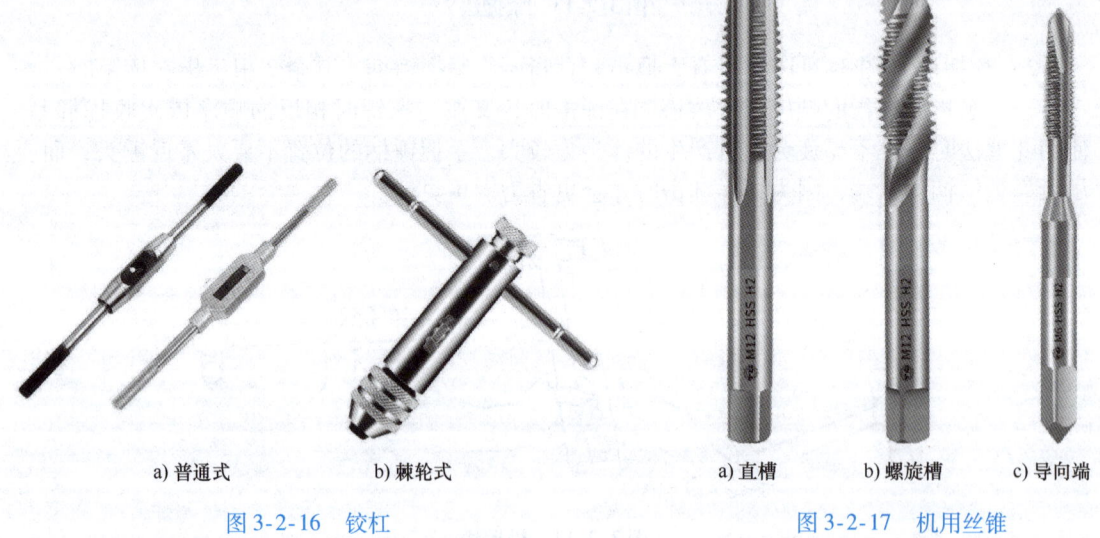

a) 普通式　　b) 棘轮式

图 3-2-16　铰杠

a) 直槽　　b) 螺旋槽　　c) 导向端

图 3-2-17　机用丝锥

2. 攻螺纹的步骤

（1）**计算钻孔直径** 攻螺纹前钻孔用麻花钻直径的计算公式及适用范围见表 3-2-2。

表 3-2-2　攻螺纹前钻孔用麻花钻直径的计算公式及适用范围

螺纹类型	计算公式	适用范围
米制	$D = D_1 - P$	螺距 $P < 1$ 工件材料塑性较大 孔扩张量适中
米制	$D = D_1 - (1.04 \sim 1.08)P$	螺距 $P > 1$ 工件材料塑性较小 孔扩张量较小
英制	$D = 25.4 \times (D_1 - 1/n)$	铸铁与青铜
英制	$D = 25.4 \times (D_1 - 1/n) + 0.1$	细牙螺纹公称直径（in）：3/16 ~ 5/8
英制	$D = 25.4 \times (D_1 - 1/n)$	钢与黄铜
英制	$D = 25.4 \times (D_1 - 1/n) + 0.2$	细牙螺纹公称直径（in）：3/4 ~ 1½

注：1. D 为底孔直径；D_1 为螺纹公称直径；P 为螺距；n 为每英寸牙数。
　　2. 1in = 0.0254m。

(2) 孔口倒角　在孔口加工倒角，深度应大于螺距，可避免丝锥偏斜并提高定位精度。

(3) 操作步骤

第一步，在铰杠上安装头攻丝锥，在丝锥上加上润滑油，准备攻螺纹。

第二步，攻螺纹进刀时保持丝锥垂直，使丝锥中心线与钻孔中心线对齐，两手均匀地旋转铰杠并略加压力，使丝锥进刀，如图 3-2-18 所示，进刀后不必再加压力。

第三步，保持好力度继续转动 1~2 圈后，用刀口形直角尺检查垂直度，如图 3-2-19 所示。若符合要求，则转动铰杠继续攻螺纹，每转一次反转约 45°，以割断切屑避免阻塞。如果丝锥旋转困难，则不可继续增加旋转力，而应退出来清理孔内切屑后再次旋入，否则会使丝锥折断。

第四步，头攻丝锥进刀至内螺纹深度后，换二攻丝锥，重复以上步骤继续攻螺纹至零件加工要求。

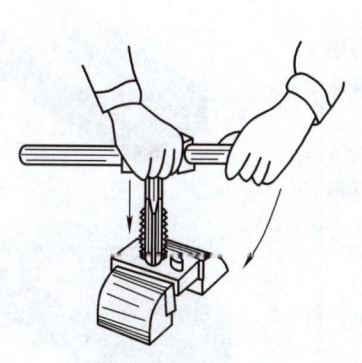

图 3-2-18　攻螺纹进刀

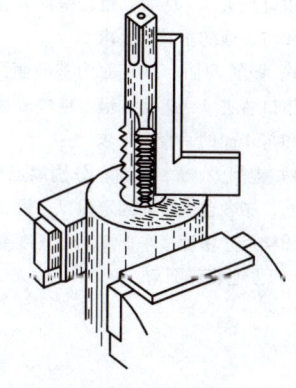

图 3-2-19　检查垂直度

【任务实施】

一、场地和设备

1. 训练场地

钳工实训场。

2. 训练设备

(1) 钳工设备　工作台 8 张，台虎钳 48 台，台式钻床及配套工辅具 4 套，划线平板 4 块，方箱 4 个，平口钳 4 台，划针 48 支，毛刷 52 把，锤子 48 把。

(2) 切削刀具　各类锉刀各 48 把，ϕ3mm、ϕ4.2mm、ϕ5mm 和 ϕ8mm 麻花钻各 10 个，M5 手用丝锥 4 个，錾子 48 把，锯弓 48 把，锯条 48 根。

(3) 检测量具　量程为 0~150mm 的游标卡尺 10 把，量程为 0~25mm、25~50mm 的千分尺各 10 把，0 级 160mm×100mm 刀口形直角尺 48 把，划线游标高度卡尺 4 把。

二、实施步骤

支承座的加工操作步骤见表 3-2-3。

加工支承座

表 3-2-3　支承座的加工操作步骤

步骤	内容	成果
锉削六面体	1) 锉削加工 A 面（基准面）。装夹 E、F 面，用 200mm 扁锉刀粗、精锉 A 面，达到平面度要求 2) 锉削 E 面。以 A 面为基准面，靠着台虎钳的固定钳口装夹 A、D 面，粗、精锉 E 面，达到平面度要求和与 A 面的垂直度要求 3) 锉削 B 面。以 A 面为基准面，靠着台虎钳的固定钳口装夹 A、D 面，粗、精锉 B 面，达到平面度要求和与 A 面的垂直度要求 4) 锉削 D、F、C 面。分别以已锉削 E、A 面为基准面，靠着台虎钳的固定钳口，粗、精锉 D、F、C 面至图样尺寸精度、平面度和垂直度要求 5) 去毛刺、倒角	（见右图）

（续）

步骤	内容	成果
划线、打样冲眼及钻工艺孔	1）划 M5 内螺纹深 8mm 孔的中心线。 ① 以 E 面为基准，将工件置于划线平板上，工件背靠方箱，将划线游标高度卡尺调至 14mm 位置，在 A 面划出螺纹孔的第一条中心线 ② 将工件转动 90°，以 B 面为基准，将工件放置于划线平板上，将划线游标高度卡尺调至 29mm 位置，在 A 面划出螺纹孔的第二条中心线 2）划凹槽锯削线。 ① 以 B 面为基准，将工件置于划线平板上，工件背靠方箱，将划线游标高度卡尺调至 19mm 位置，在 A 面划出凹槽的第一条线。将划线游标高度卡尺再调至 39mm 位置，在 A 面划出凹槽的第二条线 ② 以 E 面为基准，将工件置于划线平板上，工件背靠方箱，将划线游标高度卡尺调至 10mm 位置，在 A 面划出凹槽的第三条线 ③ 以 B 面为基准，将工件置于划线平板上，工件 F 面背靠方箱，将划线游标高度卡尺分别调至 19mm 和 39mm 位置，在 E 面划出凹槽的第一和第二条线 3）划两个 M5 内螺纹深 10mm 孔的中心线。 ① 以 D 面为基准，将工件置于划线平板上，工件 F 面背靠方箱，将划线游标高度卡尺调至 6mm 位置，在 E 面划出两个螺纹孔的第一条中心线 ② 将工件转动 90°，以 B 面为基准，将工件放置于划线平板上，将划线游标高度卡尺调至 9mm 和 49mm 位置，在 E 面分别划出螺纹孔的第二、第三条中心线，确保孔距为 40mm 4）划排孔线。依据凹槽锯削前钻排孔选择的麻花钻直径，计算排孔中心位置，运用以上方法划排孔线 5）打样冲眼。用样冲在所有内螺纹孔的中心位置打样冲眼 6）钻两个 ϕ3mm 工艺孔	
钻排孔	用 ϕ5mm 麻花钻在待加工凹槽部位钻出 3 个排孔	

(续)

步骤	内容	成果
锯削、錾削、锉削凹槽	1）锯削。沿着排孔的切线位置分别进行锯削，预留1mm的锉削余量，锯削深度为9mm 2）錾削。沿孔的中心线位置，使用扁錾进行錾削 3）锉削。 ① 锉削加工凹槽部位3个面，直到平面度和垂直度符合图样要求 ② 光整锉削，理顺锉纹，去毛刺，倒角等，达到表面粗糙度要求	
钻孔、攻螺纹	1）钻孔。 ① 依据图样要求，用 φ4.2mm 麻花钻在各内螺纹孔中心，钻3个M5螺纹底孔至深度值 ② 利用 φ8mm 麻花钻对将加工的孔进行倒角，以方便攻螺纹 2）攻螺纹。使用M5丝锥攻3个M5内螺纹	

三、大国工匠技能成长案例

陈问春，河南中原特钢装备制造有限公司维修钳工、高级技师，先后荣获全国技术能手、河南省五一劳动奖章、河南省技术能手、河南省钳工状元和中原大工匠等荣誉称号。

1994年，18岁的陈问春从技校一毕业就进车间当了一名钳工，正式投身兵工事业。没想到，刚一上班，工作就给陈问春来了一个下马威："很多东西都不会，看不懂图样，对计算公式更是一窍不通。"钳工是一项十分考验人细致程度的技术活，陈问春偏偏是一个追求极致的人。29年里，陈问春从一名普通钳工成长为公司的钳工技能带头人，他用汗水与肩膀，把不可能变成可能。

"在外人看来，钳工干的都是一些又脏又累的粗活，其实不然。想要干好钳工，必须要有细如发丝的细心和不怕吃苦的恒心。"在陈问春看来，钳工是最能体现动手能力的一个工种，做钳工得有耐心，更得守得住匠心，把追求极致体现在工作的每一个细节中。

有一次，一件产品在加工时，因弯曲现象造成车床主轴静压轴承损坏。"由于轴承采用割分式轴瓦结构，传统维修方式采用的都是手工刮研的方法，但这种方式的维修工期需要一个月左右，极大降低了设备利用率，严重制约生产进度。"陈问春下定决心改变现状。经过多次钻研摸索和试验试错，最终，陈问春总结出"大力切削法"，即在轴瓦粗刮的时候，采用大力切削，快速去除余量。这种操作法将原来20多天的修理工期缩短至7天，极大地提高了维修效率，为工厂争取了宝贵的生产时间。

【任务考核】

加工支承座的考核表见表3-2-4。

表 3-2-4　加工支承座的考核表

序号	考核内容	要求	配分	评分标准	检测结果	得分	备注
1	产品装配验证	能安装到企业产品"精密小型平口钳"上，满足装配标准要求	20	装配完整，得满分；装配不上，不得分			
2	线性尺寸	$\phi 20^{+0.021}_{0}$ mm	10	超差 0.01mm 扣 2 分，扣完为止			
		58mm	2	超差 0.1mm 扣 1 分，扣完为止			
		20mm	2	超差 0.1mm 扣 1 分，扣完为止			
		12mm	2	超差 0.1mm 扣 1 分，扣完为止			
		10mm	2	超差 0.1mm 扣 1 分，扣完为止			
3	孔的中心距	40mm ± 0.031mm	5	超差 0.01mm 扣 2 分，扣完为止			
		6mm	2	超差 0.1mm 扣 1 分，扣完为止			
4	内螺纹	M5	10	超差不得分，深 8mm 内螺纹 4 分，其他的 3 分/个			
5	平面度	▱ 0.05	5	超差 0.01mm 扣 2 分，扣完为止			
6	平行度	∥ 0.05 A	5	超差 0.01mm 扣 2 分，扣完为止			
7	划线	精准度（10 条线）	5	超差 1 处扣 2 分			
8	倒角	C0.5mm	5	超差 1 处扣 1 分，扣完为止			
9	表面粗糙度	Ra 3.2μm（2 处）	3	超差不得分			
		Ra 6.3μm	2	超差 1 处扣 1 分			
10	安全文明生产	遵守安全操作规程等	10	未穿劳保服扣 2 分/次；未打扫卫生或打扫得不干净扣 5 分/次；不遵守安全操作规程扣 5 分/次；用语不文明扣 10 分/次。扣完为止			
11	学习态度	听课、出勤等	10	上课使用手机做与任务学习无关的事情扣 5 分/次；迟到、早退扣 5 分/次；无故旷课扣 10 分/次；听课不认真扣 5 分/次。扣完为止			
	合计		100	—		—	
评价人签字		日期		复核人签字		日期	
企业导师评价							

【任务小结】

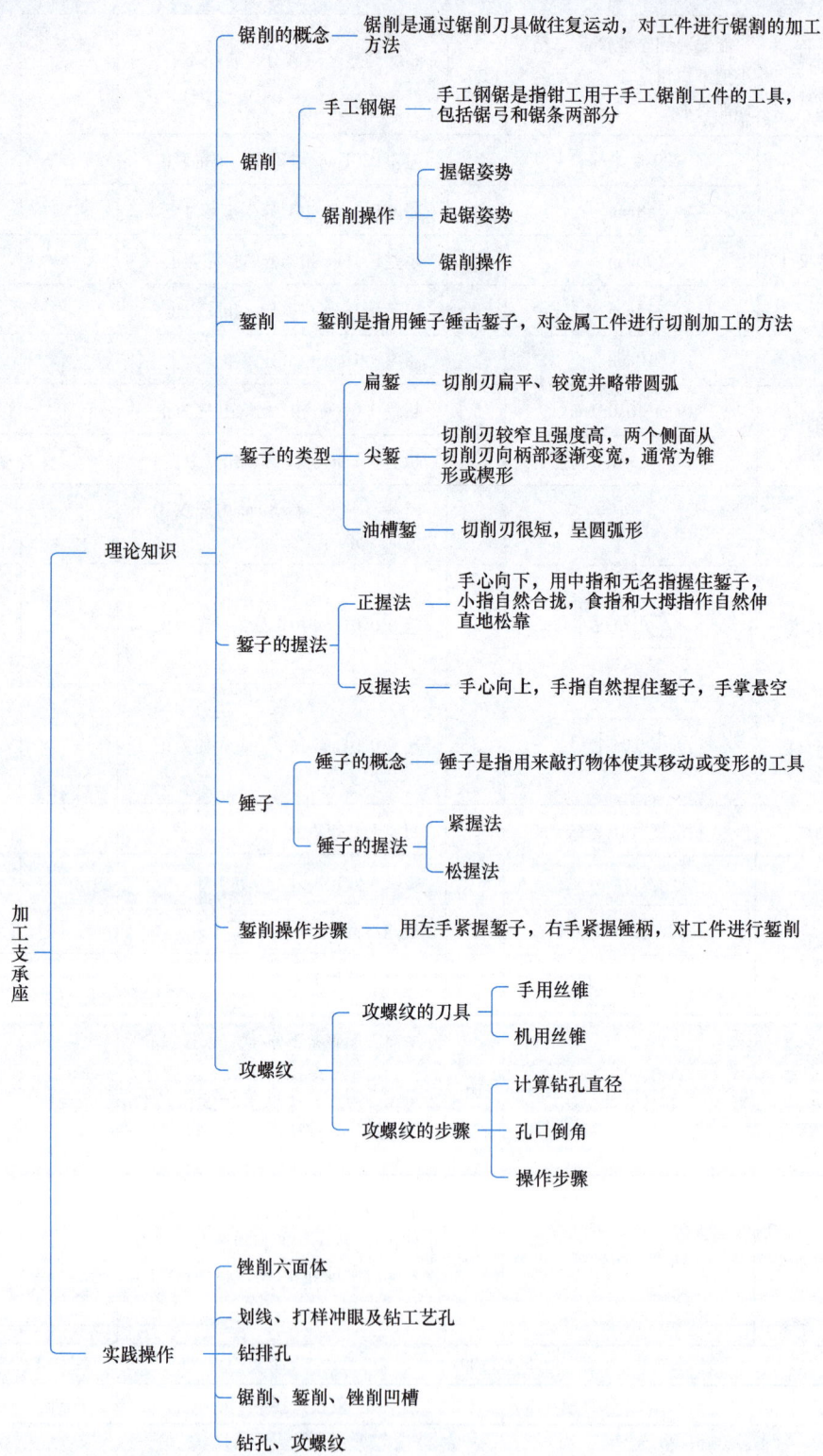

【拓展训练】

根据图 3-2-20 中支承座的图样要求,使用锉削、钻削、錾削和锯削的加工方法,写出加工该零件的操作步骤,并完成该零件的加工。

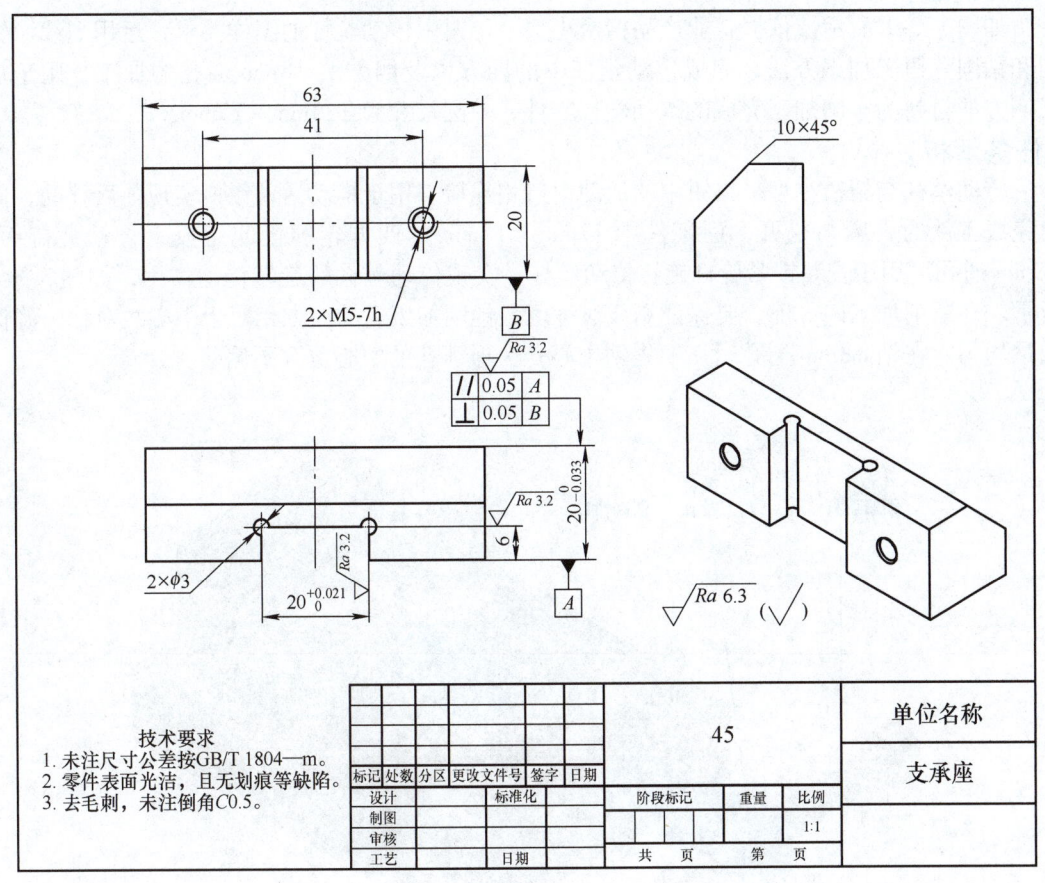

图 3-2-20 支承座

【课后自测】

1. 手工钢锯由锯弓和（　　）组成。

　　A. 锯条　　　　B. 锉刀　　　　C. 划针　　　　D. 锯齿

2. 锯齿按照（　　）划分,包括粗、中、细和细变中等类型。

　　A. 每 25mm 长度内的齿数　　　　B. 每 35mm 长度内的齿数

　　C. 每 45mm 长度内的齿数　　　　D. 每 55mm 长度内的齿数

3. 錾子的类型分为（　　）、尖錾和油槽錾 3 类。

　　A. 扁錾　　　　B. 方錾　　　　C. 圆錾　　　　D. 平錾

4. 錾子的手握法包括正握法和（　　）两种。

　　A. 反握法　　　B. 顺握法　　　C. 倒握法　　　D. 向心法

5. 攻螺纹用刀具包括手用丝锥和（　　）两类。

　　A. 机用丝锥　　B. 头攻　　　　C. 二攻　　　　D. 直槽丝锥

任务三　加工传动丝杠四方

【任务描述】

如图1-3-1所示,依据企业产品精密小型平口钳中传动丝杠的图样要求,运用划线、锉削和钻削等钳工加工方法,完成传动丝杠中的四方以及四方上φ8mm通孔的加工,用于加工四方的材料为车削加工完成的传动丝杠零件,外圆尺寸为φ22mm×15mm。

【任务解析】

传动丝杠与精密小型平口钳中的活动钳口相连接,用于推动活动钳口实现前后移动,同时完成工件的夹紧与松开,而零件中17mm×17mm的四方轮廓可使用扳手拧动夹持面,φ8mm通孔可用于安装锁紧旋杆旋转传动丝杠,实现传动丝杠的旋转传动作用,如图3-3-1所示。在锉削加工四方前,要保证划线对称度,锉削加工后的四方相对于中心线对称,确保余量均匀。在钻φ8mm通孔时,要先钻中心孔,保证孔的中心位置不偏移。

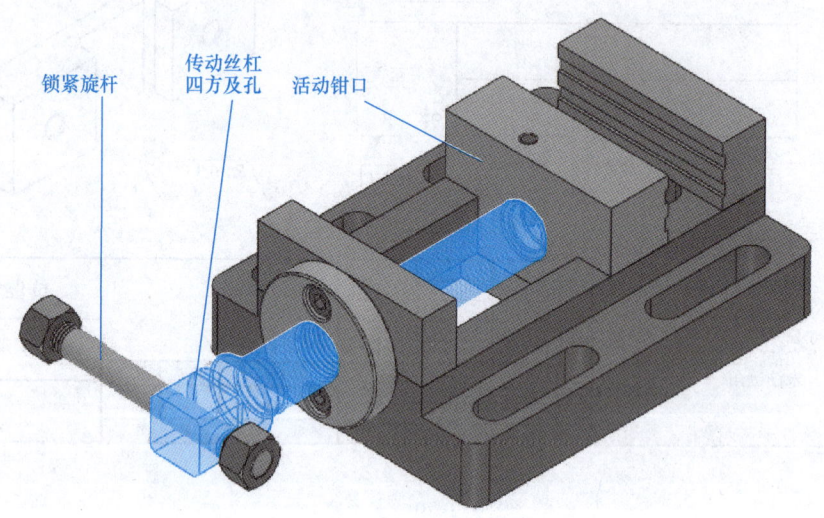

图3-3-1　传动丝杠四方在精密小型平口钳上的位置

【相关知识】

一、磁性方箱

磁性方箱(图3-3-2)是指用于检测零件的平行度、垂直度等精度的检测工具,也可配合划线平板用于钳工加工零件前的划线基准工具。依据其长宽高尺寸不同,磁性方箱分为多种规格,例如,100mm×100mm×100mm表示方箱的长宽高分为100mm。磁性方箱与普通方箱的主要区别是:磁性方箱的V形槽及底部均有磁力,可以对金属被测工件进行磁性固定,保证了工件的夹持稳定性。

二、圆柱端面划线的操作步骤

1. 夹持工件

将方箱放置在平板上,V形槽向上,将工件外圆放置于磁性方箱的V形槽内,开启磁

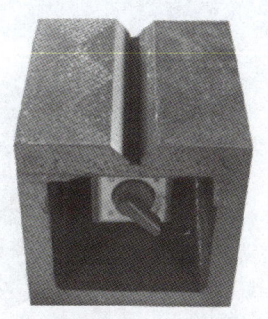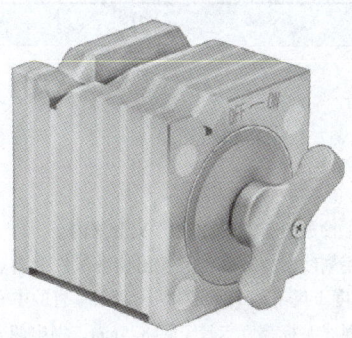

图 3-3-2　磁性方箱

性吸附开关，保证工件夹持平稳牢固。

2. 划基准线

（1）**计算外圆中心线高度**　根据磁性方箱规格尺寸和被测工件外圆直径值，计算出外圆中心线的高度。也可以用划线游标高度卡尺底端先接触工件外圆，再计算工件中心线高度。

（2）**划外圆中心基准线**　调整划线游标高度卡尺的尺寸为外圆的中心线高度值，左手轻压被划线的工件，右手从左向右移动划线高度尺，划出外圆的中心线。将方箱及工件旋转90°，按照以上方法，划出外圆的垂直中心线。

3. 划工件上四方的边线

以中心线为基准线，调整划线游标高度卡尺的高度值，分别为工件四方的第一条和第二条边线的高度值，右手从左向右移动划线游标高度卡尺，分别划出工件上四方的第一条和第二条边线。将方箱及工件旋转90°，按照以上方法，再划出工件上四方的第三条和第四条边线。

4. 划工件上四方的深度线

将工件的圆柱面靠着方箱的一面，根据工件上四方的深度尺寸，调整划线游标高度卡尺的数值，边旋转工件，边用划线游标高度卡尺划深度线。

【任务实施】

1. 训练场地

钳工实训场。

2. 训练设备

（1）**钳工设备**　工作台8张，台虎钳48台，台式钻床及配套工辅具4套，划线平板4块，磁性方箱4个，平口钳4台，自动样冲10支，毛刷52把。

（2）**切削刀具**　各类锉刀各48把，$\phi 8mm$ 麻花钻10个，划针10支。

（3）**检测量具**　量程为0～150mm的游标卡尺10把，量程为0～25mm的千分尺各10把，0级160mm×100mm刀口形直角尺48把，划线游标高度卡尺4把，钢直尺10把。

二、实施步骤

传动丝杠上四方的加工操作步骤见表3-3-1。

加工传动丝杠四方

表 3-3-1 传动丝杠上四方的加工操作步骤

步骤	内容	成果
划四方边线及深度线	1）将工件放置于磁性方箱的 V 形槽内 2）先用划线游标高度卡尺找出传动丝杠最高点（φ22mm），将划线游标高度卡尺下调 11mm，划出两条垂直的中心基准线 3）将划线游标高度卡尺下调 8.5mm，划出四方上的一条边线 4）将工件翻转 90°、180°、270°，依次划出四方的另外 3 条边线 5）将 φ22mm 圆柱面靠着方箱，将划线游标高度卡尺调至 15mm，边旋转工件，边用划线游标高度卡尺划四方上的深度线	
锉削加工四方	1）将工件装夹在台虎钳上，保证四方的中心线与钳口面平行 2）锉削基准面 A，达到平面度要求 3）锉削基准面 B，达到平面度要求和 A 面 $\perp B$ 面的要求 4）锉削基准面 A、B 的对面 C、D 面，达到尺寸要求和平面度要求	

（续）

步骤	内容	成果
划四方上 φ8mm 孔的中心线，打样冲眼	1）将已加工的四方夹在台虎钳上 2）用钢直尺在四方长度方向上测出 8.5mm，距轴端面测出 8mm，将钢直尺放平，用划针划出孔的垂直中心线 3）用样冲在孔的中心打样冲眼	加工面
钻 φ8mm 通孔	1）用 φ8mm 麻花钻钻出通孔 2）孔口倒角	加工面

三、大国工匠技能成长案例

管延安，中交第一航务工程局有限公司第二工程公司总技师，首批大国工匠之一，中国深海钳工第一人，先后荣获全国五一劳动奖章、全国技术能手、全国最美职工和齐鲁大工匠等荣誉。

1995 年初中毕业后，管延安随亲戚来到青岛当学徒，开始接触钳工行业。学徒期间，他熟练掌握了錾、锉、钻、铰、攻、套、铆、磨、矫正和弯形等钳工工艺以及各种设备的维修工艺和电气调试安装技术等，并养成了每天做笔记的好习惯。知识的储备积少成多，技能的羽翼日渐丰满，他开始在工作中独当一面，甚至能独立解决让师傅们也抓耳挠腮的工艺难题。管延安说："钳工，就是一颗行走的螺丝钉，哪里有需要，就往哪里拧。"这不仅是个人的自律，更是整个团队多年磨炼锤打出的铁律。

2013 年，管延安受命前往珠海牛头岛，带领钳工团队参与建设港珠澳大桥岛隧工程。该桥被英国《卫报》评为"新世界七大奇迹"，集桥梁、隧道和人工岛于一体，采用世界最高标准，其设计、施工难度以及面临的挑战均为世界之最，因此也被誉为"超级工程"。

一般人可能认为拧螺钉非常简单。但是，深海沉管对接要做到不渗水、不漏水，接缝的间隙必须小于 1mm。如此小的间隙无法用肉眼判断，只能凭借"手感"来操作。为了培养这一看不见摸不着的"手感"，管师傅经常对蝶阀进行反复拆装。久而久之，管师傅还练就了一门"听感"绝技——通过敲击阀门，从金属碰撞的声音中判断接缝间隙的合格与否。"困难是用来克服的，没有困难要我们干什么！"这句话成了管延安的新口头禅。

2020 年 10 月，因现场施工需求和设备年限使用要求，需要对"交工 79"轮的两台主机进行换新，并把功率由 2000 马力⊖提高到 4000 马力。但由于新、旧主机的底座不同，一旦进行更新，势必会提高施工风险，甚至延长工期。管延安看在眼里、急在心里，最后别出心裁地想出了对策——在主机原来螺栓固定的基础上，于底座前后左右增加厚为 25mm 的异形钢板，在钢板上加工出 M32 螺纹孔，将其焊接在底座旁边，再用螺栓固定住。如此一来，既避免了施工风险又缩短了工期。

工作之余，管延安仍能坚持学习，在他工作的地方，摆了厚厚一摞技术书籍。他讲得最

⊖ 1 马力 = 735.5W。

多的就是"干一行，爱一行，钻一行"，正是这种精益求精、脚踏实地、一丝不苟的精神，成就了"大国工匠"的传奇。

【任务考核】

加工传动丝杠四方的考核表见表3-3-2。

表3-3-2 加工传动丝杠四方的考核表

序号	考核内容	要求	配分	评分标准	检测结果	得分	备注
1	产品装配验证	能安装到企业产品"精密小型平口钳"上，满足装配标准要求	20	$\phi 8mm$ 锁紧旋杆能装配到传动丝杠四方的孔上，得满分；装配不上，不得分			
2	线性尺寸	$\phi 8^{+0.036}_{0}mm$	20	超差0.01mm扣2分，扣完为止			
		8mm	5	超差0.1mm扣2分，扣完为止			
		15mm	5	超差0.1mm扣2分，扣完为止			
3	四方	17mm×17mm	15	超差0.1mm扣5分，扣完为止			
4	划线	精准度	5	超差1处扣2分，扣完为止			
5	倒角	C0.5mm	5	超差1处扣1分，扣完为止			
6	表面粗糙度	$Ra\ 6.3\mu m$	5	超差1处扣1分，扣完为止			
7	安全文明生产	遵守安全操作规程等	10	未穿劳保服扣2分/次；未打扫卫生或打扫得不干净扣5分/次；不遵守安全操作规程扣5分/次；用语不文明扣10分/次。扣完为止			
8	学习态度	听课、出勤等	10	上课使用手机做与任务学习无关的事情扣5分/次；迟到、早退扣5分/次；无故旷课扣10分/次；听课不认真扣5分/次。扣完为止			
		合计	100	—			
评价人签字		日期		复核人签字		日期	
	企业导师评价						

【任务小结】

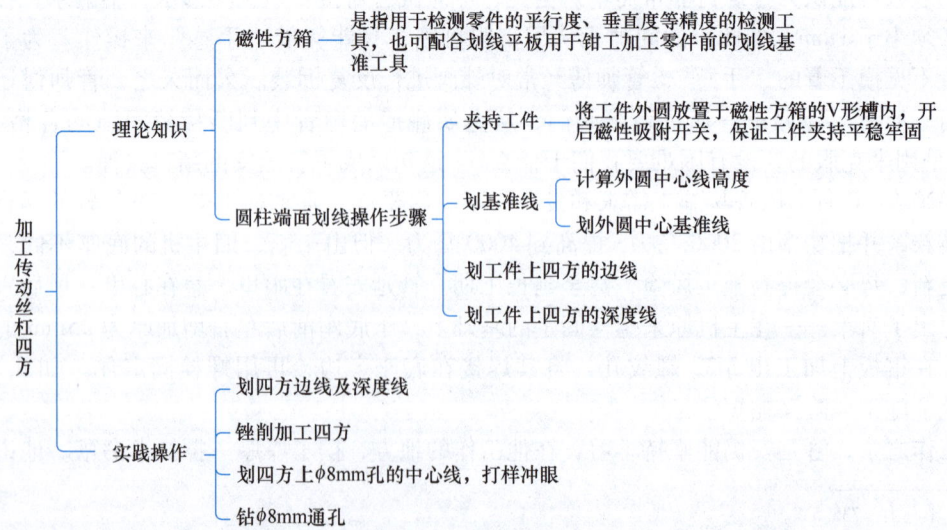

【拓展训练】

根据图 1-3-8 中传动丝杠上六棱柱及 φ8mm 孔的图样要求,使用锉削、钻削和划线等加工方法,写出加工该零件轮廓要素的操作步骤,并完成加工。

【课后自测】

1. 磁性方箱的 V 形槽和底部均有（　　）。
   A. 磁力　　　　　　B. V 形槽　　　　　　C. 划线工具　　　　　　D. 零件
2. 在外圆端面上划四方的边线前应先试算（　　）。
   A. 外圆中心线高度　　　　　　　　　　B. 外圆中心基准线
   C. 四方的边长　　　　　　　　　　　　D. 四方的深度值
3. 划四方的深度线时,工件需要靠在（　　）上边旋转边划线。
   A. 方箱　　　　　　B. 划线游标高度卡尺　　C. 工作台　　　　　　D. 外径千分尺
4. 在传动丝杠的四方上加工 φ8mm 孔时,正确的操作步骤是（　　）。
   A. 划孔的中心线→打样冲眼→钻中心孔→钻 φ8mm 孔
   B. 打样冲眼→划孔的中心线→钻中心孔→钻 φ8mm 孔
   C. 钻中心孔→打样冲眼→划孔的中心线→钻 φ8mm 孔
   D. 钻 φ8mm 孔→钻中心孔→打样冲眼→划孔的中心线
5. 检测传动丝杠的四方上面与面之间的垂直度时应选用（　　）。
   A. 刀口形直角尺　　B. 游标卡尺　　　　　　C. 千分尺　　　　　　D. 钢直尺

任务四　加工传动套沉孔

【任务描述】

如图 2-4-1 所示,依据企业产品精密小型平口钳中传动套沉孔的图样要求,运用划线和钻削等钳工加工方法,完成传动套上沉孔的加工,用于加工沉孔的材料为铣削加工完成的传动套零件。

【任务解析】

传动套与精密小型平口钳中支承座、钳体相连接,传动套上的沉孔与内六角螺栓配合,将该零件与支承座和钳体连接为一体,如图 3-4-1 所示。在划沉孔中心线位置时,将

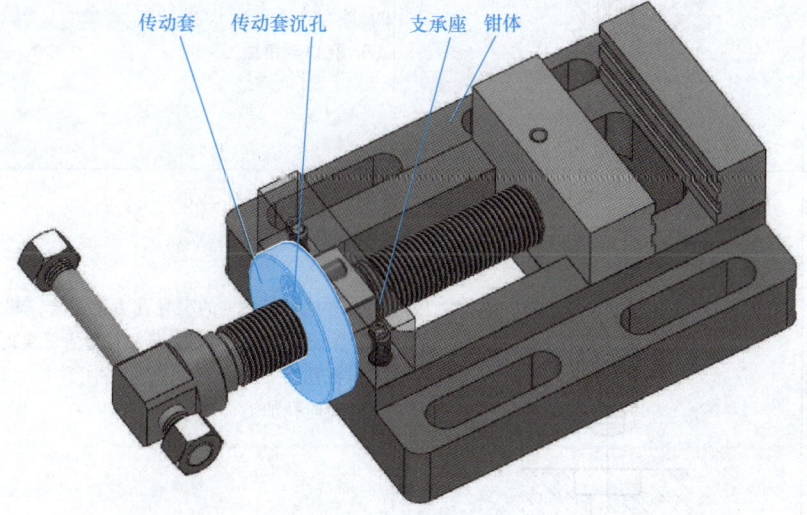

图 3-4-1　传动套沉孔在精密小型平口钳上的位置

φ41mm 外圆放置在方箱的 V 形槽内，用划线游标高度卡尺先接触该外圆的最高点，再调整高度尺寸进行划线，必须保证 28mm±0.026mm 的中心距尺寸要求，否则与支承座和钳体相连接的螺纹孔的位置会出现偏移，无法装配螺栓。

【相关知识】

一、锪钻

锪钻是指对工件上已有的孔继续加工出沉孔、埋头孔和孔口倒角等的一种刀具，也称为倒角刀和埋头钻等。用锪钻加工孔轮廓形状的方法，称为锪孔。

二、锪钻的分类及应用

按照所加工孔轮廓的形状，锪钻分为平底锪钻、锥形锪钻、带导柱的平底锪钻等多种类型，其分类、结构及应用见表 3-4-1。

表 3-4-1　锪钻的分类、结构及应用

类型	结构	应用
平底锪钻	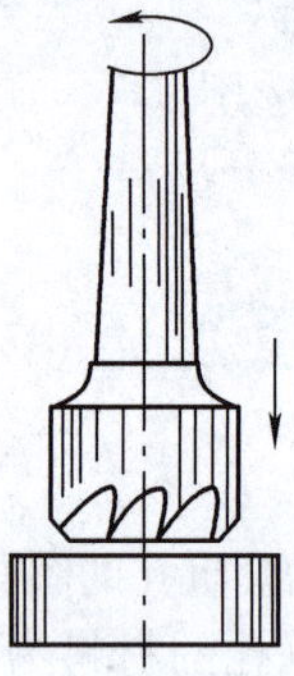	1. 沉孔加工 2. 凸台加工
锥形锪钻	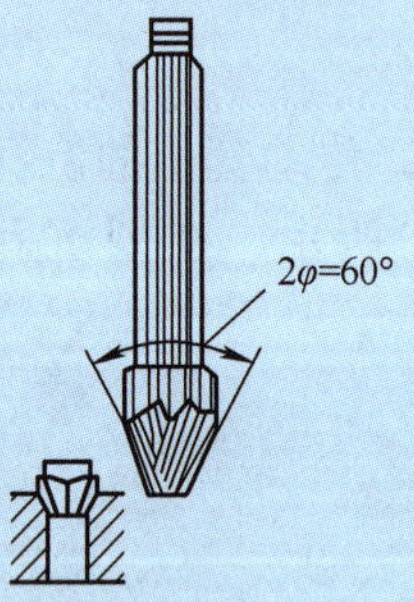 $2\varphi=60°$	1. 具有自定心功能，无须使用导柱即可加工锥孔 2. 埋头孔加工，常见锥角有 60°、90°、120° 等，其中，90° 最为常用 3. 孔口倒角加工
带导柱的平底锪钻	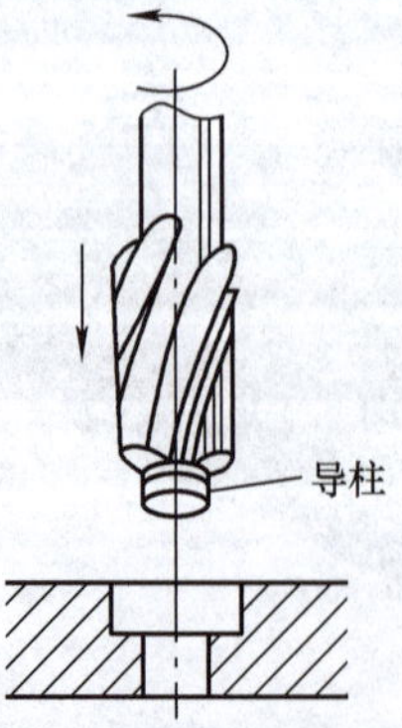 导柱	1. 导柱与工件上的引导孔紧密配合，起定心和导向作用，保证与引导孔同轴。导柱可分为可换式和整体式两类 2. 沉孔加工 3. 台阶孔加工

(续)

类型	结构	应用
带导柱的锥形锪钻	$2\varphi=90°$ 导柱	埋头孔加工，保证安装埋头螺钉后，工件表面依旧平整

【任务实施】

一、场地和设备

1. 训练场地

钳工实训场。

2. 训练设备

（1）**钳工设备** 工作台8张，台虎钳48台，台式钻床及配套工辅具4套，划线平板4块，磁性方箱4个，平口钳4台，自动样冲10支，毛刷52把。

（2）**切削刀具** $\phi5.2mm$ 麻花钻10个，$\phi9mm$ 麻花钻10个，90°锥形锪钻10个，$\phi9mm$ 180°平底钻10个，划针10支。

（3）**检测量具** 量程为 0~150mm 的游标卡尺10把，划线游标高度卡尺4把，钢直尺10把。

加工传动套沉孔

二、实施步骤

传动套上沉孔的加工操作步骤见表3-4-2。

表3-4-2 传动套上沉孔的加工操作步骤

步骤	内容	成果
划沉孔的中心线和打样冲眼	1）将加工的四方的任意面放在方箱上，使外圆漏出方箱边缘，打开磁吸。调整划线游标高度卡尺高度，接触传动套外圆的最高点，再将划线游标高度卡尺下调20.5mm，划出孔的基准中心线 2）将工件旋转90°，再将划线游标高度卡尺下调14mm，划出第一个沉孔的中心线，将工件旋转180°，划出第二个沉孔的中心线，确保孔距为28mm 3）用样冲在沉孔中心位置打样冲眼	加工面

（续）

步骤	内容	成果
钻通孔和沉孔	1）用φ5.2mm麻花钻钻出两个通孔 2）用φ9mm麻花钻钻出两个埋头孔，深度为4mm 3）用φ9mm180°平底钻继续钻孔加工，直至深度达6mm 4）用90°锥形锪钻倒角	加工面 加工面

三、大国工匠技能成长案例

张新停，西北工业集团有限公司工具制造二分厂机加工段钳工，高级技师，先后荣获大国工匠、全国技术能手、陕西省技术能手、第二届全国职工职业技能大赛钳工第二名和陕西省职工技能大赛钳工"状元"等荣誉。

1992年，在张新停20岁生日那天，从技校毕业的他进入了二分厂，开始了钳工职业生涯，这里主要负责研制和生产多种型号的弹药。张新停立志要当最优秀的工人，但成为一名优秀的钳工，并没有那么容易。1995年，单位举行技能比武，志在必得的张新停最终只得了个纪念奖，这让他受到了极大刺激。从那以后，他暗下决心，一定要把技术练得过硬。

为了练好技术，张新停想尽一切办法练习。在鸡蛋壳上打孔就是他练技术的一门"功夫"。同事下班后，他留在厂里，拿鸡蛋在机床上反复练习。他曾在3000多个鸡蛋上练习钻孔，以至于那段时间，家里的菜几乎顿顿有炒鸡蛋。连续好几年，每天他都是第一个进入工房，最后一个离开的人。

功夫不负有心人，29岁时，张新停一举夺得了陕西省职工技能大赛钳工"状元"，并被授予陕西省技术能手称号。34岁时，张新停又获得第二届全国职工职业技能大赛钳工第二名的优异成绩，被授予全国技术能手称号，成为行业中的佼佼者。如今，张新停的操作精度，达到了0.001mm，相当于一根头发丝宽度的1/60。

2016年8月20日，在中央电视台《挑战不可能》节目的录制现场，一位钳工正在挑战用钻床在鹌鹑蛋上钻孔，同时还要保持蛋膜不破。在这之前，他已经成功在鹅蛋和鸡蛋上完成了这项挑战。鸡蛋蛋壳的厚度约为0.3mm，而鹌鹑蛋蛋壳的厚度仅有0.17mm左右，蛋膜与蛋壳几乎是贴在一起的。台上的钻头一点一点地磨着，台下的观众紧张得屏住了呼吸。挑战成功了！鹌鹑蛋蛋壳被钻出一个圆孔，里面赫然露出晶莹剔透的完整蛋膜。

虽有诸多光环加身，但张新停依然不忘初心，一直没有离开陪伴了他30多年的工作台。"不管得到了多少荣誉，我就是一名一线工人。钳工这个岗位更适合我，也更能发挥咱的优势。"张新停表示。

【任务考核】

加工传动套沉孔的考核表见表3-4-3。

表 3-4-3　加工传动套沉孔的考核表

序号	考核内容	要求	配分	评分标准	检测结果	得分	备注
1	产品装配验证	能安装到企业产品"精密小型平口钳"上，满足装配标准要求	20	φ8mm 锁紧旋杆能装配到传动套四方的沉孔上，得满分；装配不上，不得分			
2	线性尺寸	φ9mm×6mm	20	超差 0.1mm 扣 2 分，扣完为止			
		φ5.2mm×8mm	10	超差 0.1mm 扣 2 分，扣完为止			
3	划线	精准度	10	超差 1 处扣 2 分，扣完为止			
4	倒角	C0.5mm	10	超差 1 处扣 1 分，扣完为止			
5	表面粗糙度	Ra 6.3μm	10	超差 1 处扣 1 分，扣完为止			
6	安全文明生产	遵守安全操作规程等	10	未穿劳保服扣 2 分/次；未打扫卫生或打扫得不干净扣 5 分/次；不遵守安全操作规程扣 5 分/次；用语不文明扣 10 分/次。扣完为止			
7	学习态度	听课、出勤等	10	上课使用手机做与任务学习无关的事情扣 5 分/次；迟到、早退扣 5 分/次；无故旷课扣 10 分/次；听课不认真扣 5 分/次。扣完为止			
	合计		100	—		—	
评价人签字		日期		复核人签字		日期	
企业导师评价							

【任务小结】

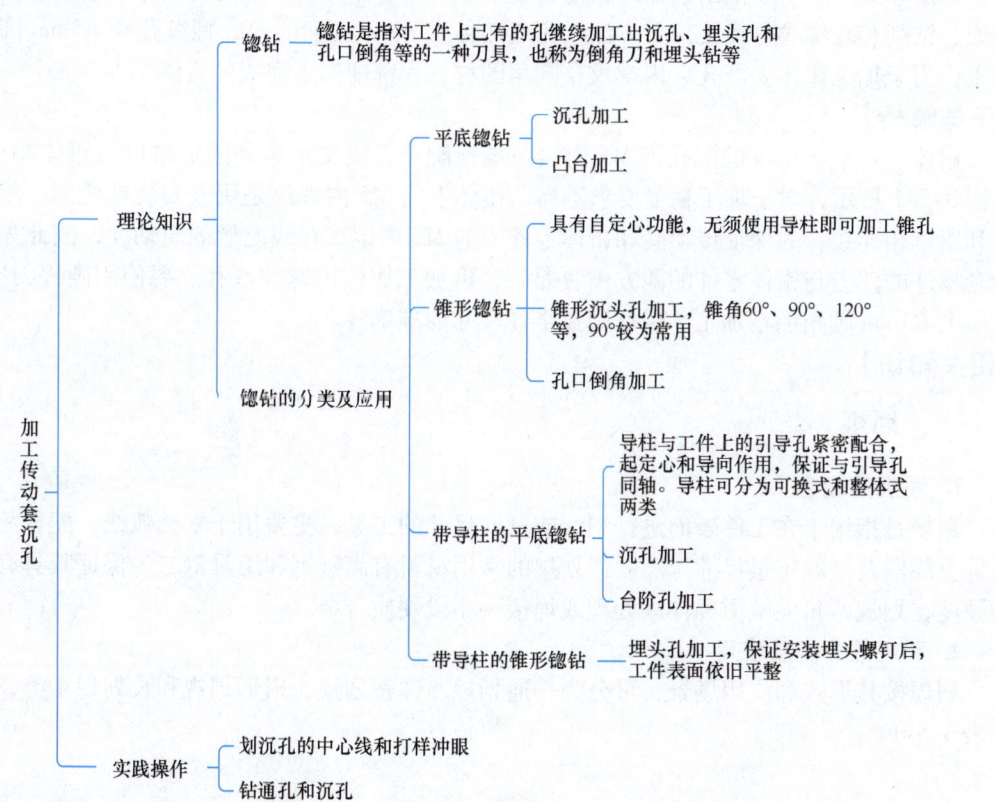

金工实训

【拓展训练】

根据图 1-4-7 中传动套的图样要求,通过钻削,完成该零件上沉孔的加工,并写出加工传动套上沉孔的操作步骤。

【课后自测】

1. 锪钻是指对工件上已有的（　　）,进行沉孔等加工的一种刀具。
   A. 孔　　　　　　B. 外圆　　　　　　C. 外螺纹　　　　　　D. 平面
2. 按照待加工孔的形状,锪钻分为平底锪钻、（　　）和带导柱的锪钻等。
   A. 锥形锪钻　　　B. 大圆柱锪钻　　　C. 大端面锪钻　　　　D. 正方形锪钻
3. 在钻沉孔 $\phi 9mm \times 6mm$ 时,为保证沉孔底部是平整的,应使用（　　）加工。
   A. $\phi 9mm 180°$ 平底钻　　　　　　B. $\phi 10mm 180°$ 平底钻
   C. $\phi 11mm 180°$ 平底钻　　　　　D. $\phi 12mm 180°$ 平底钻
4. 在划传动套端面的沉孔中心位置线时,应先划出（　　）。
   A. 外圆的基准中心线　　　　　　　　B. 上端孔的中心线
   C. 下端孔的中心线　　　　　　　　　D. 任意位置线
5. 沉孔标注 "⌴$\phi 9\downarrow 6$" 中的 "6" 表示（　　）。
   A. 沉孔深度为 6mm　　　　　　　　B. 沉孔直径为 6mm
   C. 沉孔底孔直径为 6mm　　　　　　D. 沉孔符号

任务五　加工钳体孔及圆角

【任务描述】

如图 2-3-1 所示,依据企业产品精密小型平口钳中钳体图样上对孔及圆角的要求,运用划线、钻削和攻螺纹等钳工加工方法,完成钳体上 $\phi 9mm$ 沉孔、M5 螺纹孔和 $R5mm$ 圆角的加工,用于加工钳体上沉孔、内螺纹及圆角的材料为铣削加工完成的钳体零件。

【任务解析】

钳体上 4 个 $\phi 9mm$ 的沉孔与 M5 内六角螺栓配合,将支承座和固定钳口与钳体相连接,如图 3-5-1 所示,对于加工精度要求不高。钳体上的 M5 内螺纹是用来安装螺栓的,将传动套和钳体相连接,为保证传动套和钳体零件上的 M5 内螺纹在装配后的同轴度,因此先将传动套零件的四方与钳体零件的四方槽装配后,再加工钳体内螺纹底孔。要使用圆锉刀完成,钳体上 $R5mm$ 圆角的精加工,保证圆弧半径尺寸的准确性。

【相关知识】

一、划规

1. 划规的概念

划规是指用于在工件表面进行划线或量取尺寸的工具,主要用于划圆弧线、配合相应量具等分线段及量取定量尺寸等。制作划规的常用材料有高碳钢和工具钢,为保证其具有足够的硬度,划规两角尖端需经淬火处理或焊接一小段硬质合金。

2. 划规的分类及应用

划规按其形式和应用场景,可分为普通划规、弹簧划规、扇形划规和长划规 4 类,具体见表 3-5-1。

项目三 钳 工

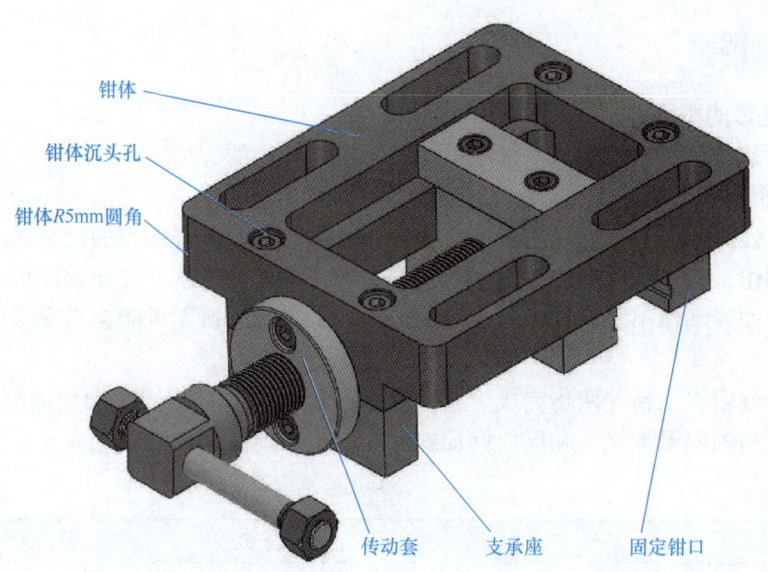

图 3-5-1 钳体上 $R5\text{mm}$ 圆角在精密小型平口钳上的位置

表 3-5-1 划规的分类及应用

类别	图示	应用
普通划规		结构简单、制作方便，应用广泛，可用于在各类工件表面上划圆弧线、量取尺寸等
弹簧划规		划规间尺寸容易调整，但因其中间有弹簧，划线时一划脚易滑动，因此只限于在半成品表面划线
扇形划规		有锁紧装置，两脚间的尺寸较稳定，常用于在毛坯表面划线
长划规		两划脚间的距离可调，可以在标有刻度的移动主杆上移动，用于划尺寸较大的圆或圆弧

二、锉削圆弧

1. 锉削圆弧的概念

锉削圆弧是指使用锉刀对工件外圆弧面进行锉削加工的方法。

2. 锉削圆弧的方法

锉削外圆弧面时，通常选用扁锉。在锉削过程中，包括推进锉刀的锉削运动和形成圆弧的转动两个动作，且这两个动作必须相互协调，保持均匀的速度，才能确保加工出光滑且圆润的圆弧面。如果动作不协调或速度不均匀，则加工出的圆弧面可能会出现多棱角或凹凸不平等缺陷。

锉削圆弧分粗锉、精锉两步完成。粗锉的方法包括轴向展成锉法和周向展成锉法两类。精锉的方法包括轴向滑动锉法和周向摆动锉法两类。锉削圆弧的方法见表 3-5-2。

表 3-5-2　锉削圆弧的方法

类别		图示	锉削方法	应用
粗锉	轴向展成锉法		锉刀沿外圆弧面轴线方向推进，将圆弧轮廓线外的材料锉削成多边形	用于外圆弧面的粗锉加工
	周向展成锉法	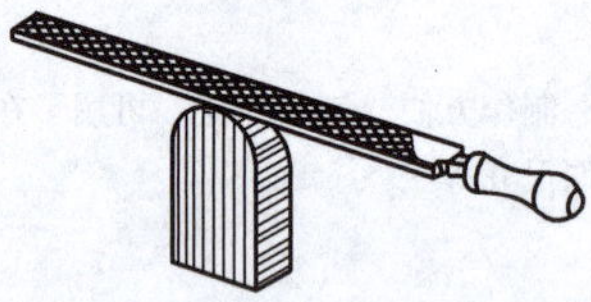	锉刀垂直于外圆弧面轴线推进，将圆弧轮廓线外的材料锉削成多边形	
精锉	轴向滑动锉法	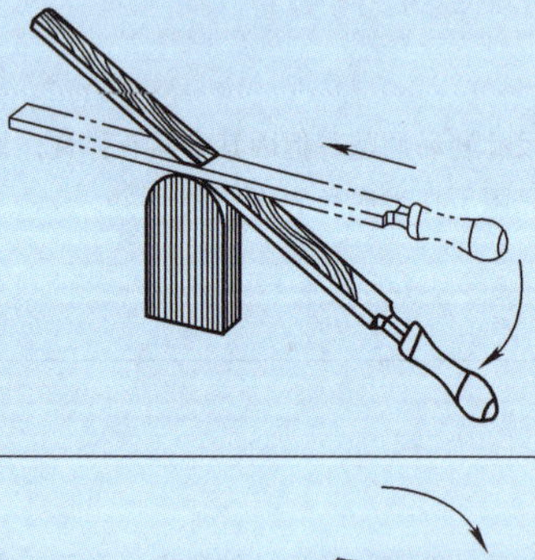	锉刀沿外圆弧面轴线推进的同时，还需沿圆弧面做左右滑动	用于外圆弧面的精锉加工
	周向摆动锉法	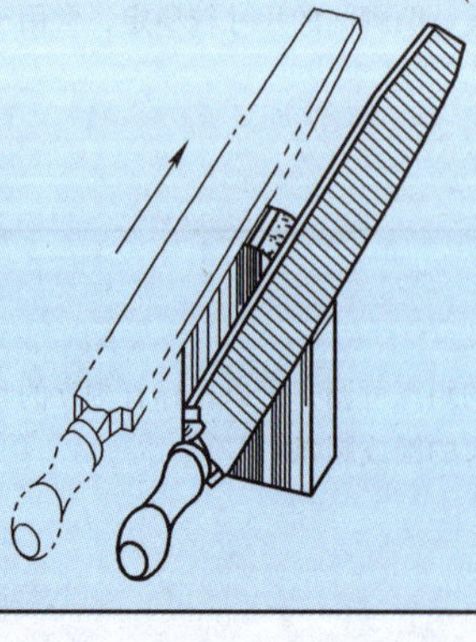	锉刀在垂直于外圆弧面轴线的方向上推进，右手同时作沿圆弧面下压锉刀柄的摆动	

【任务实施】

一、场地和设备

1. 训练场地

钳工实训场。

2. 训练设备

（1）钳工设备　工作台8张，台虎钳48台，台式钻床及配套工辅具4套，划线平板4块，磁性方箱4个，平口钳4台，划针10支，自动样冲10支，毛刷52把。

（2）切削刀具　各类锉刀各48把，$\phi4.2mm$、$\phi5.2mm$、$\phi9mm$麻花钻各10个，90°锥形锪钻10个，$\phi9mm$180°平底钻10个，M5手用丝锥4个，M3～M12铰杠48个。

（3）检测量具　量程为0～150mm的游标卡尺48把，量程为$R1mm$～$R6.5mm$的半径样板48把，M5×10mm螺栓10个，扇形划规48把，划线游标高度卡尺4把，钢直尺10把。

加工钳体孔及圆角

二、实施步骤

钳体上孔及圆角的加工操作步骤见表3-5-3。

表3-5-3　钳体上孔及圆角的加工操作步骤

步骤	内容	成果
划4个沉孔的中心线，打样冲眼	1）以E面为基准，将工件置于划线平板上，工件背靠方箱，将划线游标高度卡尺调至28mm位置，在D面划出沉孔的第一条中心线 2）将划线游标高度卡尺调至68mm位置，在D面划出沉孔中心距为40mm的第二条中心线 3）将工件旋转90°，以C面为基准，将工件放置于划线平板上，将划线游标高度卡尺调至7.5mm位置，在D面划出沉孔的第三条中心线 4）将划线游标高度卡尺调至114mm位置，在D面划出沉孔中心距为106.5mm的第四条中心线 5）用样冲在沉孔中心位置打样冲眼	

(续)

步骤	内容	成果
划4个 R5mm 圆角	1）以 E 面为基准，将工件置于划线平板上，工件背靠方箱，将划线游标高度卡尺调至 5mm 位置，在 D 面划出 R5mm 圆弧的第一条中心线 2）将划线高度尺调至 91mm 位置，划出 R5mm 圆弧的第二条中心线 3）将工件旋转 90°，以 C 面为基准，将工件放置于划线平板上，将划线游标高度卡尺调至 5mm 位置，在 D 面划出 R5mm 圆弧的第三条中心线 4）将划线游标高度卡尺调至 115mm 位置，划出 R5mm 圆弧的第四条中心线 5）用样冲在 R5mm 圆弧中心位置打样冲眼 6）用划规量取 5mm 距离，划 R5mm 圆弧线	
钻孔，倒角	1）用 ϕ5.2mm 麻花钻钻 4 个 ϕ5.2mm 通孔 2）用 ϕ9mm 麻花钻钻 4 个 ϕ9mm 沉孔，深度为 4mm 3）用 ϕ9mm 180° 平底钻钻 4 个 ϕ9mm 沉孔，深度为 6mm 4）用 90° 锥形锪钻钻倒角	
锉削圆角	1）粗、精锉削加工 4 个 R5mm 圆弧 2）使用半径样板测量圆角尺寸，多次锉削、测量，反复操作直至达到图样要求	

(续)

步骤	内容	成果
配钻 M5 螺纹孔的底孔，攻螺纹	1）将钳体、支承座和传动套装配好 2）将 φ5.2mm 麻花钻伸入传动套 φ5.2mm 内孔，钻 M5 螺纹孔的底孔定位中心 3）用 φ4.2mm 麻花钻钻 M5 螺纹孔的底孔，深度为 12mm 4）用 M5 手用丝锥攻 M5 螺纹孔，深度为 10mm	（加工面）

三、大国工匠技能成长案例

汪洋，航天南湖公司技术钳工，先后荣获湖北省第五届技能状元大赛钳工项目三等奖和荆楚工匠等荣誉。

航天南湖公司的主要产品是雷达及配套装备，雷达是精密技术集成产品，其壳体和零件的组装直接关系到设备的正常使用。保障雷达每一个零部件的精度，是汪洋和团队所肩负的任务。以钻孔攻螺纹壳体零件为例，攻螺纹的误差要控制在 0.02mm 以内，这一精度相当于人类头发丝宽度的 1/4。虽然数控车床的普及让这一工作得以简化，但面对加工壳体上的一些特殊位置、刁钻角落，机器也无从下手。

人工操作是如何保证精度的呢？在长期的工作实践中，汪洋研发了一些夹具，辅助钳工钻孔攻螺纹，在保证效率的同时解决了精度问题。

在汪洋的工作台上，各类稀奇古怪的夹具随处可见。就连普通的丝锥，因为要适应不同的加工环境，也被汪洋改造得各有不同。长年累月，改造的丝锥积攒了满满一盒。世界上没有一套公式能够解开所有题目,不同的零件也需要不同的夹具。

设计夹具时,不仅要考虑精度,还要考虑实用性和耐用性。一款合格的夹具,要尽可能在长时间连续加工中保持稳定且不易损耗。夹具的设计,没有捷径或套路,只能在成千上万次的失败中不断试验,直至成功。

在汪洋的努力下,越来越完备的夹具被应用到产品的加工中,在保证精度的同时节约了成本,还提高了生产效率。

汪洋用精度打磨青春的高度,从业13年来,他全身心投入工作,努力拼搏造就了一身本领,正是这样一种刻苦钻研的精神,让他成为青年员工的好榜样。

【任务考核】

加工钳体上孔及圆角的考核表见表3-5-4。

表3-5-4 加工钳体上孔及圆角的考核表

序号	考核内容	要求	配分	评分标准	检测结果	得分	备注
1	产品装配验证	能安装至企业产品"精密小型平口钳"上,满足装配标准要求	20	ϕ9mm的钳体沉孔可以安装M5螺栓。钳体上的M5螺纹孔,可以用M5螺栓连接传动套与钳体。能装配完整,得满分;装配不上,不得分			
2	线性尺寸	40mm±0.025mm	15	超差0.01mm扣2分,扣完为止			
		106.5mm±0.027mm	5	超差0.01mm扣2分,扣完为止			
		13mm	5	超差0.1mm扣2分,扣完为止			
		7.5mm	5	超差0.1mm扣2分,扣完为止			
3	圆弧	R5mm	10	半径样板检测不合格,不得分,共4个R5mm圆弧,每个2.5分			
4	螺纹孔	M5 深度10mm	5	超差不得分			
5	划线	精准度	5	超差1处扣2分,扣完为止			
6	倒角	C0.5mm	5	超差1处扣1分,扣完为止			
7	表面粗糙度	Ra 6.3μm	5	超差1处扣1分,扣完为止			
8	安全文明生产	遵守安全操作规程等	10	未穿劳保服扣2分/次;未打扫卫生或打扫得不干净扣5分/次;不遵守安全操作规程扣5分/次;用语不文明扣10分/次。扣完为止			
9	学习态度	听课、出勤等	10	上课使用手机做与任务学习无关的事情扣5分/次;迟到、早退扣5分/次;无故旷课扣10分/次;听课不认真扣5分/次。扣完为止			
		合计	100	—		—	
评价人签字		日期		复核人签字		日期	
企业导师评价							

【任务小结】

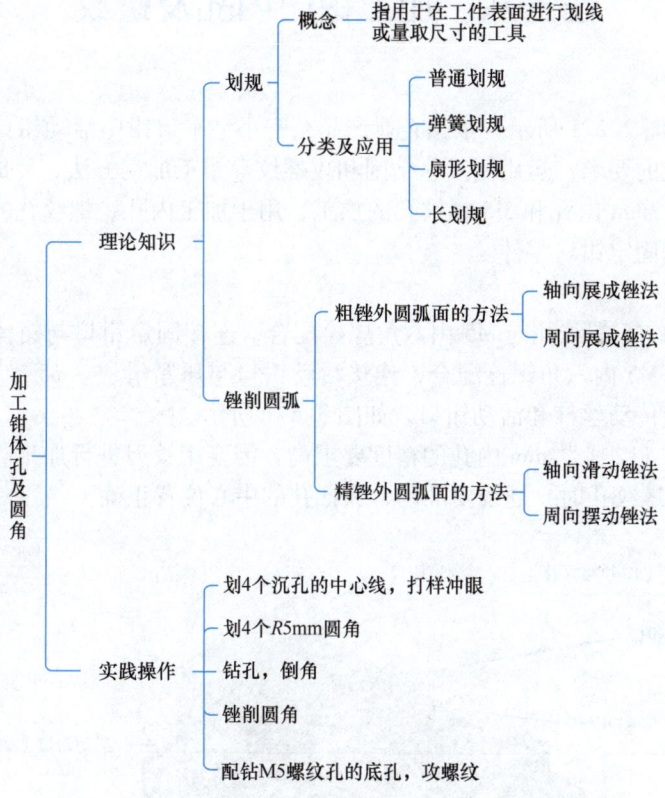

【拓展训练】

根据图 2-3-5 中钳体的图样要求，通过钻削、锉削和攻螺纹等加工方法，写出该零件上 4 个 φ10mm 沉孔和两个 M5 螺纹孔的加工操作步骤，并完成加工。

【课后自测】

1. 划规是指用于在工件表面进行划线或（   ）的工具。
   A. 量取尺寸　　　　B. 测量半径　　　　C. 加工零件　　　　D. 检测尺寸

2. 划规按其形式和应用场景，可分为（   ）。
   A. 普通划规、弹簧划规、扇形划规和长划规
   B. 普通划规、扇形划规和长划规
   C. 普通划规、弹簧划规和长划规
   D. 普通划规、弹簧划规和扇形划规

3. 锉削工件外圆弧时，选用（   ）进行锉削加工。
   A. 扁锉　　　　B. 圆锉　　　　C. 三角锉　　　　D. 半圆锉

4. 锉削外圆弧面时，包括（   ）和形成圆弧的转动两个动作。
   A. 推进锉刀的锉削运动　　　　B. 轴向展成锉削运动
   C. 周向展成锉削运动　　　　　D. 轴向滑动运动

5. 加工 M5 螺纹孔时，用于钻底孔的麻花钻的直径为（   ）。
   A. φ4.2mm　　　　B. φ5mm　　　　C. φ5.2mm　　　　D. φ9mm

任务六　加工钳口内孔及螺纹

【任务描述】

如图 2-1-1、图 2-2-1 所示，依据企业产品精密小型平口钳中活动钳口和固定钳口图样上对内孔及螺纹孔的要求，运用划线、钻削和攻螺纹等钳工加工方法，完成活动钳口和固定钳口上 ϕ5mm、ϕ12mm 内孔和 M5 螺纹孔的加工，用于加工内孔、螺纹孔的材料为铣削加工完成的活动钳口和固定钳口零件。

【任务解析】

固定钳口上的 M5 螺纹孔与 M5 内六角螺栓配合，连接固定钳口与钳体。活动钳口零件上的 M5 螺纹孔与 M5 内六角螺栓配合，连接活动钳口与压紧滑块。$\phi 5^{+0.03}_{~~0}$mm 内孔与止脱圆柱销配合，连接传动丝杠和活动钳口，如图 3-6-1 所示。

$\phi 5^{+0.03}_{~~0}$mm 和 $\phi 12^{+0.043}_{+0.016}$mm 内孔的精度要求高，需要用铰刀进行加工。加工活动钳口和固定钳口上的 M5 螺纹孔时，划线要准确，保证孔的中心位置正确。

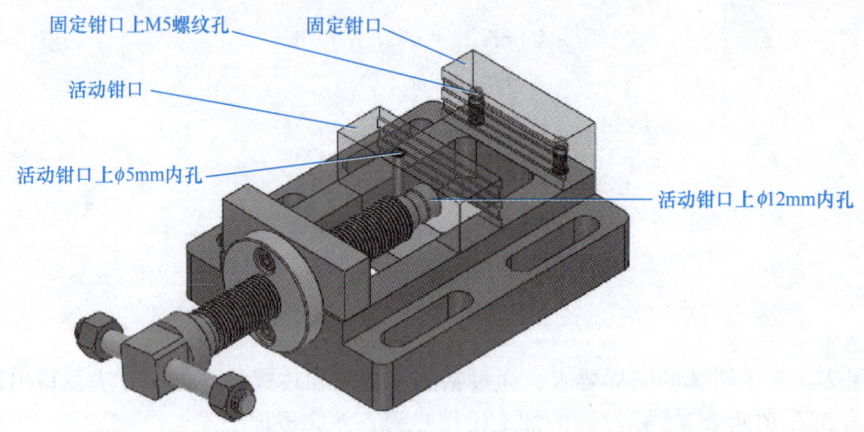

图 3-6-1　活动钳口和固定钳口在精密小型平口钳上的位置

【相关知识】

一、扩孔

1. 扩孔的概念

扩孔是指使用扩孔钻削刀具扩大工件上已钻削孔的孔径的切削方法。扩孔的目的是增大内孔直径和提升孔的加工质量。

2. 扩孔的应用

扩孔加工可以应用于精加工孔前的预备步骤，例如，在进行铰孔加工前，先扩大内孔的直径尺寸，留出铰孔余量。也可以应用于对精度要求不高内孔的最终加工方式。

3. 扩孔用刀具

用于扩孔的刀具称为扩孔钻，如图 3-6-2 所示。与麻花钻类似，扩孔钻有 3~4 个切削刃，无钻尖和横刃，其前角和后角沿切削刃的变化小，加工时导向效果好，切削条件优于钻孔。用扩孔钻加工的工件，公差等级可达 IT9~IT11，表面粗糙度值可达 Ra 12.5~6.3μm。

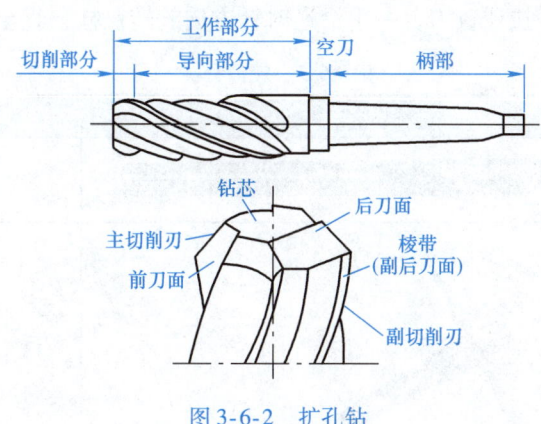

图 3-6-2 扩孔钻

二、铰孔

1. 铰孔的概念

铰孔是指选择与被加工内孔直径尺寸相同的铰刀进行内孔精加工,以达到孔的尺寸精度和表面质量要求的切削方法。一般铰孔加工前,内孔的直径切削余量很小,通常为 $\phi 0.1 \sim \phi 0.3$ mm,加工后公差等级可达 IT7~IT8,表面粗糙度值可达 Ra 1.6~3.2 μm。

2. 铰刀

(1) 铰刀的结构 用于切除已加工孔表面薄层金属的刀具称为铰刀,如图 3-6-3 所示。

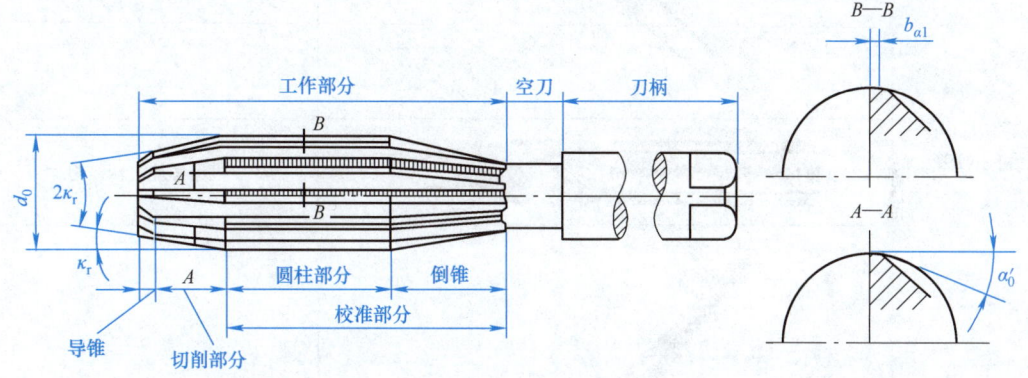

图 3-6-3 铰刀

(2) 铰刀的分类 按照使用方式,铰刀主要分为手用铰刀和机用铰刀两类。手用铰刀的柄部是直柄带方榫,机用铰刀的柄部有直柄和锥柄两类,其中锥柄形的端部有扁尾。

按照加工孔的形状,铰刀可分为圆柱形铰刀和锥形铰刀。铰刀的分类见表 3-6-1。

3. 手动铰孔

1)将手用铰刀安装在铰杠上。

2)在开始手动铰孔时,用右手按压铰杠上端,通过铰孔轴线施加进刀压力,用左手转动铰杠。

3)正常铰削时,双手用力要均匀,平稳地沿顺时针方向旋转,避免铰刀摇摆而造成孔口喇叭状或孔径扩大。铰刀旋转并用双手轻轻加压,使铰刀均匀进给,不要在同一位置停顿,防止造成振痕。

金工实训

4）在退刀时，一手扶住铰刀，一手沿逆时针方向旋转铰杠，直至将铰刀旋转出内孔。

表 3-6-1 铰刀分类

类别	图示	名称
手用铰刀		手用圆柱形铰刀
	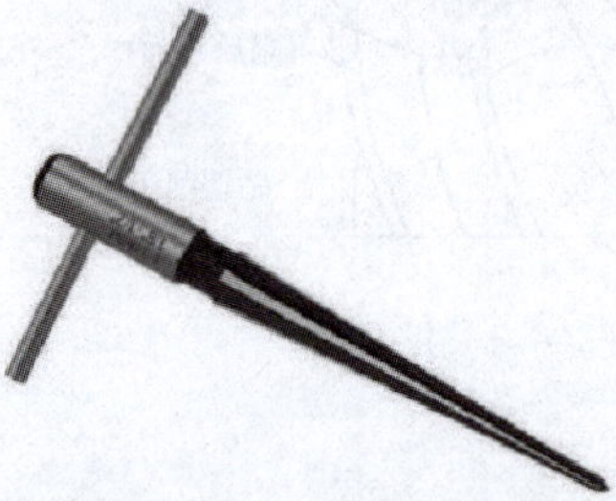	手用锥形铰刀
机用铰刀	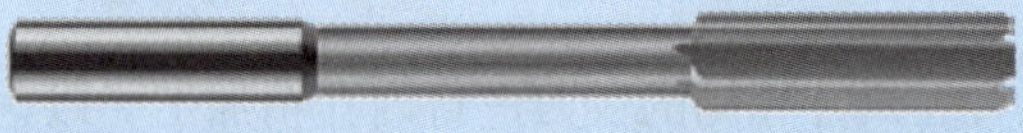	机用直柄铰刀
	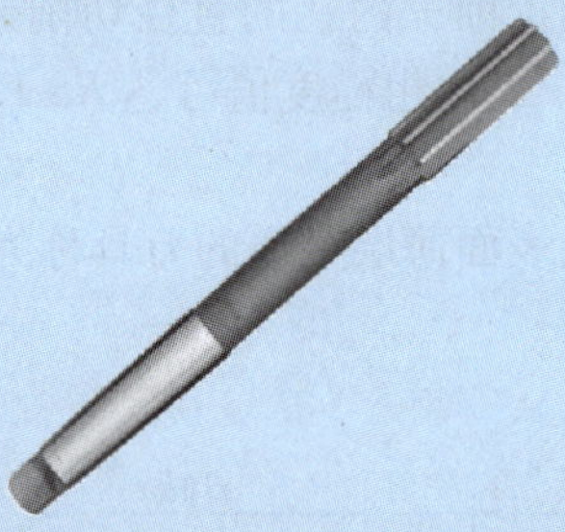	机用锥柄铰刀
	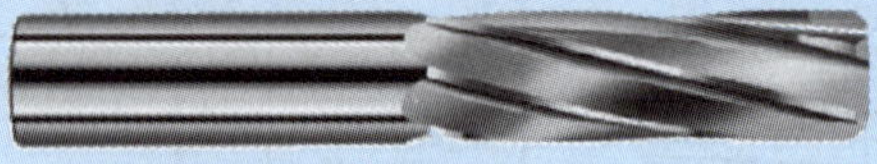	机用螺旋直柄铰刀
	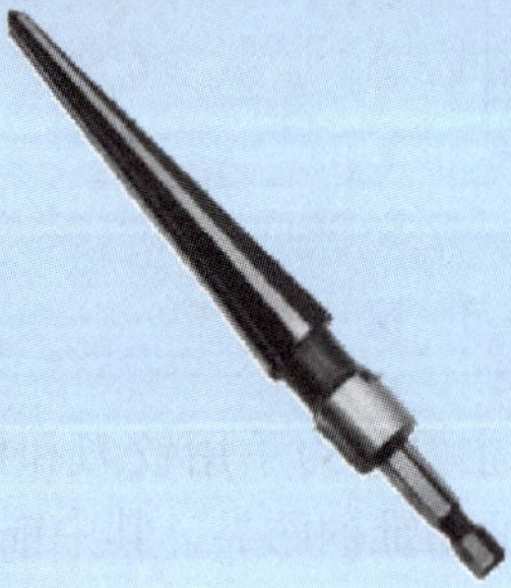	机用锥形铰刀

三、光面塞规

1. 光面塞规的概念

如图 3-6-4 所示，光面塞规是用来检测工件上内孔直径尺寸的一种精密量具，也称光滑极限塞规。光面塞规由通端（T）和止端（Z）组成，所以也称双头通止塞规。按照被检测内孔直径，光面塞规可分为不同规格，例如，$\phi 30mm$ 表示检测内孔直径公称尺寸为 30mm；H7 表示孔的基本偏差代号为 H，公差等级为 IT7。

项目三 钳 工

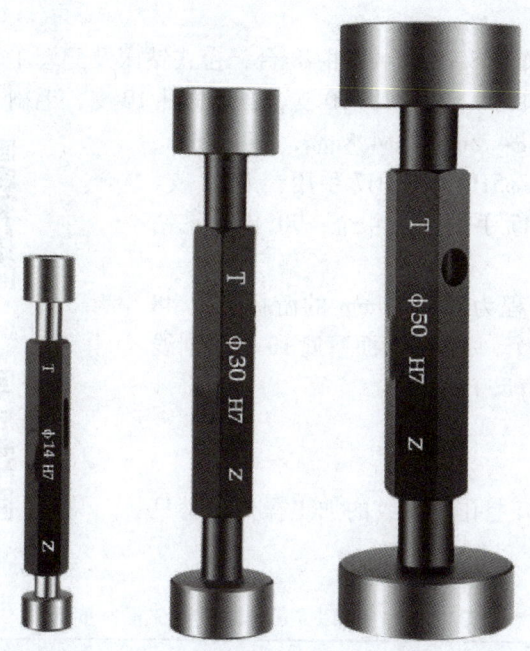

图 3-6-4　光面塞规

2. 光面塞规的使用方法

（1）使用前准备

1）核对光面塞规上标注的公称尺寸、公差等级及基本偏差代号等是否与被检测工件内孔相符。

2）检查并清理塞规工作面及被检内孔及孔口，保证无毛刺、锈迹或切屑等其他污物。否则不仅检测结果不准确，还会损伤塞规工作面和工件内孔表面。

3）将被检测工件冷却。

（2）使用中操作

1）检测工件内孔时，分别用手将塞规的通、止端轻轻送入被检测工件的内孔，不得偏斜。

2）条件允许时，可将被检测工件的内孔垂直放置，最好让塞规依靠自身重量滑入孔中。使用重量轻的塞规时，可稍加压力，但不得用力硬塞，否则可能使塞规卡死，不易拔出，从而损伤塞规和被检测工件的内孔表面，而且检验不准确。塞规进入被检测工件内孔后，不要在孔内回转，以免损伤光面塞规的工作表面。

（3）检测结果判断　当光面塞规的通端能够轻松地通过被测工件内孔，而止端在约 2/3 处停住不能通过时，表示被检测工件内孔的直径尺寸合格，除此之外的其他情况都为不合格。

【任务实施】

一、场地和设备

1. 训练场地

钳工实训场。

155

2. 训练设备

（1）钳工设备 工作台 8 张，台虎钳 48 台，台式钻床及配套工辅具 4 套，划线平板 4 块，磁性方箱 4 个，平口钳 4 台，划针 10 支，自动样冲 10 支，毛刷 52 把。

（2）切削刀具 $\phi 4.2mm$、$\phi 4.8mm$、$\phi 11.8mm$、$\phi 12mm$ 麻花钻各 10 支，$\phi 5H7$、$\phi 12H7$ 手用铰刀 48 支，M3～M12 铰杠 48 个，M5 手用丝锥 4 个，90°锥形锪钻 10 支。

（3）检测量具 量程为 0～150mm 的游标卡尺 48 把，M5×10mm 螺栓 10 个，$\phi 5H7$ 光面塞规 10 支，划线游标高度卡尺 4 把，钢直尺 10 把。

加工活动钳口内孔及螺纹

加工固定钳口内孔及螺纹

二、实施步骤

固定钳口和活动钳口上孔及螺纹的加工操作步骤见表 3-6-2。

表 3-6-2 钳口上孔及螺纹的加工操作步骤

步骤	内容	成果
	活动钳口	
划线，打样冲眼	1）划两个 M5mm 螺纹孔的中心线 ① 以 D 面为基准，将工件置于划线平板上，工件 E 面背靠方箱，将划线游标高度卡尺调至 10mm 位置，在 F 面划出螺纹孔的第一条中心线 ② 将工件旋转 90°，以 C 面为基准，将工件放置于划线平板上，工件 E 面背靠方箱，将划线游标高度卡尺调至 16.5mm 位置，在 F 面划出螺纹孔的第二条中心线 ③ 将划线游标高度卡尺调至 41.5mm 位置，在 F 面划出螺纹孔的第三条中心线 2）划 $\phi 12mm$ 孔的中心线 ① 以 F 面为基准，将工件置于划线平板上，工件 A 面背靠方箱，将划线游标高度卡尺调至 16mm 位置，在 D 面划出孔的第一条中心线 ② 将工件转动 90°，以 B 面为基准，将工件放置于划线平板上，工件 A 面背靠方箱，将划线游标高度卡尺调至 29mm 位置，在 D 面划出孔的第二条中心线 3）划 $\phi 5mm$ 孔的中心线 ① 以 D 面为基准，将工件置于划线平板上，工件 F 面背靠方箱，将划线游标高度卡尺调至 6mm 位置，在 E 面划出孔的第一条中心线 ② 将工件转动 90°，以 B 面为基准，将工件放置于划线平板上，工件 F 面背靠方箱，将划线游标高度卡尺调至 35mm 位置，在 E 面划出孔的第二条中心线 4）打样冲眼。在以上划线的所有孔中心处打样冲眼	

（续）

步骤	内容	成果
	活动钳口	
钻孔，铰孔	1）钻孔 ① 用 ϕ4.2mm 麻花钻，钻两个 M5 螺纹孔的底孔，深度为 12mm ② 用 ϕ4.8mm 麻花钻，钻 ϕ5mm 孔的底孔，深度为 26mm ③ 用 ϕ11.8mm 麻花钻，钻 ϕ12mm 孔的底孔，深度为 15mm 2）铰孔 ① 用 ϕ12H7 手用铰刀，铰 ϕ $12^{+0.043}_{+0.016}$mm 孔至图样要求 ② 用 ϕ5H7 手用铰刀，铰 ϕ $5^{+0.03}_{0}$mm 孔至图样要求	
倒角，攻螺纹	1）用 90°锥形锪钻倒角，深度为 1mm 2）用 M5 丝锥攻 M5 内螺纹，有效螺纹长度均为 10mm	

（续）

步骤	内容	成果
	固定钳口	
划 M5 内螺纹孔的中心线，打样冲眼	1) 以 A 面相对面为基准，将工件置于划线平板上，工件 E 面的相对面背靠方箱，将划线游标高度卡尺调至 7.5mm 位置，在 E 面划出螺纹孔的第一条中心线 2) 将工件转动 90°，以 B 面为基准，将工件放置于划线平板上，工件 E 面的相对面背靠方箱，将划线游标高度卡尺调至 9mm 位置，在 F 面划出螺纹孔的第二条中心线 3) 将划线游标高度卡尺调至 49mm 位置，在 F 面划出螺纹孔的第三条中心线 4) 在孔中心位置打样冲眼	
钻孔、倒角和攻 M5 螺纹	1) 用 ϕ4.2mm 麻花钻钻 M5mm 螺纹底孔，深度为 12mm 2) 用 90° 锥形锪钻倒角，深度为 1mm 3) 用 M5 丝锥攻 M5 内螺纹，有效螺纹长度均为 10mm	

三、大国工匠技能成长案例

池昭就，广西玉柴机器股份有限公司模具钳工，首席技能大师兼先进成形技术与装备国家重点实验室副主任，荣获 2023 年大国工匠年度人物。

锉、削、磨、抛，他处理的模具、工装、柴油发动机零件，误差仅 0.005mm。眼前这位工龄 29 年的老钳工的这份本事，没人不佩服。咋练的？"刚入行，拿到一大摞模具图样，让我一头雾水。"当时的资料有限，池昭就跑遍整个玉林，也只找到一本模具图册。他白天看图样，晚上学图册，跟着技术员在学中干，在干中学，逐渐入门。

1999 年，他第一次被公司评选为劳模。加班簿上，写满了 400 多条加班记录，"钳工要想走得远，手上功夫需过硬"，池昭就用锉刀、钢锯、扳手和虎钳等进行划线、錾削、攻螺纹和研磨，指纹都磨平了，终于创造出玉柴钳工"三精一法"——精密测量技能、精密钻铰孔技能、精确锉配招式和独有的工艺技法。

【任务考核】

加工固定钳口和活动钳口上孔及内螺纹的考核表见表 3-6-3。

表 3-6-3　加工固定钳口和活动钳口上孔及内螺纹的考核表

序号	考核内容	要求	配分	评分标准	检测结果	得分	备注
1	产品装配验证	能安装到企业产品"精密小型平口钳"上，满足装配标准要求	20	固定钳口上的 M5 螺纹孔可以用 M5 螺栓连接钳体与固定钳口（5 分） 活动钳口上的 M5 螺纹孔可以用 M5 螺栓连接压紧滑块与活动钳口（5 分） 活动钳口上的 ϕ12mm、ϕ5mm 内孔分别可以与传动丝杠 ϕ12mm 外圆柱面、ϕ5mm 止脱圆柱销相配合（10 分） 能装配完整，得满分；装配不上，不得分			
2	径向尺寸	$\phi 12^{+0.043}_{+0.016}$ mm	5	超差 0.01mm 扣 2 分，扣完为止			
		$\phi 5^{+0.03}_{0}$ mm	5	超差 0.01mm 扣 2 分，扣完为止			
3	线性尺寸	25mm±0.026mm	5	超差 0.01mm 扣 2 分，扣完为止			
		10mm	5	超差 0.1mm 扣 2 分，扣完为止			
		23mm	5	超差 0.1mm 扣 2 分，扣完为止			
		14mm	5	超差 0.1mm 扣 2 分，扣完为止			
		40mm	5	超差 0.1mm 扣 2 分，扣完为止			
		7.5mm	5	超差 0.1mm 扣 2 分，扣完为止			
4	螺纹孔	M5 深度 10mm（4 处）	5	1.25 分/个，超差不得分			
5	划线	精准度	5	超差 1 处扣 2 分，扣完为止			
6	倒角	C0.5mm	5	超差 1 处扣 1 分，扣完为止			
7	表面粗糙度	Ra 6.3μm	5	超差 1 处扣 1 分，扣完为止			
8	安全文明生产	遵守安全操作规程等	10	未穿劳保服扣 2 分/次；未打扫卫生或打扫得不干净扣 5 分/次；不遵守安全操作规程扣 5 分/次；用语不文明扣 10 分/次。扣完为止			
9	学习态度	听课、出勤等	10	上课使用手机做与任务学习无关的事情扣 5 分/次；迟到、早退扣 5 分/次；无故旷课扣 10 分/次；听课不认真扣 5 分/次。扣完为止			
	合计		100	—		—	
评价人签字		日期		复核人签字		日期	
企业导师评价							

【任务小结】

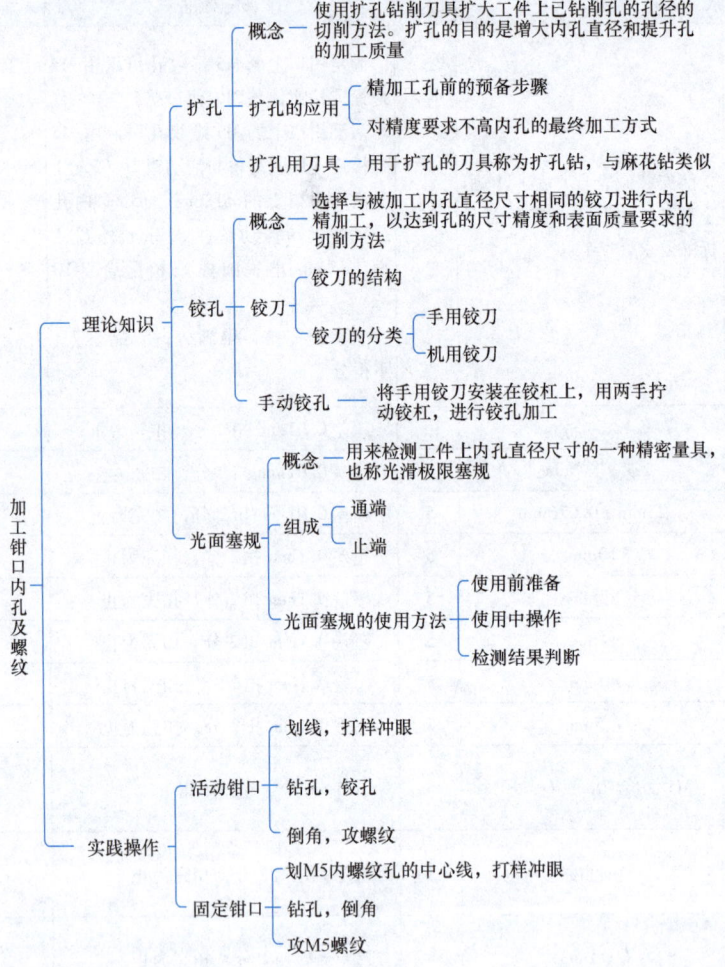

【拓展训练】

根据图 2-2-4 中活动 V 形钳口的零件图样要求，使用钻削、铰削和攻螺纹的加工方法，写出该零件上内孔和内螺纹的操作步骤，并完成加工。

【课后自测】

1. 扩孔是指使用扩孔钻削刀具扩大工件上已钻削孔的孔径的切削方法。扩孔的目的是增大（　　）直径和提升（　　）的加工质量。

  A. 内孔；内孔   B. 内孔；外圆   C. 外圆；内孔   D. 内孔；外圆槽

2. 铰孔加工前，内孔留的切削用量通常为（　　）。

  A. $\phi 0.1 \sim 0.3$ mm   B. $\phi 0.5 \sim 0.8$ mm

  C. $\phi 0.6 \sim 0.9$ mm   D. $\phi 0.4 \sim 0.8$ mm

3. 铰刀按照使用方式可分为手用铰刀和（　　）两类。

  A. 机用铰刀   B. 直柄铰刀   C. 锥柄铰刀   D. 圆柱形铰刀

4. 光面塞规是用来检测（　　）直径尺寸的一种精密量具。

  A. 工件内孔   B. 工件内螺纹   C. 工件内沟槽   D. 工件外圆

5. 采用手动铰孔方式加工时，双手用力要（　　）。
A. 均匀　　　　　B. 不能　　　　　C. 很大　　　　　D. 很小

任务七　装配精密小型平口钳

【任务描述】

如图3-7-1所示，依据企业产品精密小型平口钳中装配图的图样要求，运用合适的装配工具，完成各零部件的装配。

【任务解析】

装配精密小型平口钳前，要将使用的相应工具准备齐全，把各零部件擦拭干净，准备不同规格的连接用内六角螺栓、螺母等标准件。依据产品装配后的零部件传动、夹紧等要求，确定各零部件间的装配间隙、装配关系和装配顺序等。

在装配过程中，要保证传动丝杠与传动套、活动钳口装配后的同轴度，确保能正常传动。压紧滑块与活动钳口装配时，要保证压紧滑块能在钳体的滑轨上光滑地滑动。在安装止脱圆柱销后，要实现传动丝杠回退时，活动钳口可以一起回退。

装配完成后，如图3-7-2、图3-7-3所示。转动锁紧旋杆，带动传动丝杠推动活动钳口向前滑动，夹紧放置于活动钳口与固定钳口之间的工件。反向转动锁紧旋杆，松开工件。

【相关知识】

一、装配工艺概述

1. 装配的概念

装配是指将组成产品或设备的零部件，按照装配图样要求，依据零部件的装配关系和顺序，完成安装、调试、检测和试运行的工艺过程。

2. 装配工艺过程

装配工艺过程包括装配前准备、装配零部件、调整、检测和试运行等。

(1) 装配前准备

1）分析装配图样、工艺文件及技术资料要求，明确各零部件之间的装配及空间位置关系，确定装配方法和装配顺序，准备装配用相应工量器具。

2）去除零件边角和孔口上的毛刺，必要时对相关零部件进行刮削、錾油槽和修配等补充加工，以及进行平衡试验、渗漏试验和气密性试验等。

3）清点零部件数量，将装配所用零部件清洗干净。

(2) 装配零部件　产品或设备的装配过程包括制订装配单元系统图、组件装配、部件装配和总装配4个步骤。

1）制订装配单元系统图。装配单元是指直接装入产品的零件或组件的总称。将各零件名称、数量、件号、图号与装配图中进行对应，依据装配单元顺序及装配关系，绘制装配单元系统图。

2）组件装配。组件装配是指将若干个零件安装到一个基础零件上而构成组件的过程，例如，减速器传动轴组件装配和机床设备中主轴组件装配。依据产品或设备中各组件的装配关系，使用合适的工量器具将相应零件装配成组件。

3）部件装配。部件装配是指将若干个零件和组件安装到另一个基础零件上而构成部件的过程，例如，机床上各个箱体部件的装配。运用相应的工量器具完成产品或设备的各个组件的装配。

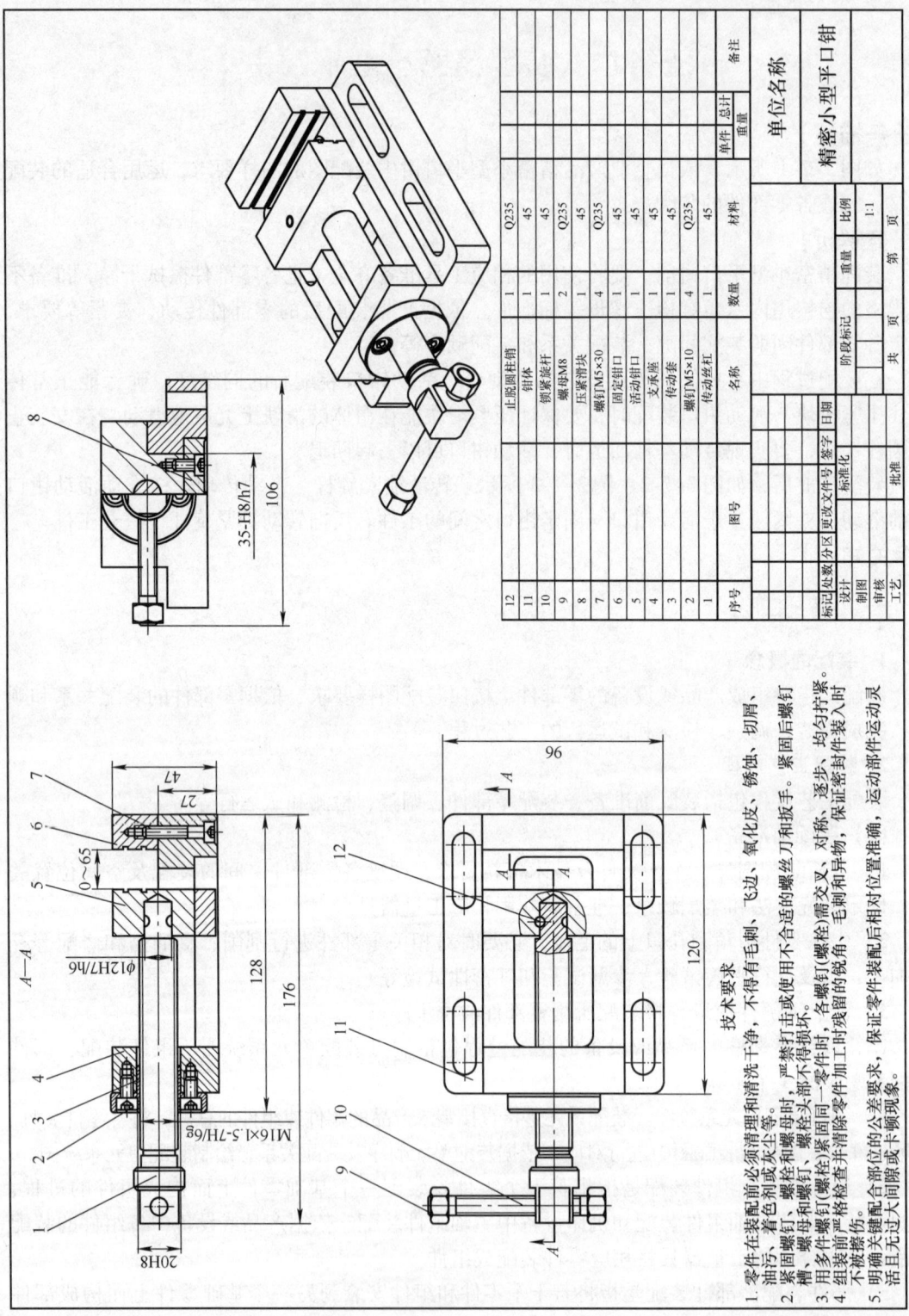

图 3-7-1 精密小型平口钳

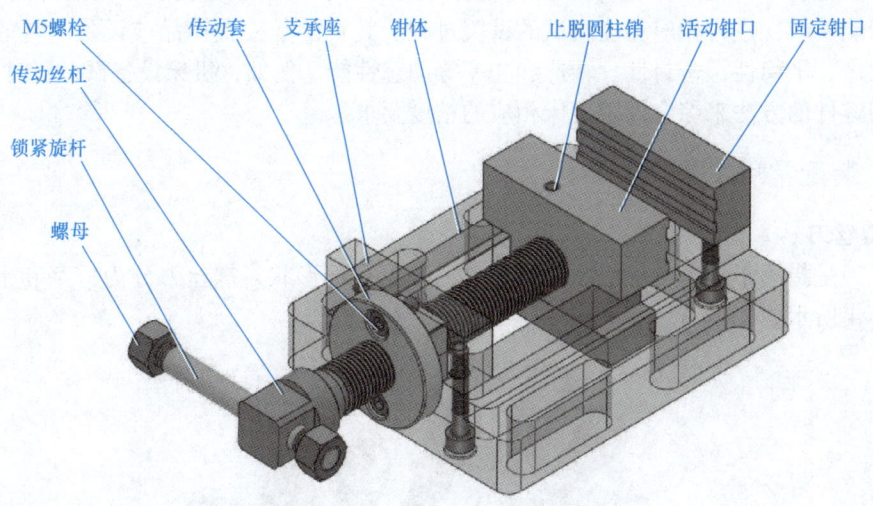

图 3-7-2 精密小型平口钳正面

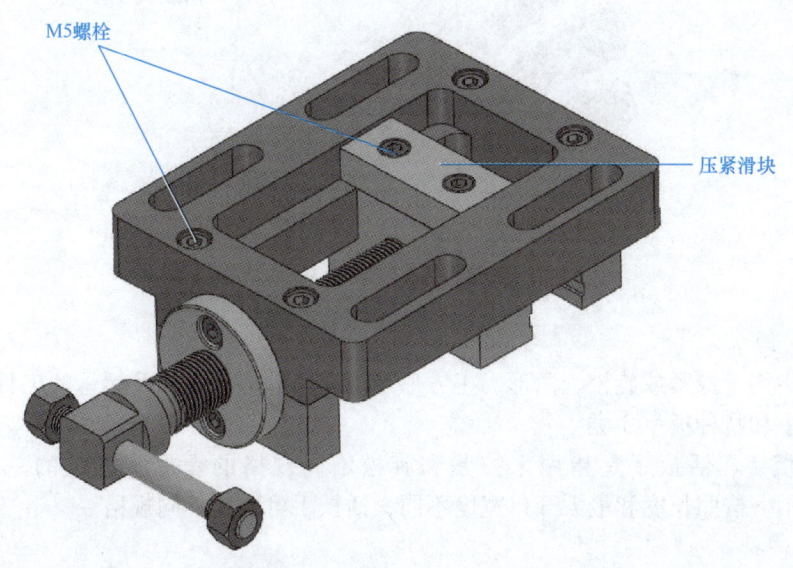

图 3-7-3 精密小型平口钳反面

4)总装配。总装配是指将若干个零件、组件和部件安装在另一个较大的、较重的基础零件上,构成功能完善的产品或设备的过程,例如,将车床各部件安装在车床的床身上,构成整台车床的过程。

(3)调整 调整是指调节零件或机构的相对位置、配合间隙和结构松紧程度等。调整主要包括两方面内容,一是调整相关零部件之间的位置精度,以保证产品中运动零部件的运动精度;二是调整运动副间的间隙,例如,轴承间隙、导轨副的间隙、齿轮与齿条的啮合间隙及摩擦离合器松紧的调整等。

(4)检测 检测是指依据产品或设备装配图的技术要求,对产品进行全面的检测,包括产品在静态时的几何精度检测和动态时的工作精度检测。

（5）试运行 试运行是指对产品或设备完成装配、调整和检测后，按照产品或设备的设计和功能要求，进行相应功能测试的试验过程。其目的是检查产品或设备运转的灵活性、温升、噪声、平稳性、密封性、转速和功率等动态性能。例如，机床设备试运行时，可通过采用试切零件的方法来综合评定机床相应的精度要求。

二、装配常用工具

1. 螺丝刀

螺丝刀是指用于拧紧或旋松螺钉的工具。根据端部形状，螺丝刀分为一字和十字两类，如图3-7-4所示。

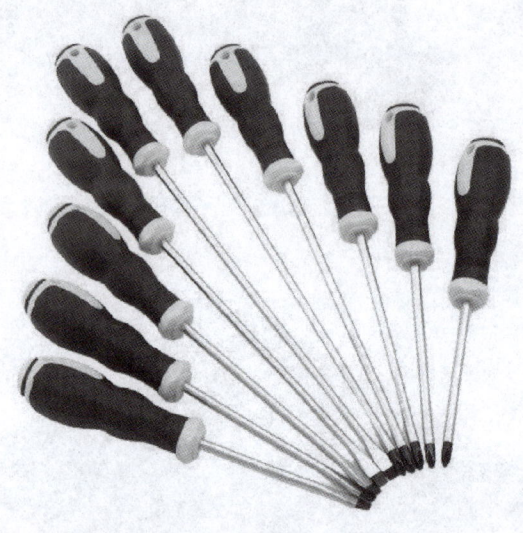

图3-7-4　螺丝刀

2. 扳手

扳手是指用于拧紧或旋松六角形、正方形和内六角等形状螺栓及螺母的工具，分为活扳手、专用扳手和特种扳手3类。

（1）活扳手 活扳手是指用来拧紧和旋松不同规格的螺母和螺栓的一种工具，如图3-7-5所示。按照长度和最大开口宽度不同，活扳手可分为不同规格。

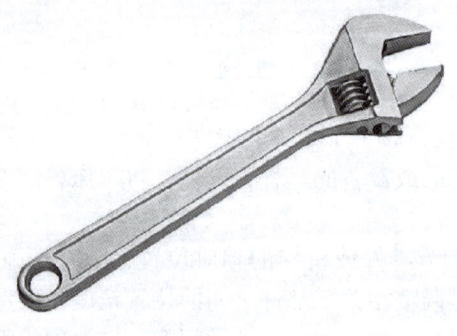

图3-7-5　活扳手

（2）专用扳手 专用扳手是指针对特定的螺栓或螺母尺寸设计制作的拧紧和旋松工具。按照用途不同，专用扳手分为呆扳手、梅花扳手、套筒扳手和内六角扳手等，具体见表3-7-1。

表 3-7-1 专用扳手的分类

名称	图示	应用
呆扳手	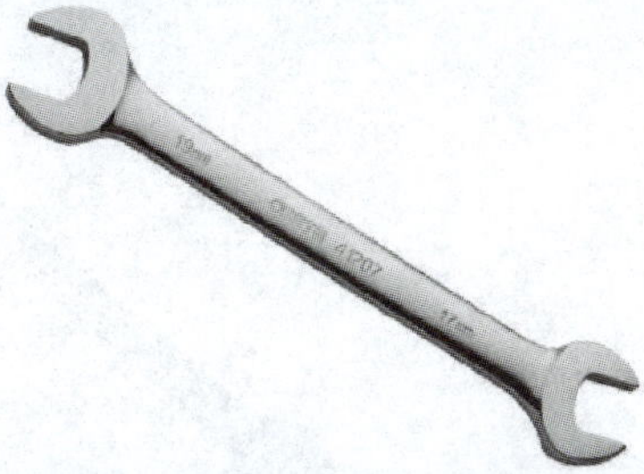	呆扳手主要用于拧紧或旋松特定尺寸的螺栓或螺母
梅花扳手	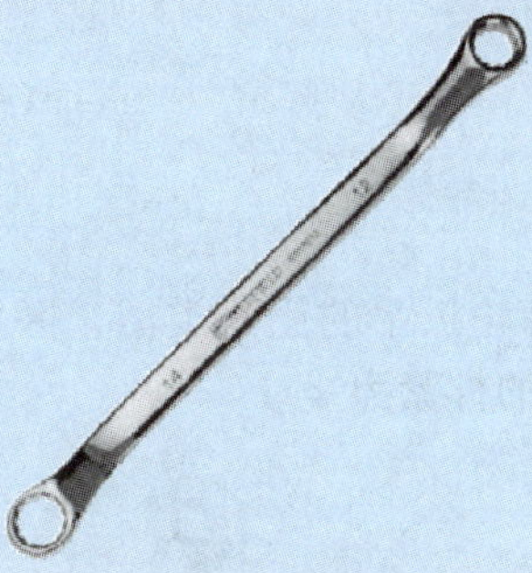	梅花扳手的工作端带有六角孔或十二角孔,适用于拧紧或旋松工作空间狭小的螺栓或螺母
套筒扳手	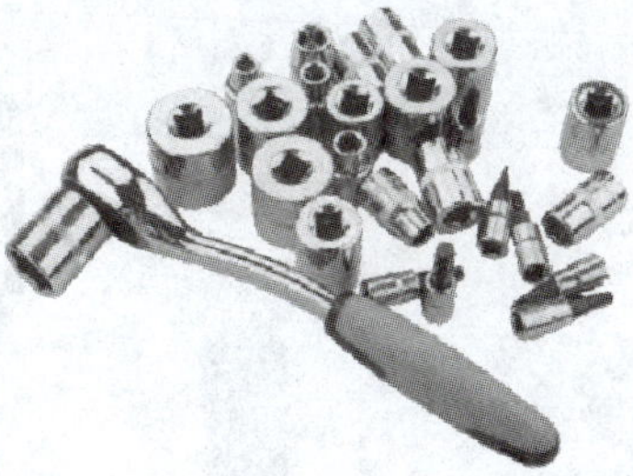	套筒扳手是一种多用途的拧紧或旋松螺栓或螺母的手动工具,特别适用于空间受限或需要高扭矩的情况
内六角扳手	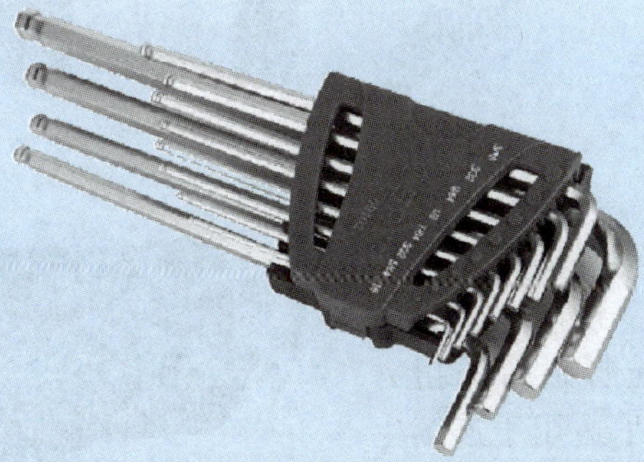	内六角扳手是一种常用的工具,主要用于拧紧或旋松内六角螺栓

(3) 特种扳手

1) 棘轮扳手。棘轮扳手是一种拧紧或旋松螺栓或螺母的手动工具,多用于工作空间狭窄或难于接近位置处的螺栓或螺母的松紧,分为伸缩式和开口式两类,如图 3-7-6 所示。工作时,正转手柄棘爪在弹簧的作用下,进入内六角套筒(棘轮)的缺口内,套筒便跟着转动。当反向转动手柄时,棘爪在斜面的作用下,从套筒的缺口内退出来打滑,因而螺母不会随着反转。旋松螺母时,只要将扳手翻转方向使用即可。

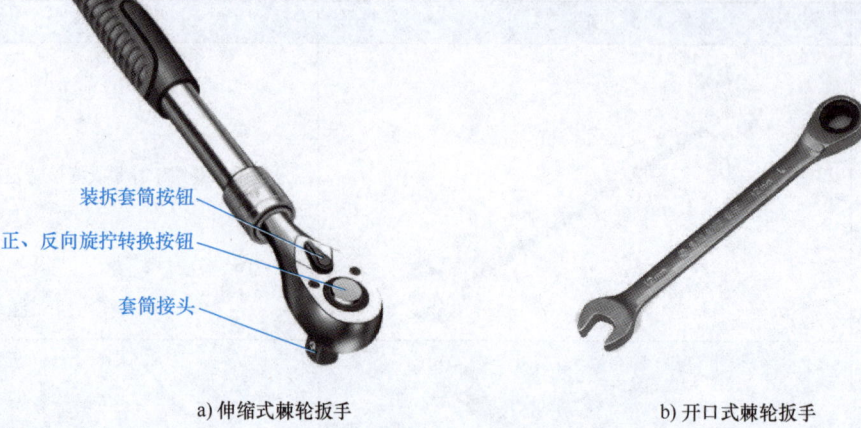

a) 伸缩式棘轮扳手　　　　b) 开口式棘轮扳手

图 3-7-6　棘轮扳手

2）扭力扳手。扭力扳手（图 3-7-7）和棘轮扳手的用法类似，区别在于扭力扳手安装了测力装置和刻度，可以控制施加于螺纹连接的拧紧力矩。

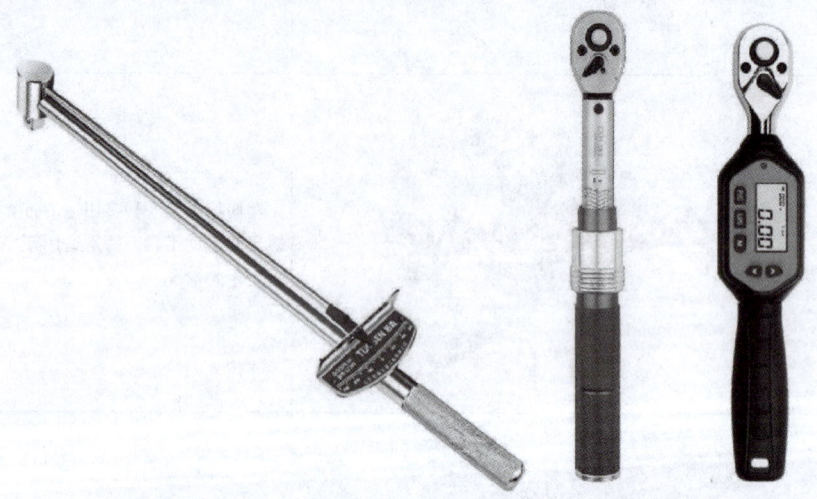

图 3-7-7　扭力扳手

3）气动扳手。气动扳手是以压缩空气为动力，对螺栓或螺母自动装拆的工具，如图 3-7-8 所示。气动扳手可根据螺栓大小和所需要的扭矩值选择适宜的扭力棒，以实现不同定扭矩的要求。气动扳手适用于连续生产的机械装配线，可提高装配质量和装配效率，并降低劳动强度。

【任务实施】

一、场地和设备

1. 训练场地

钳工实训场。

图 3-7-8　气动扳手

2. 训练设备

(1) 钳工设备　工作台 8 张，台虎钳 48 台，抹布若干，清洗器具 10 个，煤油 1kg，毛刷 52 把。

(2) 装配工具　锉刀 48 把，扭力扳手、活扳手各 48 把，内六角扳手 48 套。

(3) 检测量具　量程为 0~200mm 的游标卡尺 48 把，刀口形直角尺 48 把。

(4) 标准件　M5×10mm 内六角螺栓 100 个，M5×30mm 内六角螺栓 100 个，M8 螺母 50 个。

装配精密小型平口钳

二、实施步骤

装配精密小型平口钳的操作步骤见表 3-7-2。

表 3-7-2　装配精密小型平口钳的操作步骤

步骤	内容	成果
准备工作	1）清洗精密小型平口钳中的所有零件 2）准备装配用各类工具 3）准备装配用标准件 4）分析精密小型平口钳的装配图，确定装配工艺过程	
安装固定钳口	1）将钳体作为安装基础件，放置在安装平台上 2）将固定钳口安装在钳体上，用 M5×30mm 内六角螺栓锁紧固定钳口 3）用刀口形直角尺检测固定钳口装夹面与钳体导轨面的垂直度	

（续）

步骤	内容	成果
安装活动钳口和压紧滑块	1）配合安装活动钳口台阶面与钳体凹槽面，保证零件之间的滑动要求 2）将压紧滑块安装至钳体反面，用 M5×10mm 内六角螺栓将其与活动钳口进行锁紧固定，保证零件之间的滑动要求 3）用刀口形直角尺检测活动钳口面与钳体导轨面的垂直度	
安装支承座和传动套	1）将传动套四方安装至钳体四方凹槽台阶处，对支承座与传动套四方进行装配 2）用 M5×10mm 内六角螺栓将传动套与支承座、钳体进行连接锁紧	

(续)

步骤	内容	成果
安装传动丝杠和止脱圆柱销	1) 将传动丝杠旋入传动套与活动钳口圆孔，保证传动丝杠能正常旋转 2) 将止脱圆柱销放在活动钳口圆柱销孔上，轻敲装入孔内，确保定位精度，装配后涂抹螺纹胶，防止振动、松动	
安装锁紧旋杆螺母	1) 将锁紧旋杆插入传动丝杠四方上的孔中 2) 将 M8 螺母旋入锁紧旋杆两端	
夹紧和松开检验	在钳体导轨加注润滑油，用手正反向旋转锁紧旋杆，检测夹紧和松开效果	

三、大国工匠技能成长案例

刘文生，徐工集团工程机械股份有限公司科技分公司调试分厂的一名装配钳工，先后荣获全国五一劳动奖章、全国技术能手、国家级技能大师工作室带头人、首届"长三角大工匠"和国务院特殊津贴等荣誉。

从名不见经传的传统制造业工人到淬炼大国重器的"智"造工匠，刘文生是工程机械一线产业工人平凡工匠的代表，也是践行工匠精神的非凡技能大师，他长期践行劳模精神、劳动精神和工匠精神，充分发挥攻关创新、导师带徒和示范引领作用。

秉持着"严格、踏实、上进、创新"的工作理念，刘文生在装载机调试与维修这个岗位上始终坚持创新进取、攻坚克难，用实际行动践行技能成才、技能报国的初心。

彼时，超大吨位装载机市场长期被国外品牌垄断，刘文生带领团队潜心研究，全面掌握了高压电传动、电控正流量控制等 5 项装载机调试与维修的核心技术，助推了我国超大吨位装载机的自主研发和制造维修技术进步。该项目荣获第二届全国机械工业设计创新大赛产品组"金奖"。

"心心在一艺,其艺必工;心心在一职,其职必举。"刘文生对创新的执着,始于热爱,终于坚持,成于应用。多年来,由他主持或参与的创新项目有 52 项,省部级以上项目获奖 6 项。他带领的工作室累计申报降本增效、质量改进和职工先进操作法等群众性职工创新项目 32 项,获授权专利 12 项,市级以上创新成果奖 10 余项,累计创造经济效益 3600 余万元。

世上无难事,只怕有心人。刘文生始终坚持以解决一线难题、提质增效为着力点,积极开展工作。他带领团队持续突破"卡脖子"核心技术难题,攻关完成全国总工会资助的《全系列装载机管线路优化》项目,通过工艺创新、设计创新和过程控制,不仅提高一致性,还显著降低了液压系统渗漏率 6%,同时大幅提升了管线路布局外观质量。这一成果在 2023 年荣获全国职工优秀技术创新成果"优秀奖"。

为有效促进产学融合,发挥示范引领作用,刘文生还带领团队多次面向校园、社会、行业职工及相关人员开展技术交流、经验分享等活动。他多次作为企业实践专家参与技工类院校一体化教学改革工作,配套开发了多本全国职业技术院校专业教学课程教材,为行业技能人才建设做出积极贡献。

【任务考核】

精密小型平口钳的装配考核表见表 3-7-3。

表 3-7-3 精密小型平口钳的装配考核表

序号	考核内容	要求	配分	评分标准	检测结果	得分	备注
1	产品装配完整程度	企业产品"精密小型平口钳"零件装配完整,满足装配标准要求	30	少安装 1 个零件(包括标准件)扣 5 分,扣完为止			
2	装配尺寸	176mm	10	超差 0.1mm 扣 2 分,扣完为止			
		128mm	10	超差 0.1mm 扣 2 分,扣完为止			
		120mm	10	超差 0.1mm 扣 2 分,扣完为止			
		106mm	10	超差 0.1mm 扣 2 分,扣完为止			
		47mm	10	超差 0.1mm 扣 2 分,扣完为止			
3	安全文明生产	遵守安全操作规程等	10	未穿劳保服扣 2 分/次;未打扫卫生或打扫得不干净扣 5 分/次;不遵守安全操作规程扣 5 分/次;用语不文明扣 10 分/次。扣完为止			
4	学习态度	听课、出勤等	10	上课使用手机做与任务学习无关的事情扣 5 分/次;迟到、早退扣 5 分/次;无故旷课扣 10 分/次;听课不认真扣 5 分/次。扣完为止			
	合计		100	—		—	
评价人签字		日期		复核人签字		日期	
	企业导师评价						

【任务小结】

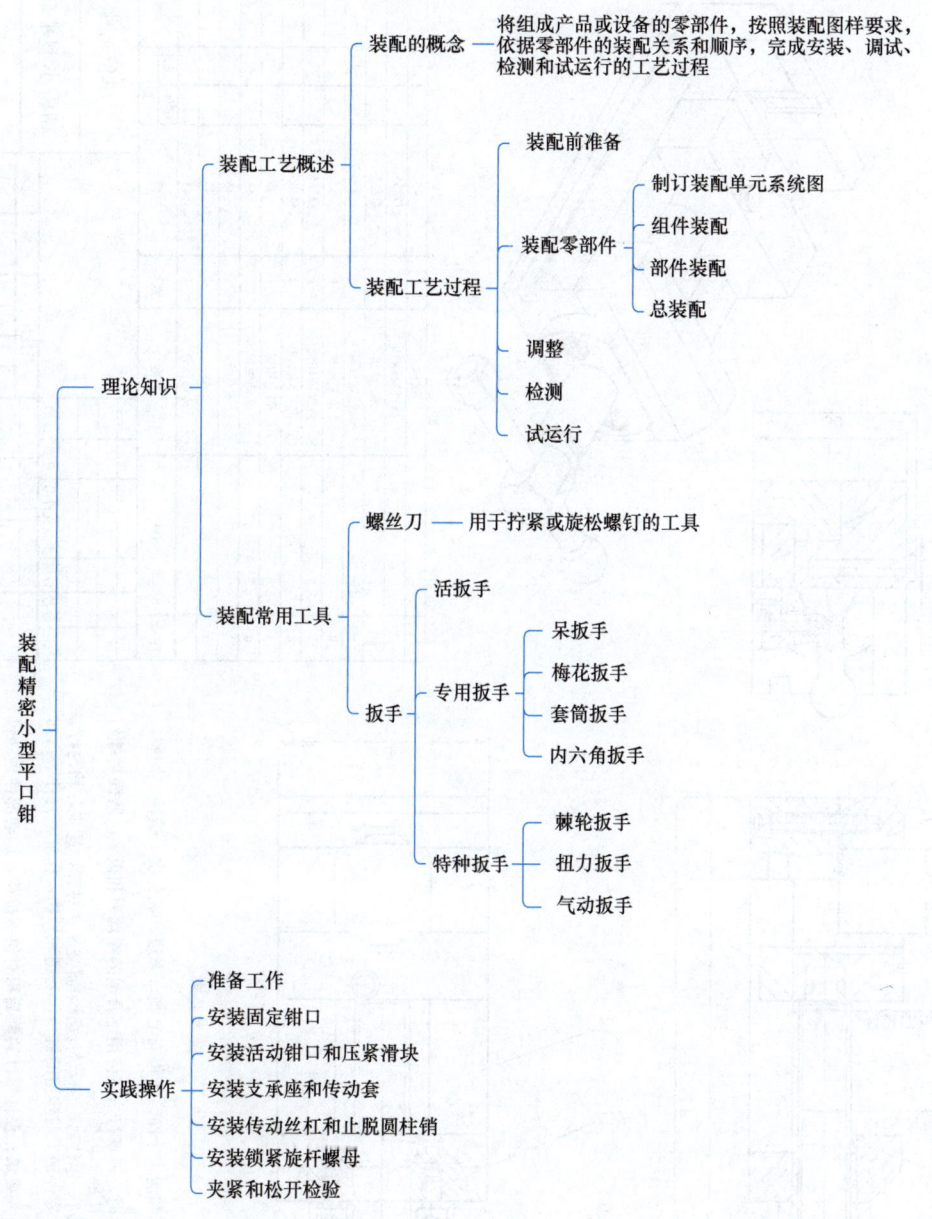

【拓展训练】

根据图 3-7-9 中精密小型平口钳的装配图样要求，使用合适的工具，写出该产品的装配工艺和步骤，并完成该产品的装配。

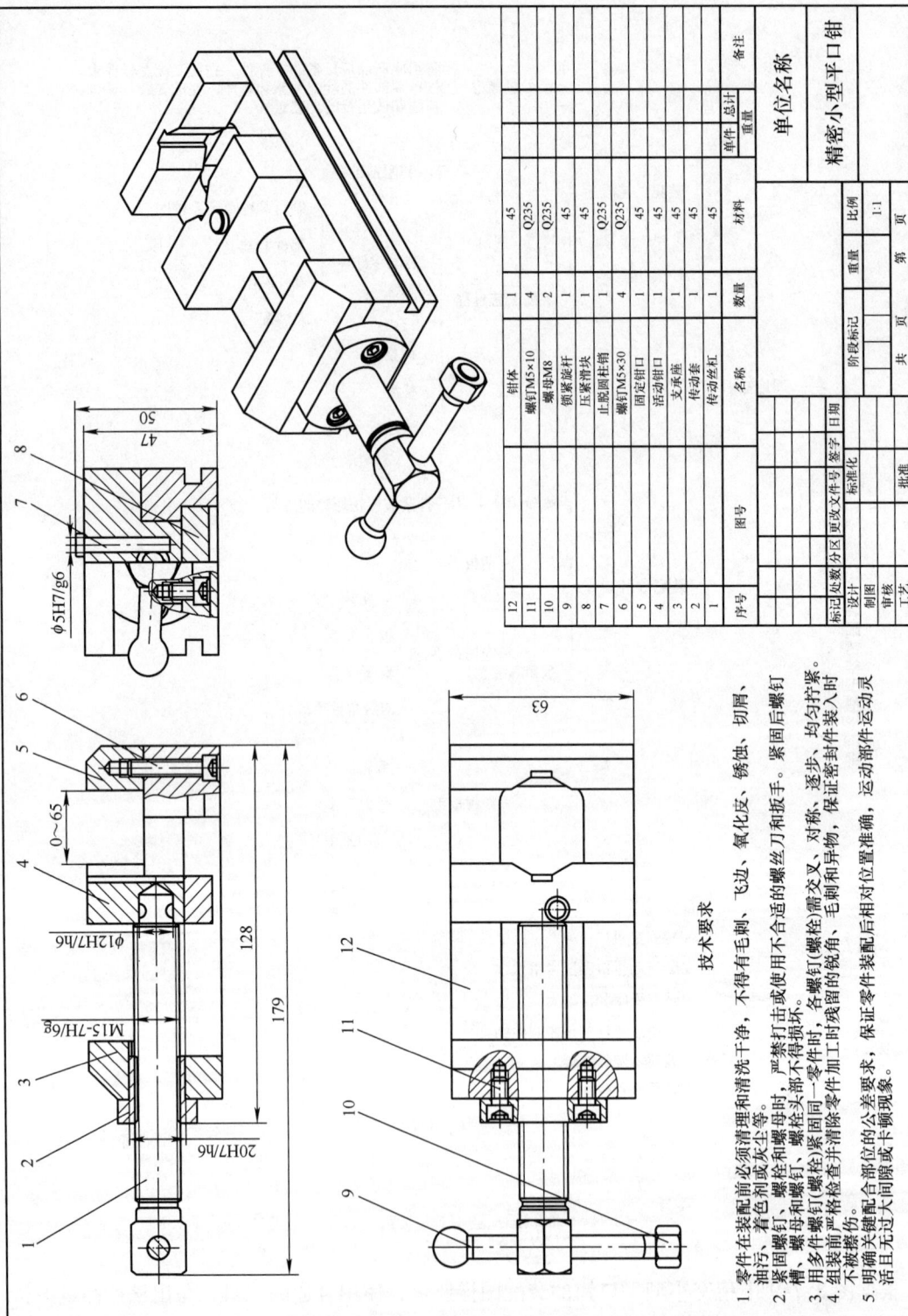

图 3-7-9 精密小型平口钳

【课后自测】

1. 装配是指将组成产品或设备的零部件，按照（   ）要求，依据零部件的装配关系和顺序，完成（   ）、调试、检测和试运行的工艺过程。

   A. 装配图样；安装　　　　　　　　B. 人为；安装

   C. 安装；装配系统图绘制　　　　　D. 装配图样；清洗

2. 装配工艺过程包括装配前准备、装配、（   ）、检测和试运行等。

   A. 调整　　　　B. 总装配　　　　C. 去毛刺　　　　D. 部件装配

3. 以下不属于产品或设备常用装配工具的是（   ）。

   A. 切削液　　　B. 螺丝刀　　　　C. 活扳手　　　　D. 内六角扳手

4. 在装配前需要对零件进行（   ），以保证零部件表面无油污、杂物等。

   A. 清洗　　　　B. 去毛刺　　　　C. 孔边倒角　　　D. 分析尺寸

5. 压紧滑块装配后，应保证与（   ）之间有间隙才可以滑动。

   A. 钳体　　　　B. 活动钳口　　　C. 止脱圆柱销　　D. 传动套

附 录

附录 A 车床组系划分及主要参数

组		系			主参数	
代号	名称	代号	名称		折算系数	名称
0	仪表小型车床	0	仪表台式精整车床		1/10	床身上最大回转直径
		1				
		2	小型排刀车床		1	最大棒料直径
		3	仪表转塔车床		1	最大棒料直径
		4	仪表卡盘车床		1/10	床身上最大回转直径
		5	仪表精整车床		1/10	床身上最大回转直径
		6	仪表卧式车床		1/10	床身上最大回转直径
		7	仪表棒料车床		1	最大棒料直径
		8	仪表轴车床		1/10	床身上最大回转直径
		9	仪表卡盘精整车床		1/10	床身上最大回转直径
1	单轴自动车床	0	主轴箱固定型自动车床		1	最大棒料直径
		1	单轴纵切自动车床		1	最大棒料直径
		2	单轴横切自动车床		1	最大棒料直径
		3	单轴转塔自动车床		1	最大棒料直径
		4	单轴卡盘自动车床		1/10	床身上最大回转直径
		5				
		6	正面操作自动车床		1	最大车削直径
		7				
		8				
		9				
2	多轴自动、半自动车床	0	多轴平行作业棒料自动车床		1	最大棒料直径
		1	多轴棒料自动车床		1	最大棒料直径
		2	多轴卡盘自动车床		1/10	卡盘直径
		3				
		4	多轴可调棒料自动车床		1	最大棒料直径
		5	多轴可调卡盘自动车床		1/10	卡盘直径
		6	立式多轴半自动车床		1/10	最大车削直径
		7	立式多轴平行作业半自动车床		1/10	最大车削直径
		8				
		9				

（续）

组		系			主参数	
代号	名称	代号	名称	折算系数	名称	
3	回转、转塔车床	0	回轮车床	1	最大棒料直径	
		1	滑鞍转塔车床	1/10	卡盘直径	
		2	棒料滑枕转塔车床	1	最大棒料直径	
		3	滑枕转塔车床	1/10	卡盘直径	
		4	组合式转塔车床	1/10	最大车削直径	
		5	横移转塔车床	1/10	最大车削直径	
		6	立式双轴转塔车床	1/10	最大车削直径	
		7	立式转塔车床	1/10	最大车削直径	
		8	立式卡盘车床	1/10	卡盘直径	
		9				
4	曲轴及凸轮轴车床	0	旋风切削曲轴车床	1/100	转盘内孔直径	
		1	曲轴车床	1/10	最大工件回转直径	
		2	曲轴主轴颈车床	1/10	最大工件回转直径	
		3	曲轴连杆轴颈车床	1/10	最大工件回转直径	
		4				
		5	多刀凸轮轴车床	1/10	最大工件回转直径	
		6	凸轮轴车床	1/10	最大工件回转直径	
		7	凸轮轴中轴颈车床	1/10	最大工件回转直径	
		8	凸轮轴端轴颈车床	1/10	最大工件回转直径	
		9	凸轮轴凸轮车床	1/10	最大工件回转直径	
5	立式车床	0				
		1	单柱立式车床	1/100	最大车削直径	
		2	双柱立式车床	1/100	最大车削直径	
		3	单柱移动立式车床	1/100	最大车削直径	
		4	双柱移动立式车床	1/100	最大车削直径	
		5	工作台移动单柱立式车床	1/100	最大车削直径	
		6				
		7	定梁单柱立式车床	1/100	最大车削直径	
		8	定梁双柱立式车床	1/100	最大车削直径	
		9				
6	落地及卧式车床	0	落地车床	1/100	最大工件回转直径	
		1	卧式车床	1/10	床身上最大回转直径	
		2	马鞍车床	1/10	床身上最大回转直径	
		3	轴车床	1/10	床身上最大回转直径	
		4	卡盘车床	1/10	床身上最大回转直径	
		5	球面车床	1/10	刀架上最大回转直径	
		6	主轴箱移动型卡盘车床	1/10	床身上最大回转直径	
		7				
		8				
		9				

（续）

组		系			主参数	
代号	名称	代号	名称		折算系数	名称
7	仿形及多刀车床	0	转塔仿形车床		1/10	刀架上最大车削直径
		1	仿形车床		1/10	刀架上最大车削直径
		2	卡盘仿形车床		1/10	刀架上最大车削直径
		3	立式仿形车床		1/10	最大车削直径
		4	转塔卡盘多刀车床		1/10	刀架上最大车削直径
		5	多刀车床		1/10	刀架上最大车削直径
		6	卡盘多刀车床		1/10	刀架上最大车削直径
		7	立式多刀车床		1/10	刀架上最大车削直径
		8	异形多刀车床		1/10	刀架上最大车削直径
		9				
8	轮、轴、辊、锭及铲齿车床	0	车轮车床		1/100	最大工件直径
		1	车轴车床		1/10	最大工件直径
		2	动轮曲拐销车床		1/10	最大工件直径
		3	轴颈车床		1/100	最大工件直径
		4	轧辊车床		1/10	最大工件直径
		5	钢锭车床		1/10	最大工件直径
		6				
		7	立式车轮车床		1/10	最大工件直径
		8				
		9	铲齿车床		1/10	最大工件直径
9	其他车床	0	落地镗车床		1/100	最大工件回转直径
		1				
		2	单能半自动车床		1/10	刀架上最大车削直径
		3	气缸套镗车床		1/10	床身上最大回转直径
		4				
		5	活塞车床		1/10	最大车削直径
		6	轴承车床		1/10	最大车削直径
		7	活塞环车床		1/10	最大车削直径
		8	钢锭模车床		1/10	最大车削直径
		9				

附录 B 铣床组系划分及主要参数

组		系			主参数	
代号	名称	代号	名称		折算系数	名称
0	仪表铣床	0				
		1	台式工具铣床		1/10	工作台面宽度
		2	台式车铣床		1/10	工作台面宽度
		3	台式仿形铣床		1/10	工作台面宽度
		4	台式超精铣床		1/10	工作台面宽度
		5	立式台铣床		1/10	工作台面宽度
		6	卧式台铣床		1/10	工作台面宽度
		7				
		8				
		9				
1	悬臂及滑枕铣床	0	悬臂铣床		1/100	工作台面宽度
		1	悬臂镗铣床		1/100	工作台面宽度
		2	悬臂磨铣床		1/100	工作台面宽度
		3	定臂铣床		1/100	工作台面宽度
		4				
		5				
		6	卧式滑枕铣床		1/10	工作台面宽度
		7	立式滑枕铣床		1/10	工作台面宽度
		8				
		9				
2	龙门铣床	0	龙门铣床		1/100	工作台面宽度
		1	龙门镗铣床		1/100	工作台面宽度
		2	龙门磨铣床		1/100	工作台面宽度
		3	定梁龙门铣床		1/100	工作台面宽度
		4	定梁龙门镗铣床		1/100	工作台面宽度
		5	高架式横梁移动龙门镗铣床		1/100	工作台面宽度
		6	龙门移动铣床		1/100	工作台面宽度
		7	定梁龙门移动铣床		1/100	工作台面宽度
		8	龙门移动镗铣床		1/100	工作台面宽度
		9				
3	平面铣床	0	圆台铣床		1/100	工作台面宽度
		1	立式平面铣床		1/100	工作台面宽度
		2				
		3	单柱平面铣床		1/100	工作台面宽度
		4	双柱平面铣床		1/100	工作台面宽度
		5	端面铣床		1/100	工作台面宽度
		6	双端面铣床		1/100	工作台面宽度
		7	滑枕平面铣床		1/100	工作台面宽度
		8	落地端面铣床		1/100	最大铣轴垂直移动距离
		9				

（续）

组		系			主参数	
代号	名称	代号	名称		折算系数	名称
4	仿形铣床	0				
		1	平面刻模铣床		1/10	缩放仪中心距
		2	立体刻模铣床		1/10	缩放仪中心距
		3	平面仿形铣床		1/10	最大铣削宽度
		4	立体仿形铣床		1/10	最大铣削宽度
		5	立式立体仿形铣床		1/10	最大铣削宽度
		6	叶片仿形铣床		1/10	最大铣削宽度
		7	立式叶片仿形铣床		1/10	最大铣削宽度
		8				
		9				
5	立式升降台铣床	0	立式升降台铣床		1/10	工作台面宽度
		1	立式升降台镗铣床		1/10	工作台面宽度
		2	摇臂铣床		1/10	工作台面宽度
		3	万能摇臂铣床		1/10	工作台面宽度
		4	摇臂镗铣床		1/10	工作台面宽度
		5	转塔升降台铣床		1/10	工作台面宽度
		6	立式滑枕升降台铣床		1/10	工作台面宽度
		7	万能滑枕升降台铣床		1/10	工作台面宽度
		8	圆弧铣床		1/10	工作台面宽度
		9				
6	卧式升降台铣床	0	卧式升降台铣床		1/10	工作台面宽度
		1	万能升降台铣床		1/10	工作台面宽度
		2	万能回转头铣床		1/10	工作台面宽度
		3	万能摇臂铣床		1/10	工作台面宽度
		4	卧式回转头铣床		1/10	工作台面宽度
		5				
		6	卧式滑枕升降台铣床		1/10	工作台面宽度
		7				
		8				
		9				
7	床身铣床	0				
		1	床身铣床		1/100	工作台面宽度
		2	转塔床身铣床		1/100	工作台面宽度
		3	立柱移动床身铣床		1/100	工作台面宽度
		4	立柱移动转塔床身铣床		1/100	工作台面宽度
		5	卧式床身铣床		1/100	工作台面宽度
		6	立柱移动卧式床身铣床		1/100	工作台面宽度
		7	滑枕床身铣床		1/100	工作台面宽度
		8				
		9	立柱移动立卧式床身铣床		1/100	工作台面宽度

（续）

组		系			主参数
代号	名称	代号	名称	折算系数	名称
8	工具铣床	0			
		1	万能工具铣床	1/10	工作台面宽度
		2			
		3	钻头铣床	1	最大钻头直径
		4			
		5	立铣刀槽铣床	1	最大铣刀直径
		6			
		7			
		8			
		9			
9	其他铣床	0	六角螺母槽铣床	1	最大六角螺母对边宽度
		1	曲轴铣床	1/10	刀盘直径
		2	键槽铣床	1	最大键槽宽度
		3			
		4	轧辊轴颈铣床	1/100	最大铣削直径
		5			
		6			
		7	旋子槽铣床	1/100	最大转子本体直径
		8	螺旋桨铣床	1/100	最大工件直径
		9			

附录C 钻床组系划分及主要参数

组		系			主参数
代号	名称	代号	名称	折算系数	名称
0		0			
		1			
		2			
		3			
		4			
		5			
		6			
		7			
		8			
		9			

（续）

组		系			主参数	
代号	名称	代号	名称		折算系数	名称
1	坐标镗钻床	0	台式坐标镗钻床		1/10	工作台面宽度
		1				
		2				
		3	立式坐标镗钻床		1/10	工作台面宽度
		4	转塔坐标镗钻床		1/10	工作台面宽度
		5				
		6	定臂坐标镗钻床		1/10	工作台面宽度
		7				
		8				
		9				
2	深孔钻床	0				
		1	深孔钻床		1/10	最大钻孔直径
		2				
		3				
		4				
		5				
		6				
		7				
		8				
		9				
3	摇臂钻床	0	摇臂钻床		1	最大钻孔直径
		1	万向摇臂钻床		1	最大钻孔直径
		2	车式摇臂钻床		1	最大钻孔直径
		3	滑座摇臂钻床		1	最大钻孔直径
		4	坐标摇臂钻床		1	最大钻孔直径
		5	滑座万向摇臂钻床		1	最大钻孔直径
		6	无底座式万向摇臂钻床		1	最大钻孔直径
		7	移动万向摇臂钻床		1	最大钻孔直径
		8	龙门式钻床		1	最大钻孔直径
		9				
4	台式钻床	0	台式钻床		1	最大钻孔直径
		1	工作台台式钻床		1	最大钻孔直径
		2	可调多轴台式钻床		1	最大钻孔直径
		3	转塔台式钻床		1	最大钻孔直径
		4	台式攻钻床		1	最大钻孔直径
		5				
		6	台式排钻床		1	最大钻孔直径
		7				
		8				
		9				

（续）

组		系		主参数	
代号	名称	代号	名称	折算系数	名称
5	立式钻床	0	圆柱立式钻床	1	最大钻孔直径
		1	方柱立式钻床	1	最大钻孔直径
		2	可调多轴立式钻床	1	最大钻孔直径
		3	转塔立式钻床	1	最大钻孔直径
		4	圆方柱立式钻床	1	最大钻孔直径
		5	龙门型立式钻床	1	最大钻孔直径
		6	立式排钻床	1	最大钻孔直径
		7	十字工作台立式钻床	1	最大钻孔直径
		8	柱动式钻削加工中心	1	最大钻孔直径
		9	升降十字工作台立式钻床	1	最大钻孔直径
6	卧式钻床	0			
		1			
		2	卧式钻床	1	最大钻孔直径
		3			
		4			
		5			
		6			
		7			
		8			
		9			
7	铣钻床	0	台式铣钻床	1	最大钻孔直径
		1	立式铣钻床	1	最大钻孔直径
		2			
		3			
		4	龙门式铣钻床	1	最大钻孔直径
		5	十字工作台立式铣钻床	1	最大钻孔直径
		6	镗铣钻床	1	最大钻孔直径
		7	磨铣钻床	1	最大钻孔直径
		8			
		9			
8	中心孔钻床	0			
		1	中心孔钻床	1/10	最大工件直径
		2	平端面中心孔钻床	1/10	最大工件直径
		3			
		4			
		5			
		6			
		7			
		8			
		9			

（续）

组		系		主参数	
代号	名称	代号	名称	折算系数	名称
9	其他钻床	0	双面卧式玻璃钻床	1	最大钻孔直径
		1	数控印制板钻床	1	最大钻孔直径
		2	数控印制板铣钻床	1	最大钻孔直径
		3			
		4			
		5			
		6			
		7			
		8			
		9			

参 考 文 献

[1] 马胜梅,高美兰. 金工实习 [M]. 2版. 北京:机械工业出版社,2021.
[2] 任德宝,杨天荣,王元生. 金工实习 [M]. 成都:电子科技大学出版社,2020.
[3] 于文强. 金工实习教程 [M]. 北京:北京理工大学出版社,2021.
[4] 李颖,刘忠菊. 钳工工艺与技能 [M]. 2版. 北京:北京理工大学出版社,2021.
[5] 张国军,彭磊. 钳工技术及技能训练 [M]. 3版. 北京:北京理工大学出版社,2022.
[6] 赵晶文,钟铃. 金属切削机床 [M]. 2版. 北京:机械工业出版社,2019.
[7] 韦健毫. 新编金工实习:数字资源版 [M]. 北京:冶金工业出版社,2020.
[8] 张平宽. 机械制造基础 [M]. 北京:冶金工业出版社,2020.
[9] 黄明宇. 金工实习:冷加工 [M]. 4版. 北京:机械工业出版社,2019.
[10] 吴传宇. 工程实训指导书:金工实习 [M]. 北京:机械工业出版社,2024.
[11] 赵菲菲. 金工实训 [M]. 北京:机械工业出版社,2024.
[12] 汪哲能,骆书芳,徐文庆. 钳工工艺与技能训练 [M]. 4版. 北京:机械工业出版社,2024.
[13] 郭力. 钳工实训指导教程 [M]. 北京:机械工业出版社,2020.
[14] 刘晓青. 车工实训指导教程 [M]. 北京:机械工业出版社,2023.
[15] 胡家富. 铣工:初级 [M]. 北京:机械工业出版社,2022.
[16] 汪哲能,徐文庆. 铣工工艺与技能训练 [M]. 2版. 北京:机械工业出版社,2024.